一读就上瘾的明朝史

第二卷

顾道惊城 著

天津出版传媒集团

天津人民出版社

图书在版编目（CIP）数据

一读就上瘾的明朝史.第二卷 / 顾道惊城著. -- 天津：天津人民出版社，2024.3（2024.10重印）
ISBN 978-7-201-20023-1

Ⅰ.①一… Ⅱ.①顾… Ⅲ.①中国历史—明代—通俗读物 Ⅳ.①K248.09

中国国家版本馆CIP数据核字（2024）第033550号

一读就上瘾的明朝史.第二卷
YI DU JIU SHANGYIN DE MINGCHAO SHI. DIER JUAN

出　　版	天津人民出版社
出 版 人	刘锦泉
地　　址	天津市和平区西康路 35 号康岳大厦
邮政编码	300051
邮购电话	（022）23332469
电子信箱	reader@tjrmcbs.com

责任编辑	郭晓雪
装帧设计	郭维维

印　　刷	天津旭非印刷有限公司
经　　销	新华书店
开　　本	710毫米×1000毫米　1/16
印　　张	18
字　　数	255千字
版次印次	2024 年 3 月第 1 版　2024 年 10 月第 3 次印刷
定　　价	59.80元

朱允炆肯定不止一次地回想过他与朱元璋的对话，他认为自己可以循序渐进地解决藩王问题，可实际上哪有那么简单，万事万物的发展未必是循序渐进的，很多时候，只知道按牌理出牌的人往往都会输得一无所有，只有那些敢于掀桌子的人，才有可能笑到最后。

在谈及中国历史的演进时，总会有一种比较流行的观点：分封制已经落后，郡县制才是进步。从理论上来讲，郡县制可以帮助君主更好地集权，而分封制则很容易演变为类似于春秋战国那样的乱世。秦始皇积极吸取前朝灭亡的教训，倒也不能说有多大问题，可是他忘了一点，凡事必须按部就班，妄想一步到位，必然会导致一些不可预料的后果。

秦始皇去世后，赵高和李斯联手扶胡亥上位，并将秦始皇其余二十多个子女斩杀殆尽。朝廷一片混乱，地方上没有嬴姓诸侯王的存在，使得秦王朝对于地方的控制力极低。陈胜、吴广振臂一呼，六国故地便迅速脱离了秦王朝的掌控。

刘邦吸取了秦王朝灭亡的教训，他在剪除异姓诸侯王之后，将自己的子侄辈分封为诸侯王，镇守地方。刘邦去世后，吕后本想像赵高、李斯那样独揽朝政，但当她看到地图上密密麻麻的刘姓诸侯王的封地时，最终也没敢把事情做绝。后来的周勃与陈平之所以愿意迎立汉文帝，也是因为无力压制各地的刘姓诸侯王，单看这个事实，我们自然可以得出结论：分封制比郡县制优秀，刘邦比秦始皇聪明，他分封子侄辈为诸侯王，避免了王朝建立初期的混乱。可事实真是如此吗？在汉景帝执政期间，诸侯王势大难治，最终爆发了"七国之乱"，要不是梁王刘武、周亚夫和窦婴等人尽心竭力，谁敢保证"七国之乱"不会成为汉王朝分裂乃至走向灭亡的根源呢？

唯物史观告诉我们，没有绝对的正确和错误，任何所谓的"过时政策"，都可以在特定的时间和特定的地点生效。朱元璋分封诸侯王绝不是错误的举动，而是为了确保大明江山的稳定传承。正如汉王朝所爆发的"七国之乱"，明王朝也在朱允炆统治时期爆发了"靖难之役"。燕王朱棣以藩王的身份造反成功，成为大一统王朝中唯一一位以藩王身份成功夺嫡的人。这里面有不少机缘巧合，却也有一些必然性，其中涉及派系斗争、文武角力、南北矛盾和经济、军事中心的分离等因素，但并没有落后与进步之分。

学会从更为现实的角度来分析和比较历史，并根据心理学、社会学和经济学原理尝试解构、还原历史，恐怕比一本正经地背书更强。

顾道惊城

目录

Contents

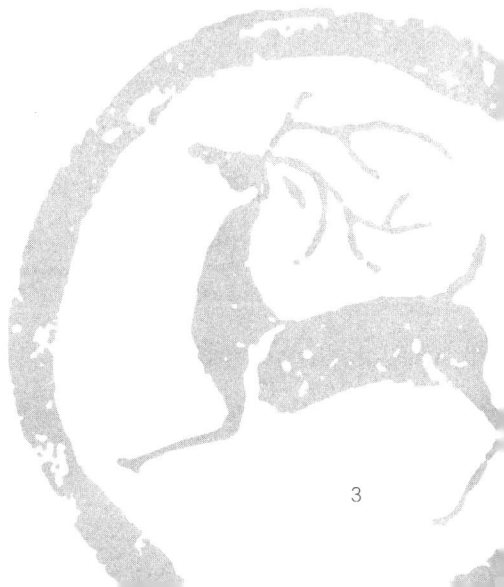

01 翻案风潮

洪武三十一年（1398年）闰五月十日，朱元璋驾崩，同年闰五月十六日，皇太孙朱允炆在南京奉天殿登基，年号建文，史称建文帝。

当年轻的小皇帝坐在宝座上，看着下方朝拜的群臣时，心中难免会有一种"天下为我所有"的畅快："这一天终于来了，这个国家注定要在我的手中走上巅峰！"但等朱允炆回过神来仔细梳理自己目前的境遇时，却发现问题一个接一个，不但琐碎，而且难以解决。

朱元璋是开国皇帝，威望和能力都是一等一的强，这就使得朱元璋治下的明朝有非常明显的"强人政治"特色。所谓"强人政治"，就是在朱元璋执政期间，其实各种弊端一点都不少，可老朱凭借自己强大的威望和能力，把一切不和谐的声音都压到了最低点。整个明朝，我们再也找不出像朱元璋这样杀伐果断的皇帝，也找不出像朱元璋这样军政大权一把抓的皇帝。

作为这样一位强势帝王的接班人，朱允炆所面临的局面是极其尴尬的。大家都玩过弹簧吧？弹簧被压得越狠，反弹的力度就越大。"强人政治"的特色就是把各种矛盾死命往下压，现在这位强人消失了，你说这反弹的力度得有多大呢？面对这种局面，朱允炆并没有太好的办法，他只能通过各种措施加以安抚，希望各方不要失控。

朱元璋为政严苛，朱允炆就施以宽宥；朱元璋乱杀乱砍，朱允炆就多方调和。总而言之，如今是新朝新气象，大家不要把事情做绝，以后的日子还长着呢。这就是大多数人所理解的"建文新政"。在新政初期，朱允炆主要为江南地区减赋，让这些被朱元璋压制已久的南方官僚获得喘息之机。按说朱允炆的选择没错，因为这些人是他的基本盘，上位之后加以笼络可以理解，但总有人认为他做得还不够。想当初朱元璋在位时，有不少人被压制得过于难受，现在新君登基，他们手握拥立之功，自然希望获得反攻倒算的机会。比如，在洪武朝各大冤案中受尽"冤屈"的同僚们，是不是该昭雪平反？比如，朱元璋核查土地时对地主、士绅造成的"伤害"，是不是该得到抚慰？

如果站在平民的立场看，我们自然会觉得这种说辞厚颜无耻；可如果站在官僚、士绅的立场看，我们同样得承认这种说辞理所应当："我们官员和士绅才是国家真正的管理者，你老朱家也要依靠我们才能立国安稳，如今我们要点特权怎么了？"

如果是在朱元璋时期，哪怕借给他们几个胆子估计也没人敢如此放肆，但朱允炆新君登基，官僚集团自然会想尽办法试探一下这位新皇帝的水准和魄力，如果朱允炆是"缩小版朱元璋"，那么官僚集团肯定也不敢参刺。可他们上看下看，左看右看，发现这位新皇帝怎么看都像汉惠帝，那是标准的"柔弱之主"啊！既然如此，那咱还客气什么呢？

这也从侧面揭示了官僚集团的一个特点：这帮家伙就像非洲大草原上的鬣狗一样，遇到狮子、老虎通常只能落荒而逃，但如果狮子、老虎不把它们当回事，它们又会跑到近前，试图抢夺狮子、老虎的猎物。如果它们发现狮子、老虎已经年老体弱，就会立刻一拥而上，把狮子、老虎给吃了。

面对官僚们的诉求，朱允炆其实挺难办的。在继位之前，朱允炆短暂地接受过一些帝王教育，也有一些执政经验，但这些是不够的，他欠下的功课实在是太多了。想当初，朱元璋二十八天不上朝，愣是用这种"歪门邪道"给朱允炆笼络了一大批支持者，他们与皇太孙朱允炆之间有几分默契和坦诚呢？答案恐怕不容乐观。

现在，朱允炆为了巩固地位而打算改变国策，当初拥立他上位的官员们真的会赞同吗？答案当然是否定的。在官员们看来，朱允炆施行宽政自然是好的，但朱允炆应该在官员们的"辅助"下开始施政，而不是抛开官员们自己重新建立全新体系，或者说他们认为朱允炆做得不够彻底，程度还得再猛烈一些。

客观地说，这帮官僚的做法实在有些过分，可问题是，朱元璋当初用速成的方法为朱允炆构建班底时，有没有料到会有这一天呢？我的答案是有。

朱元璋出身底层，官僚们什么德行，他再清楚不过了。可如果不用他们，朱允炆就有可能立不稳，那对大明而言才是最致命的。有鉴于此，朱元璋也只能硬着头皮信任这个以南方人为主的官僚集团，把难题留给了孙子朱允炆。

左右为难的朱允炆是依靠官僚集团上位的，他不便在这个时候与他们撕破脸，估计朱允炆也没这个底气，所以他打了一通太极，试图把局面搅乱。朱元璋去世前明确表示行表三天即可，不必大动干戈。可朱允炆刚一上台就表示要行表三年，以示对太祖皇帝的尊敬。

得知这一结果后，群臣纷纷表示应该以日代月：当然了，行表三天是说不过去的，我们把三年三十六个月简化为三十六天，其实已经充分表达了对太祖皇帝的敬意。一向柔弱的朱允炆却异常坚持，非要大家行表满三年，同时还对群臣说："我不是要让你们哭三年的丧，只希望你们上朝一律穿孝服，退朝之后再穿回普通衣服，吃喝方面也不会对你们提太多要求。"

从表面上看，朱允炆的这种做法符合自己一贯的人设——孝顺，可如果我们深究起来就会发现，朱允炆这是标准的"拉大旗，作虎皮"，他在试图用朱元璋的名头来压服各股势力。朱允炆要求大家行丧三年，就是希望朱元璋的余威能帮自己镇三年场子，等三年时间一过，自己肯定已经有足够的机会和方法制服各大利益集团。在为太祖皇帝行丧期间，大家做事情总要有所顾忌吧，谁也不忍心在这种时候惹出大乱子吧，否则你的政敌就有可能借大逆不道的名头来攻击你，说你在太祖皇帝行丧期间欲行不轨。这样一来，朱允炆就可以轻松地团结大多数，攻击那些跳出来找事的刺儿头。

单从这件事来分析，可以说朱允炆真是一个聪明人，居然能想出这种法子来延缓矛盾爆发的时间，如果给他三年时间，说不定大明真能在他手中继往开来。可"树欲静而风不止"，朱允炆虽然聪明，但他到底还是太年轻，驾驭群臣的手段也不够娴熟，所以很快就有人跳出来尝试破局了。由于朱允炆的下场并不好，所以他在位期间的诸多史料已经被明成祖朱棣篡改得差不多了，所以我们很难完整还原朱允炆与官僚集团的博弈过程，但通过旁证，我们也可以得出一些结论。

在朱元璋执政晚期，他亲手处置了蓝玉、傅友德和冯胜，而这些人名义上都是皇太孙朱允炆未来的班底。杀光了老臣、宿将，总不能把位置给空着吧，所以朱元璋用另外三个书生填补了朱允炆身边的空缺，这三人分别是齐泰、黄子澄和方孝孺，江湖人称"齐黄方"。

齐泰是朱元璋委任的托孤大臣，老朱希望他能发挥李善长的作用；黄子澄是朱允炆的伴读，朱元璋希望他能成为新君身边的杨宪；方孝孺则是才华横溢的贤臣，朱元璋认定他有刘伯温之才①。

身边有了李善长第二、杨宪第二和刘伯温第二，治理国家还有何难？不得不说朱元璋的想法还是很美好的。在朱元璋看来，齐、黄、方三人受自己大

---

① 李善长与杨宪都是明初盖棺论定的罪臣和奸臣，此处仅以举例的方式揣测朱元璋对三人的定位。

恩，哪怕官僚集团向朱允炆出招，他们也应该向着皇帝才对。可出乎朱元璋意料的是，齐、黄、方三人在朱允炆和官僚集团暗战时，似乎只是在不停地和稀泥，并没有旗帜鲜明地站在朱允炆一方。

朱允炆正打算踌躇满志地干一番大事业时，却发现齐、黄、方三人都是一副"事不关己，高高挂起"的德行，自己逼得急了，他们就站出来说一些片儿汤话，把小皇帝朱允炆恶心得不行。恶心也没办法，人家是李善长、杨宪和刘伯温再世，自己顶多就是缩小版朱标，虽然从地位上来看，皇帝至高无上，但在权力博弈的过程中，除非皇帝打算用暴力破局，否则皇帝这个身份非但不是优势，反而是一种负担。

比如，当小皇帝与托孤老臣发生争执时，旁观者会不自觉地站在托孤老臣一边。朱允炆之所以能做皇帝，不过是因为他投胎投得好，而托孤老臣之所以能坐上那个位置，是因为人家能力和资历齐备。两相对照，谁更值得信任，还用说吗？也别拿皇位竞争胜利者来形容朱允炆，他是怎么上位的，别人不清楚，难道官僚集团还不清楚吗？要是没有官僚集团的力荐，朱元璋或许早就册立其他儿子了。

正因为上述道理，所以很多人纷纷上疏劝告朱允炆："老臣是国家的财富，陛下万不可轻慢""陛下年轻识浅，还是应该多听大家的意见"……

经过一番较量，朱允炆打算为朱元璋行丧三年的意见不了了之，官僚们给了他一个教训，又给了他一点面子，这事儿就算是过去了。接下来，自然还是要回归正题：太祖高皇帝时期有那么多冤假错案，我们是不是应该想办法一一纠正呢？

话题绕来绕去又回到老路上，朱允炆烦不胜烦，但又不敢明着顶回去，毕竟自己就是被他们推举上位的，现在新班底未成，如果没有这帮官僚支持，恐怕自己就真成孤家寡人了。可朱允炆真敢翻朱元璋的案吗？如果他真敢这么做，驻扎在边疆的藩王们就有足够的理由进京勤王了：我爹才死几天，你们就敢翻他老人家定过性的大案要案，再给你们几年工夫，恐怕连建立大明的不世功勋都要被你们独占了。

眼见朱允炆无动于衷，官僚们更是蹬鼻子上脸，他们唯恐小皇帝又想出什么稀奇古怪的招数来破局，所以干脆先发制人。这一次，他们把目光瞄准了"南北榜案"。

我在卷一中讲过，"南北榜案"其实是南方官僚抱团啃食教育系统、排挤北方官僚、围攻皇权的行为，从性质上讲，完全可以与"洪武四大案"并列，但由于朱元璋此时已年老体衰，再加上要给朱允炆的基本盘留一点面子，所以他并未大开杀戒。

朱元璋认为自己是手下留情，可"鬣狗"似的南方官僚们却认为朱元璋已经是老狮子一头，"南北榜案"并没有像"洪武四大案"那样斩尽杀绝，可见有非常大的可操作空间。如果能从"南北榜案"上凿开一个口子，循序渐进，早晚能把洪武年间的各大"冤案"全部翻过来。

力荐朱允炆上位的官僚大多是南方人，他们为"南北榜案"翻案可不会有什么不好意思。就这样，立刻就有人向朱允炆上疏，希望朝廷能废除南北科举分区的举措。给出的理由也很光明正大：我们都是大明的子民，凭什么北方学子的试卷难度要比南方学子低？这不是歧视南方学子吗？您可千万别说南北差异，北方回归大明怀抱之后，南方一直在给北方输血，粗略估算也有三十年左右了。三十年的时间，还不够他们发展吗？如今还拿学习环境说事儿，是不是太强词夺理了？

这种话粗听起来很有道理，可教育的发展并不是短短几十年就能带来成效的，而是需要历经几代人的积累，才能有一个较好的成果。上疏的官僚们不懂这个道理吗？他们比谁都明白，但他们就是喜欢"揣着明白装糊涂"，言外之意就是告诉朱允炆："你不废除南北科举分区也行，那你能不能把南方多交税供给北方的政策废除了？我们凭什么每年都要给他们援助呢？"

朱允炆看到奏折后，整个脸都青了。朱元璋执政期间的确一直偏帮北方，但那是为了团结大多数。北方土地面积比南方大，战略意义也比南方更重要，南北的关系本就是唇亡齿寒，如果北方发展不起来，南方又能好到哪里去呢？

可现在就是有人只顾眼前利益，而不管国家大局，就是要欺负朱允炆这个小皇帝初登大位，基础不牢。朱允炆是如何应对这种局面的，史书没有给出明确答案，但从结果来看，朱允炆应该是在与南方官僚集团的对抗中失败了。因为建文二年（1400年），也就是朱允炆继位的第二年，科举考试虽然也有北方学子的身影，但人数极少，大明的科举又回到了南方压制北方的老路上。与此同时，朱允炆还陆续停办了北方多地的官学，在此次交锋中，南方官僚集团大获全胜。

南方官僚们弹冠相庆，自以为取得了一次辉煌的胜利。可他们万万没想到，随着时局的发展，南北矛盾愈来愈大，以至于当燕王朱棣忍不住动手掀桌子时，大批北方士人抱着双手在一旁看热闹，无视南京朝廷的死活，整个大明在顷刻间乱作一团。

02 大分裂

南方官僚们借"南北榜案"趁机发难，逼得朱允炆步步后退，一时间风光无两，大有一种"礼法岂为我辈而设"的张狂与豪迈。

当他们取得阶段性胜利后，接下来应该怎么做呢？依照南方官僚集团的初衷，他们本来只是打算翻案。具体点说，就是把"空印案"和"郭桓案"的风评翻过来，将涉案人员尽数平反，坐实朱元璋滥杀无辜、暴虐无道。可朱允炆不敢在"空印案"和"郭桓案"上松口，所以他们退而求其次，打算从"南北榜案"开始破局。如今破局成功，接下来是不是应该调转枪头，继续朝"空印案"和"郭桓案"发力呢？

在这个问题上，南方官僚集团内部出现了分歧。部分人赞同这个观点，但更多的人则希望继续深挖"南北榜案"，不把北方官僚尽数排挤出朝廷不算完。他们的想法是："既然'南北榜案'已经出现了松动，不如乘胜追击，等把这个案子办成铁案之后，再考虑其他案子。"

一个时间段内发生的事件都不是孤立存在的，在明初，南、北官僚互相排挤是一种常态，否则朱元璋也不会费尽心思地笼络北方而打压南方，实在是因为那段时间内北方官僚被压制得有点惨，如果不是朱元璋偏帮，恐怕南、北早就在事实上分裂了。为什么会出现这种现象呢？除了元廷"人分四等"的国策遗毒，还在于朱元璋晚年出现了一些不太好的苗头。

朱元璋虽是从江北濠州起家，但直到渡江之后，才正式成为逐鹿天下的枭雄，从这个角度出发，我们可以说南方才是他的基本盘。称帝之后的朱元璋虽然不遗余力地帮助北方，但从感情上讲，其实他还是更倾向于南方的。只不过由于浙东等地长期受张士诚影响，对朱元璋一贯阳奉阴违，所以老朱对这个地区的观感不太好，这才有了许多针对性吸血政策的诞生。但对于其他地区，如南京周边，那就一直是老朱的心头肉，爱得不行。

尽管浙东地区不受朱元璋待见，但我们必须承认，这地方的文人质量实在是高，若论读书，浙东地区的确是大明独一档的存在，所以无论朱元璋如何打压，浙东籍官员的数量却不减反增。当朱标去世，朱元璋打算为新的接班人速成班底时，他所能倚仗的，也只有以浙东籍官员为主的南方官僚集团。

新的接班人不能只有文官班底，武将班底也是必须要考虑的。朱元璋在这方面的考虑是什么，史书没有明确记载，但根据后来的情况看，在为皇太孙朱允炆配备武将班底时，朱元璋把冯胜和傅友德这样的老将尽数配给了他，但后来朱元璋又担心朱允炆会滥开杀戒，所以又干掉了冯、傅二人，取而代之的是功勋差一档，但同样跟随自己多年的耿炳文和郭英，以及徐辉祖、李景隆这样的功臣之后，再辅以出身于亲军卫的部分中级军官。

亲军卫是朱元璋最信任的近卫队，出身于亲军卫的人自然也最受朱元璋信任，不少锦衣卫都是从亲军卫中选出来的，由此可见朱元璋对亲军卫的信赖程度。

留下宿将和功臣之后是传统，这一点无须多言。出身于亲军卫的部分军官则要着重介绍一下，因为这些人都有一个共同点，那就是他们与沐王府都有着千丝万缕的联系。沐英是朱元璋的义子，从洪武十六年（1383年）开始独立镇守云南。沐英虽然没能在生前封王，死后却被朱元璋追封为黔宁王，沐英的儿子沐春和沐晟先后继承了父亲的爵位，沐晟后又被封为黔国公，沐王府一说便由此而来。

在朱允炆执政期间，他亲自提拔过几个能干的武将，分别是瞿能、何福、盛庸和平安。这几位是什么背景？史书语焉不详，我们只知道这些人在靖难之役中表现都很出色。根据《明实录》判断，这四人应该都出身于朱元璋亲军卫的上三卫，其中平安还是朱元璋的养子。

这些中低层军官从亲军卫出来之后，总要有个历练的地方，其中瞿能长期坐镇西南，与沐王府搭班干活；何福当初跟着傅友德、沐英、蓝玉一同出征解放大西南，此后也一直留在当地镇压少数民族叛乱。盛庸和平安都曾随军北伐，也有作为蓝玉部将一同解放大西南的经历，从解放大西南到靖难之役这段时间，此二人的记载多有疏漏。

由此可以看出，出身于亲军卫的中层将领大多有前往西南历练的经历，而他们在一系列阴差阳错的事件之后，都成为朱允炆所倚重的得力干将，并在靖难之役中大放异彩，要说没有朱元璋的刻意栽培，显然很难让人信服。

朱元璋为什么会这么做呢？其实就是我前文的观点，从感情上讲，朱元璋更信赖的还是南方人，或者说有在南方从政、从军资历的人。朱允炆的文臣班底大多是南方官僚，朱元璋睁一只眼闭一只眼，"南北榜案"也是高举轻落。朱允炆的武将班底除了宿将及其后裔，所有出身于亲军卫的人几乎都要在大西南和沐王府过一遍。

按我的理解，朱元璋可能是希望通过抬高沐王府的方式，为朱允炆留下一个兜底的机会。哪怕朱允炆真是惹得天怒人怨，沐王府也能出面保下自己的这位皇太孙，毕竟沐英和朱标关系良好，朱元璋认为双方的后代依然可以延续这种默契和友谊。

这其实就是朱元璋执政晚年最大的弊端：朱元璋在感情上倾向于南方利益集团，制定国策时却更倾向于北方利益集团。如果朱允炆也能有样学样，说不定南北双方还可以继续维持一种平衡态势。但朱允炆上位没多久就取消了南北科举分区，后来又逐步停办了大量北方官学。且不论朱允炆有多么迫不得已，这种既定的事实却给了北方利益集团一个明确的信号：你们不受我待见。

南北纷争已经是难以解决的大事了，可如果功臣集团有向心力，局势未必无法挽回。他们毕竟是拿枪杆子的，一旦真刀真枪斗起来，官僚集团那帮拿笔杆子的人肯定不是他们的对手。但不知道从何时开始，功臣集团也开始分裂了。

史学界对朱允炆在位期间的研究成果少之又少，主要是因为明成祖朱棣大肆篡改过相关记录，并禁止研究这段时期的历史，所以很多问题我们只能推测，却不敢下定论。

对于功臣集团的分裂方式，我赞同明史研究专家王崇武先生的观点，就是与官僚集团一样，功臣集团也以南北为界，分裂为两个隔阂严重的利益集团。南方以皇帝朱允炆和沐王府为首，他们的主要功绩是平定西南和华南，并长期镇压当地少数民族叛乱。北方以各位藩王为首，他们的主要功绩是参与北伐和防范北元突袭，在边疆长期与敌人作战。

如果依据常理判断，北方功臣集团一定比南方功臣集团更强，因为北元的战斗力比南方少数民族更强。但实际上，这种说法是有待商榷的。在明朝建立初期，北元的确是无比强大，可经过连番北伐，北元早已蜕化成只知道纵兵抢劫的游牧政权，并不比南方少数民族强多少。这支经历过北伐的大军后来被朱元璋打散，分布在南北各处，我在上面提及的瞿能等人都参加过北伐，可他们都被划为南方功臣集团的一分子。

从后续的战争强度来看，北方冬天的确寒冷，可南方夏天的瘴气也不好惹。只要捋清楚这些问题，我们就很难断言南、北功臣集团到底谁更强。既然从军事层面上无法分出高低，那就只能从经济层面考虑，这很容易决出胜负。在明初，南方的经济发展速度比北方更快，并且双方的差距越拉越大，这就给了南方功臣集团莫大的信心，似乎只要团结在以朱允炆为核心的领导班子周围，努力抱住南方官僚集团的大腿，就可以过上梦想中的好日子。

有学者在谈及这个时期的大明时认为："在朱允炆执政期间，由于他改变了朱元璋时期的苛政，所以民间获得了极大利好，经济迅速恢复，大明从上到下一片清明，这是朱元璋都做不到的事，可见朱允炆深谙治国之道，是一位明君。"

我不敢说这种现象不存在，但这绝对是片面的。因为当朱棣起兵造反时，北方功臣集团和官僚集团非但没有帮助朝廷收拾乱臣贼子，反而偷偷摸摸地支持，后来甚至主动站在朱棣身边摇旗呐喊。

如果北方各地区真像史书所说的那么美好，他们又怎么会不珍惜眼下所拥有的一切，反而要冒着掉脑袋的危险去支持朱棣呢？如果朱允炆的新政真能让"大明从上到下一片清明"，朱棣又怎么可能造反成功呢？只有存在极大的争端和不平等现象，武装斗争才有成功的可能，这是基本常识。

受流行观点影响较深的人会说："朱棣的成功极其侥幸，如果有了北方的支持，他绝不可能打得如此艰难。"事实上，所谓"朱棣侥幸获胜"的说法是站不住脚的，他能成功绝非偶然。为了神话自己，朱棣授意史官，把自己写成了一个有天命在身的"孤胆英雄"，仅此而已。

综上所述，我认为所谓的"大明从上到下一片清明"，很可能只是南方官僚集团自卖自夸的说法，其描述对象也仅限于南方部分地区，北方大部分地区根本没有出现这样的"清明"景象。

对于北方利益集团而言，新皇帝身边的文武班底都有浓重的南方印记，出台的种种政策又对北方不利，他们接下来会怎么做，其实并不难猜。他们肯定在想："我们凭什么要受那帮南方人的窝囊气？不如找一位可以与朱允炆相抗衡的领袖，最好的结果是取而代之，最坏的结果是南北分治。"

这种想法无可厚非，可实施起来却有诸多难点。其中最大的问题是，如果南方的官僚集团和功臣集团抱作一团，那么大明正统（以朱允炆为代表的利益集团）可调动的军政资源实在是太可怕了，北方利益集团根本无法抗衡。面对这种情况，北方利益集团能怎么办呢？自然只能潜伏爪牙，选择隐忍，在实力不如人的时候，怂一点，不丢脸。

可随着事态的发展，南方官僚通过"南北榜案"逐步扩大战果，逐渐在朝堂上一家独大。如此顺利的行动使得他们开始飘飘然，觉得反对派并没有想象中那么强大："看到这帮家伙唯唯诺诺、敢怒不敢言的样子，真是心情大好！"

心情好了，自然会想起一些陈年旧事，顺带着翻翻旧账。想当初，"空印案"和"郭桓案"爆发时，无数忠臣和贤士被先帝杀了全家，淮泗那帮人也没帮忙说个情，就知道站在一旁看笑话。现在眼见我们风光了，又想巴巴地跑过来抱大腿，世上哪有这种好事？

当南方官僚集团与朱允炆博弈时，齐、黄、方三人囿于身份，不方便偏帮任何一方，所以整天就知道打官腔。但当南方官僚集团打算给南方功臣集团一些教训时，齐、黄、方来劲了，因为他们也是南方人。

齐、黄、方三人仗着自己托孤大臣的身份，在给朱允炆讲课时，总喜欢夹带一些"私货"：想当初，李善长和胡惟庸是怎么欺骗先帝的，陛下您大概不知道吧？来，咱们今天聊聊这个话题。想当初，先帝处置乱臣贼子朱文正时，那帮出身淮泗的人是什么反应，陛下您感兴趣吗？来，咱们今天就讲这段内容。想当初，徐达授意部分老部下贪赃枉法，先帝看在故交的情分上给了他一个体面，赐下一只蒸鹅结果了他的性命，这事我非常清楚。想当初，您的父亲孝康皇帝（朱标）病逝后，我们都支持您当接班人，可淮泗那帮人团结在蓝玉周围，非要让朱允熥当接班人，要不是蓝玉谋反事败，恐怕您今天也当不上这个皇帝了。

一桩桩一件件，由齐、黄、方三人娓娓道来，朱允炆也不可避免地受到了影响，他虽然知道这些言论不能全信，但皇祖父朱元璋辣手屠杀李善长等功臣的往事却历历在目。在朱允炆看来，功臣集团对自己并不看好，身边的几位宿将虽然认自己这个皇帝，但那也是因了皇祖父的遗诏，而他们对自己未必有多少好感。

就在这日复一日地洗脑的过程中，口若悬河的齐、黄、方三人眼看就要把朱允炆给忽悠瘸了，朱允炆渐渐对功臣集团有了不好的看法。

面对朱允炆态度的转变，作为功臣集团的代表，沐晟和耿炳文是最痛苦的。沐晟是沐英的次子，也是沐王府的首位黔国公，他从小与朱允炆一起长大，是非常要好的儿时玩伴，可现在这位玩伴认为功臣集团不是好东西，那么沐王府作为南方功臣集团刷履历的地方，又常年在大西南防备少数民族叛乱，还能被朱允炆看在眼里吗？耿炳文是沐晟的舅舅，他的儿子耿璇娶了朱标的长女江都公主，可以说耿炳文就是连接沐王府和南京的纽带。现在双方渐行渐远，耿炳文看在眼里急在心里。

父辈在患难时期结下的交情，子孙辈通常是难以理解的。朱元璋为朱允炆准备的武将班底都是有着过硬关系和深厚友谊的，可朱允炆到底是年轻识浅，才继位不到一年，就把这一切都搞砸了。如果朱元璋在天有灵，把朱允炆叫去盘问一二，他肯定还会无辜地说："西南边患颇多，沐晟应该把主要精力放在那边；耿炳文老将军年事已高，朝堂上的事应该少操心。孙儿如此对待他们二人，又有什么不妥呢？"

有没有不妥不是说出来的，而是做出来的。虽然朱允炆执政期间的史料散轶、篡改颇多，但在他继位不到一年的时间里，就得罪了北方官僚集团，更加剧了朱元璋时期本就存在的功臣集团分裂，哪怕朱允炆写在史书里的形象依旧积极且正面，我们也很难对这位少年天子有多少美誉。

北方各利益集团虽然暂时忍气吞声，但这种日子不会长久，南方官僚只要继续这样折腾下去，早晚有一天会把所有矛盾一起引爆，把自己炸个粉身碎骨。

03 一意孤行

南方官僚们在朝堂上兴风作浪，一会儿废除南北科举分区，一会儿打压功臣集团，折腾得不亦乐乎，朱允炆为什么会听之任之呢？除了受齐、黄、方等人的影响，还在于北方不停地出乱子，这也从侧面坚定了朱允炆要好好收拾北方利益集团的想法。

朱允炆刚登基没多久，坊间就有传闻："燕王朱棣认为当今圣上是个昏君，我们大明将来要亡在他手里。"

朱允炆听到这一传闻后，整个人都懵了。朱元璋的好几个儿子都不是善茬，朱允炆对此心知肚明，他对这几位皇叔的观感并不好，但经过南方官僚集团的长期洗脑后，朱允炆的态度也逐渐软化。当朱允炆还是皇太孙时，朱元璋肯定会不止一次地跟他说："不要偏听偏信，官僚们没一个好东西。"这种说辞必然对朱允炆造成了极为深刻的影响，所以当他继位之后，始终对自己的基本盘——南方官僚集团抱有警惕之心。

南方官僚集团大吹翻案风，朱允炆是能顶则顶，顶不住就装傻充愣。南方官僚集团努力了一段时间后，虽然在"南北榜案"上开了个口子，但大体上还算安分，可见当时的朱允炆依然时刻牢记朱元璋的教诲，不愿意被南方官僚集团牵着鼻子走。

但是随着时间的推移，齐、黄、方三人每天都在对朱允炆造成影响，南方大多数地区一天一个喜讯，三天一份捷报，这就给了朱允炆一种错觉："看来是皇祖父过于敏感了，这帮官员团结在我的身边，把国家治理得井井有条，哪有什么危及国家的举动呢？"

可就在这时，朱棣的"昏君言论"传到了朱允炆的耳朵里。朱允炆先是一愣，继而满脸阴沉。在朱允炆看来，绝大多数皇叔都是不错的，但总有那么几个长期在边疆驻守，身边也没个贤臣教他们礼法，居然有了向野蛮人靠拢的返祖迹象，这还了得？

朱允炆左思右想拿不定主意，于是立刻派人把齐、黄、方三位名师请了过来，当面询问对策。齐、黄、方三人都是德才兼备的大贤，听到朱允炆谈及此事后，第一反应就是痛斥朱棣，以表自己的忠心，同时又轻车熟路地痛骂北方利益集团整天只知道做小动作，质疑朝廷的决策。

朱允炆听到这些言论后未置可否，而是坐在皇位上思索着什么。齐、黄、方三人面面相觑，不知道这位小皇帝葫芦里卖的是什么药。许久，朱允炆才用一种不确定的口吻轻声地发出了自己的疑问："是不是朝廷最近的政策有什么失当之处，让北方的各位皇叔有所不满呢？"

此言一出，齐、黄、方三人顿时胆战心惊。年轻人最大的优点是什么？从善如流。年轻人最大的缺点是什么？心机单纯，好忽悠。从某种意义上来说，从善如流和好忽悠是可以画等号的。

齐、黄、方三人仗着自己是托孤重臣，整天在朱允炆耳边大讲特讲文人士大夫的气节，刻意模糊和淡化了他们在追逐利益时的丑恶嘴脸。这种做法在短期内非常有效，因为小皇帝最喜欢任用贤臣，以彰显自己的英明神武。可随着小皇帝的年龄和阅历逐年增长，他肯定会发现不对劲："既然朝堂上是一众贤臣，那为何民间总是传来刺耳的声音呢？"

这种时候，如果是有担当的臣子，自然会向皇帝坦诚："陛下您说得对，我们的政策绝不是完美无缺的，在具体落实时确实出现了一些问题，这主要是我们的原因，请您责罚。但有一点可以肯定，这个大方向是对的，只需在某些小细节上花功夫改善就是了。"

此话一出口，小皇帝就能感受到几位重臣的坦诚："他们并没有因我年纪小而打马虎眼，反而坦率地承认了不足，同时也给出了比较靠谱的调整方案，把国事交给他们处理，应该是没错的。"

可问题就在于，齐、黄、方三人并不是什么有担当的臣子，面对小皇帝，他们会不自觉地拿出一种所谓的"长者威严"："我们是对的，错的都是别人，你要保持对我们的信任。"

正是有了这种思维方式，才使得齐、黄、方三人在错误的道路上越走越远。齐泰率先表态："陛下，朝廷诸位贤臣制定的国策尽善尽美，如果有人对此表示不满，那就说明他在以前那种畸形的政策中获利，现在他没机会获利了，自然要满腹牢骚。"

黄子澄紧随其后："陛下，分封藩王本就是一种不恰当的做法，只不过先帝溺爱自己的儿子，再加上立国之初边患频仍，所以我们并未多说什么。现在看来，藩王确实有尾大不掉之势。"

齐、黄两人表完态，方孝孺却迟迟没有说话，反而站在那里神游物外。朱允炆眼见方孝孺状态不对，于是主动发问："方先生，您有什么要教导我的吗？"

眼见朱允炆发问，方孝孺才缓缓说道："齐、黄两位大人已经把该说的道理都说透了，我再跟着说也没什么新意，只不过我现在正在思考一个问题，为什么会有那么多人因利益而反目成仇呢？燕王是您的皇叔，一家人为什么会闹到这个地步呢？"

这个话题就有些大了，在场其他人一时半会儿都不太好接。方孝孺似乎也没打算等谁接话，只是自顾自地往下说："在臣看来，上古最完美的时代莫过于周天子时期，那真是'路不拾遗，夜不闭户'，老百姓只尊重有学识的人，而厌恶穷兵黩武、崇尚武力的莽夫。先帝立下诸多规矩，其目的就是让我大明重回上古时代，既然如此，为什么我们不直接向周天子学习呢？"

齐、黄二人有点儿懵，现在是商量解决朱棣的问题，你方孝孺干吗离题万里？就算要解决你所说的"大问题"，那不也得先解决眼前的"小问题"吗？眼见方孝孺有些不在状态，于是齐、黄二人并没有就他提出的问题进行讨论，而是不动声色地把话题拉了回来，和朱允炆一起反复磋商并制定具体的战略，惩处大逆不道的朱棣。

朱允炆的意思是直接要求朱棣进京请罪，但齐泰和黄子澄明确表示反对，他们认为此时不宜与朱棣翻脸，毕竟新君登基的时日尚短，根基还不牢固，不如先找其他藩王的麻烦，等朱棣发现自己的兄弟们全都心悦诚服，自然也不敢继续挑刺。

朱允炆接受了他们的建议，没有搭理思绪早已飞到天外的方孝孺，而是继续研究应该从哪个藩王开刀。人选很快被议定，就是周王朱橚。

周王是朱元璋的第五个儿子，从生平介绍来看，他擅长辞赋，同时还是一位医学爱好者，并且在这两方面有颇多建树。按照常理判断，这种人并不会对朱允炆的皇位造成威胁，可这位老兄还有另一个身份，他是朱棣的同母弟。所以，打击周王的真实目标是指向谁，懂的人都懂。

就这样，很快就有另外一则流言传出，说周王早年曾被先帝责罚，险些被赶到云南去，周王对此一直耿耿于怀，于是就有了谋反的打算。

当言官上疏弹劾周王时，朱允炆勃然大怒，令太子太傅李景隆前往开封，对周王实施抓捕。抓捕行动很顺利，因为周王根本没有谋反的打算。李景隆突然到来，二话不说就把他绳捆索绑，周王直到成为阶下囚，也没明白到底发生了什么，只是一味地冲着李景隆破口大骂："你这臭小子居然敢对我不敬，你知道我是谁吗？我是大明的王爷！"

当周王被带往南京见到朱允炆后，立刻表现出非常愤怒的样子：小皇帝真不是个东西，先帝刚走没多久，你就对他心爱的儿子们动手了，你对得起他老人家吗？

朱允炆要他交代谋反事宜，周王则表示根本没这回事，朱允炆说："你的长史王翰可以作证。"周王表示，王翰就是个神经病，自己出于人道主义关怀让他回家休养，没想到他居然胡乱咬人。

想当初，朱元璋命锦衣卫构陷蓝玉时，那是一派轻松写意，蓝玉几乎没怎么挣扎，就老老实实地按照朱元璋拟定的罪名供认不讳了，可朱允炆面对周王却始终是"狗咬刺猬，无处下口"。

眼见事情要僵，黄子澄立刻暗示朱允炆：别问了，直接给他定罪吧，然后扔到云南给沐王府管教去。朱允炆立刻会意，把"图谋不轨"强加到周王身上，并把他贬为庶人，迁徙至云南蒙化（今大理巍山）。

朱允炆二话不说，就以一个"莫须有"的罪名干脆利落地收拾了周王，这使得朱棣顿时危机感剧增："这个毛孩子刚继位没几天，怎么突然就对藩王动手了？到底发生了什么事？"

事实上，朱棣根本没说过朱允炆是昏君，这番话更像是南方官僚集团杜撰出来构陷他的，究其原因，还在于朱棣此人过于危险。按照正史记载，朱棣的母亲就是朱元璋的正妻马皇后，但我认为这种说法不可靠，很可能是朱棣夺位之后给自己脸上贴金的行为。朱棣和周王只是母亲早逝，从小由马皇后抚养长大，尽管不是生母，朱棣兄弟俩却也享受到了其他藩王所享受不到的待遇。

历史学界的主流看法是，马皇后抚养了五个儿子，其中太子朱标是接班人，地位无比尊崇，其他四子虽然没有机会接班，所封的藩却都十分重要：秦王就藩于西安，这是秦王朝龙兴之地；晋王就藩于太原，这是唐王朝龙兴之地；燕王就藩于北平，这是辽、金龙兴之地；周王就藩于开封，这是宋王朝龙兴之地。

朱元璋活着的时候，肯定也考虑过儿子们起兵造反的可能，而最有可能造反的，莫过于上述四位藩王。朱元璋心疼儿子不假，但他也同样心疼自己一手建立起来的大明王朝，所以他肯定不愿意在自己百年之后，儿子们效仿历史上的西晋诸王，整出一个大明版"八王之乱"，把国家祸害到灭亡的地步，所以在分封诸王时，朱元璋同样在搞权力制衡的把戏。

首先，朱棣与周王是同母兄弟，这两人拆不散，所以把相对地理位置较差的开封给周王，这样一来，他对朱棣的帮助就十分有限。其次，朱棣所在的北平虽是个好地方，但此处离北元的军政中心也很近，如果他有不臣的念头，还需要顾虑北元是否会趁火打劫。再次，秦王与晋王看上去关系不错，而晋王与朱棣关系较差，兄弟俩经常互相较劲。如果朱棣打算起兵造反，晋王肯定会踩着这位弟弟的人头，向朝廷表忠心。最后，如果秦王或晋王有不臣之心，朱棣和周王肯定也不会坐视不理，秦王和晋王未必会同心协力，这种联盟注定没前途。

应该说，朱元璋的手腕确实不错，但出乎他预料的是，秦王和晋王都很短命，根本没机会制衡朱棣。秦王比朱元璋早去世三年，那时朱元璋的身体已经大不如前，再加上晋王还在，朱元璋觉得这个权力制衡的格局还算靠谱，就没有继续折腾。可就在朱元璋病逝的前三个月，晋王也去世了，这种局面让朱元璋如何处理呢？他本人已经卧病在床，哪还有时间和机会重新布局？

秦王和晋王的病逝，使得朱棣在大明北部基本没有了约束，真要按概率计算，他造反的可能性最大。朱元璋布局失败，我们能看得到，当时的南方官僚集团没理由看不到，他们想要把持朝政，自然要想办法打压北方官僚集团，而打压行动的重点，就是要防止他们找代理人和朱允炆打擂台。

如果北方官僚集团真要找代理人，大概率只会找朱棣，其他藩王要么没他那样的条件，要么没他那样的资历。这就是"燕王昏君论"流传于世的原因，也是我认为南方官僚集团构陷朱棣的原因，他们的初衷或许并不是致朱棣于死地，但必须要适当打压，只有这样南方官僚集团才能高枕无忧。

说起来可能过于琐碎，详细梳理一下顺序应该是：朱允炆顺利继位、南方官僚集团逼迫其取消南北科举分区、"燕王昏君论"出炉、周王被逮捕，这一系列事件在短短三个多月的时间里接连发生，朝堂上的变化令人目不暇接，给人的感觉就是：北方官员怎么突然靠边站了？藩王怎么突然沦为野心家了？

周王倒台之后，齐王朱榑（朱元璋第七子）、代王朱桂（朱元璋第十三子）和岷王朱楩（朱元璋第十八子）接连中招，成为朝廷严厉打击的对象。

这就有些过分了，如果说朱棣有可能成为北方官僚集团推出的代理人，南方官僚集团构陷他、打击周王还勉强说得通，可上述三位藩王没有这样的实力和资历，南方官僚集团又为何如此扩大打击面呢？

齐王被打击，是因为他曾与朱棣一同北伐，两人有着深厚的交情；代王被打击，是因为他与朱棣是连襟：朱棣是徐达的大女婿，代王是徐达的二女婿；岷王被打击与朱棣关系不大，而是沐王府的首位黔国公沐晟看他不顺眼，朱允炆便给了沐晟一个面子，捎带着把这位藩王也打翻在地。

接二连三的胜利，加上北方利益集团鸦雀无声，大大助长了南方官僚集团的嚣张气焰，以致他们认为"皇帝在手，天下我有"，逐渐不再把南方功臣集团放在眼里，沐晟和耿炳文也逐步退至权力舞台的边缘。

在南方功臣集团逐步退却的时候，湘王朱柏出事了。周王、齐王、代王和岷王都是北方藩王，唯有湘王的封地在南方，湘王与朱棣没什么交情，敢对他下手，证明南方官僚集团已经肆无忌惮了。据说，湘王得知自己即将被逮捕的消息后悲愤异常，认为南方官僚集团挟持朱允炆，把巍巍大明搞成了一个"昏暴之朝"，自己身为先帝子嗣，决不能蒙受被捕下狱的羞辱，于是自焚而亡。

　　史学界对湘王自焚的研究颇多，但无论有多少内幕，我们都必须承认一点：湘王之死可以看作南方利益集团分裂的标志。南方官僚集团对南方功臣集团大打出手，此时朱允炆继位还不到一年的时间，而大明的和平景象即将不复存在。

④ 朱棣的谋划

朱元璋于洪武三十一年（1398年）闰五月十日去世，这一年剩下的时间依然被算作洪武三十一年，朱允炆废除南北科举分区、冷遇功臣集团，"昏君谣言"流传和逮捕周、齐、代、岷四王等诸多大事都发生在这一年。转年就是建文元年，按照历朝历代的惯例，各地藩王都要进京拜见新君。

当消息传到北平时，朱棣有些紧张。因为从表面上看，朱允炆那个毛孩子办事可是不按常理出牌，万一自己进京之后，这位小皇帝在茶余饭后想起哪个子虚乌有的传闻，一时想不开把自己给剁了怎么办？

能不能不去呢？朱棣想了一下，立刻就自我否定了：不能。此时的朱棣真没有起兵造反的打算，有鞋穿的人总会加倍爱惜自己的鞋。想当初，朱元璋宁愿窝在庙里当和尚，也不愿跟随郭子兴一起造反。朱棣身为大明亲王，过着锦衣玉食的好日子，干吗要为了一个虚无缥缈的梦想，把自己所拥有的一切都押上赌桌呢？

现在皇帝相召，理由同样是光明正大的，你朱棣胆敢不去，不是明摆着告诉对方自己心里有鬼吗？朱允炆绝对会借机发难，而自己则明显理亏。朱棣左右为难，一时间难以决断。此时有一位心腹对他说："但去无妨，只要维持住您的人设，然后适当夸张一些，朱允炆就不敢把您怎么样。"朱棣对这位心腹非常信任，于是立刻决定按他的指点行事。

朱允炆刚拿下四位藩王，此时凶威正盛，各地藩王到了南京后，都像刚过门的小媳妇一样战战兢兢，连大气都不敢喘。唯独朱棣依然像过去那样，摆出一副"天老大，我老二"的模样，不把任何人放在眼里，包括宝座上的那位小皇帝。

南京是大明的首都，有一条专门为皇帝准备的皇道，也叫御道。除非皇帝特许，否则任何人都不能从这条道进京。其他藩王都避开了皇道，唯独朱棣无所畏惧，堂而皇之地从皇道进京。

朱棣如此嚣张行事，立刻就被看不惯他的言官上疏弹劾，说他这是目无尊上。朱棣回应道："先帝在时，我们兄弟每次进京都走皇道，怎么换了个皇帝，我们连走皇道的资格都没有了吗？这天下还是我们老朱家的吗？"朱棣这就是强词夺理，朱元璋准许他们走皇道，那是对儿子的溺爱，现在朱元璋已经不在了，你怎么能继续这样骄横呢？还扯什么"老朱家的天下"，当今圣上难道不姓朱吗？他不准你们走皇道，这天下就不是老朱家的了？

朱棣也知道自己是在无理取闹，所以在解释了一遍之后，对别人的追问便一概不加理会，意思就是告诉言官们："我就是走皇道了，怎么样？你们有本事来抓我呀！"

藩王进京之后，自然要集体拜见新君以示臣服，其他藩王莫不下拜，表示对新君的尊崇，唯独朱棣摆出一副大大咧咧的样子，大老远就跟朱允炆打招呼："大侄子，好久不见，哈哈，你好像有点发福了，是不是最近吃得太好，锻炼太少啊？"

此言一出，朱允炆愣住了，这是干吗？你以为是在跟村东头的老大爷唠嗑呢？朕是皇帝，是君；你是藩王，是臣。懂不懂规矩？走皇道的事还可以撒泼耍无赖混过去，这回可不好混了。满朝文武哗然，不少人当场指责朱棣，还有几位藩王也直起身来，大声怒骂他不尊礼法。

朱棣冷眼瞧着在场的众位"正义之士"，等他们骂够了，才不紧不慢地说道："先帝登基之后，见到家乡的老朋友和长辈时，还允许他们叫自己的小名，你们当时怎么不跳出来骂先帝，责怪他不尊礼法呢？当今陛下难道不是我的侄子吗？我和他爸的关系那是好得不能再好了，我现在看到他，立刻就能想到和他爸相处时的点点滴滴，心中既有伤感又有欣喜，情绪激动之下一时大意说漏了嘴，这难道还是多大的罪过吗？"

人家燕王都说是口误了，你还要抓着不放吗？那全天下的人都知道你巴不得整死他，犯这么点小错也要被你夸大成恶性案件。念及于此，朱允炆决定把这件事揭过去，如果真要收拾朱棣，也不必在乎这点小事，于是"燕王出言不逊"就被当成了一个小插曲，并没有继续发酵。

朱允炆是不打算追究了，可南方官僚集团还不愿罢手。在随后的几天时间里，他们频繁上疏，建议朱允炆立刻对朱棣采取行动，此人桀骜不驯，将来必成大明的祸患！朱允炆接到奏折后不动声色，只是把这些材料公布出来，让朝臣们讨论。如果北方官僚集团和功臣集团也愿意出言附和，并给出一些莫须有的黑材料，那么接下来就可以动手了："你说你当时只是失言，朕可以不怪你，但若你行为不端，朕可真容忍不了！"

可朱允炆左等右等，也没等来北方官僚集团和北方功臣集团的附和。这也不难理解，北方官僚集团已经被科举南北分区伤透了心，他们怎么会甘心再给朱允炆当爪牙呢：这事你爱怎么处理就怎么处理，我们没有任何意见。

在这种背景下，如果朱允炆贸然动手，会不会引发南北官僚集团的大乱斗呢？此时诸位藩王云集南京，北方官僚集团非常有可能拉住藩王给自己站台，控诉南方官僚集团排除异己。朱允炆可以对某一位藩王动手，也可以接连对某几位藩王动手，但他不敢在同一时间对所有藩王动手。如果朱允炆没有获得北方官僚集团的支持，那么他就无法团结朝堂上的大多数，而功臣集团多半也会趁机落井下石，如果局势这样发展下去，自己的威望必然大跌，所有人都会想：小皇帝在位不到一年，居然就得罪了这么多人，真是了不起的成就啊！

说白了，就是藩王集体进京这个时间节点过于敏感，很容易被有心人利用，所以朱允炆不愿在此时多生事端，等藩王们朝拜完毕后回转封地，再找机会收拾他们也不迟。想明白了这些问题，朱允炆表现得非常大度："众位藩王都是朕的皇叔，他们见到朕之后，流露出了一些真情实感，也是人之本能，朕怎么忍心怪罪他们呢？"

这个场景像极了吕后主政时期的西汉朝堂，当朱虚侯刘章高呼要像除掉"杂草"那样剪除吕氏时，吕后的心中必然是勃然大怒，但她左看右看，发现根本没人支持自己，就连自己的娘家人也都战战兢兢，不敢妄动。其中有一人表示喝醉了想要离席，却被刘章一剑砍翻在地，大家虽然吃惊，却也没说什么。面对这种情形，你让吕后怎么办呢？如果强行动手收拾刘章，恐怕会造成不可预估的惨烈后果。

得知朝堂上发生的这些事后，朱棣暗自心喜："果然不出道衍所料，我此次进京有惊无险，接下来还得继续按他说的做。"道衍是谁？就是之前建议朱棣进京并维持人设的那位心腹，此人是一名和尚，道衍是他的法号，可后人却更喜欢称呼他的另一个名号，那就是"黑衣宰相"姚广孝。

姚广孝有多牛？按照史书记载，此人学贯儒、释、道三家，是朱棣最为倚重的谋士，在靖难之役中立有大功。朱棣登基称帝之后，从不直呼他的名字，而是尊称其为"少师"，迁都北平事宜皆由姚广孝负责，北平城的布局规划也由其一人完成。姚广孝去世后，朱棣亲自为其撰写神道碑铭，并让其以文臣身份入明祖庙。

姚广孝为朱棣立下的一系列功绩，我会在后续的篇幅中逐一展开。在本章中，我们需要搞清楚的第一个问题是：姚广孝凭什么断定，只要朱棣维持人设，朱允炆就不敢动他呢？这里面涉及一个话题，那就是顶级政治家对局势和风向的敏感判断。姚广孝是一个顶级的政治家、战略家，这种顶级的能力建立在他广阔的人脉和出众的预判上。

朱元璋最初也当过和尚，明朝建立后，朱元璋亲自颁布了若干与佛教相关的法律和政策，并表示自己的行为"全依宋制"，也就是百分之百仿照宋朝。事实上，朱元璋的这种说法并不完全正确，因为他曾出家为僧，元末义军又大多是弥勒教和白莲教等底层宗教的信徒，所以他对宗教的认识比常人要深刻得多。

朱元璋在位期间大肆集权，为此接连杀戮官僚、士绅和功臣，在这种背景下，如果宗教还敢像元末那样在底层野蛮生长，肯定是找死。所以朱元璋对宗教的态度也很简单：你们不是主张建设极乐净土吗？朕就是在世佛陀，朕已经建好了极乐净土，你们只管安心享受就是，千万别想着搞什么大新闻。

一方面防范，一方面又拉拢，其他宗教暂且不谈，我们只说佛教。朱元璋认为佛教与皇权是"阴阳关系"，有些事情阳教（即皇权）不方便做，则需要阴教（即佛教）去做。想要为皇权办事，就需要佛教内部自行培养一些可以"佐君"的人才。这个君未必是皇帝，也可以是藩王或封疆大吏。而且朱元璋认为"天下无二道，圣人无两心"。佛教、道教、儒家乃至各杂家其实没什么区别，只要能为国为民服务，那就是"同道"。姚广孝为什么能学贯儒、释、道三家呢？因为他就是在这种背景下被培养出来的"佐君"人才。

每个人的人脉圈基本都是同档次或同级别的，姚广孝这种"佐君"人才的人脉圈肯定也差不了，他们几乎都是站在社会最顶层的精英，朝堂上有什么风吹草动，藩王们受限于身份可能不太了解，但精英们一定会互相传递消息，因为谁也不敢保证，今天还在为藩王效力的人才，明天会不会跑到朝廷去上班，大家努力经营人脉圈，争取把朋友搞得多多的，把敌人搞得少少的。

南方官僚集团瞎折腾，北方官僚集团怒火冲天，北方功臣集团满腹牢骚，南方功臣集团敢怒不敢言。这些细微的变化别人未必能察觉，但姚广孝略微分析就能明白，此时的朱允炆其实已经逐渐走进了死胡同，他看起来好像声威惊人，但实际上只是叫得响。此次众多藩王一起进京，朱允炆绝不敢把某位藩王怎么样，顶多是秋后算账。

这里面又衍生出了一个新的问题：朱允炆绝对敢秋后算账，这一点姚广孝也明白，他为什么不建议朱棣低调行事，反而要维持以往的人设特立独行呢？答案很简单，因为朱棣的身份敏感。朱元璋有二十六个儿子，朱棣是老四，可比他年长的三个儿子都在朱元璋时期去世了，朱棣是朱元璋存世儿子中年龄最大、威望最高的。朱允炆为什么要动周、齐、代三王？不就是因为他们与朱棣之间有着千丝万缕的联系吗？换言之，此时的朱棣早已成了朱允炆的眼中钉，无论他高调还是低调，都很难改变他在朱允炆眼中的观感，既然如此，那为什么还要刻意保持低调呢？

除此之外，朱棣高调或许还会有意想不到的收获，因为此时的朝廷已经基本被南方官僚集团所把持，其他利益集团即使嘴上不说，心里也不会服气。在这种时候，他们自然会把目光对准藩王们，希望能从中找到一位愿意代表己方利益集团发声的人，以朱棣的出身、地位和资历，显然是最合适的人选。

朱棣高调进京，并表现出一副天不怕地不怕的样子，其实就是给在京的北方官僚集团和功臣集团吃一颗定心丸：无论何时，我都不会屈服于强权，愿意把希望寄托在我身上，证明你们有眼光！

果然，当朱允炆隐晦地征求意见时，北方官僚集团和功臣集团一直在装傻充愣，这种状况迫使朱允炆不得不将处置朱棣的时间往后推，这就给了他准备下一步行动的时间。所谓的下一步行动，就是在南京城内多方活动，为自己拉盟友。

进京之前，朱棣应该还没有造反夺权的想法，但在南京的所见所闻使他受到了极大的触动，随后朱棣又在南京城秘密拜访了数个利益集团，此时他的心思也开始活动了：朱允炆这个小皇帝如此不得人心，我何不高举义旗推翻南方小朝廷呢？

这就是姚广孝想要的效果，你不能空口白牙地对一个穿鞋的人说："脱掉鞋吧，你将拥有全世界！"那只会被人当成神经病。对朱棣这类极有主见的人而言，你只需给他一个大概的方向，让他自己去探索和领悟。不过我们也必须承认，此时的朱棣或许已经有了这个想法，但他绝不敢朝着这个方向去努力，顶多就是不再排斥这一选项而已。

对于朱棣的拜访，北方官僚集团的态度是怎样的呢？那自然是好话说尽："总而言之，我非常敬仰燕王的风仪，若论资历和功勋，当今世上无人能与您相提并论。最重要的是，您不但有大功于我大明，而且极为孝顺，哪怕明知先帝册立的接班人另有其人，也从未想过在父皇面前争取一二，只是出于孝道选择臣服，佩服！佩服！"

听到类似的言论后，朱棣自然会苦笑一声，然后说："我并没有这么出色，否则怎么会面临这种死到临头的局面呢？不过能在死前认识您这样一位知己，实在是一大快事，希望将来自己忌日时，您能来我朱老四的坟头上除除草。"对方一听这话，肯定又会拍着胸脯打包票："哎呀，当今圣上只是年幼无知，肯定不会无故对您下毒手的。如果真到了那一天，我必然会用全家人的性命为您作保，要让后世知道，我大明朝也是有凛凛忠臣的！"

什么叫官僚和政客呀？要是睁眼说瞎话还会红脸，那只能说明此人业务还不熟练。北方官僚集团说得很好听，可他们真会履行诺言吗？答案自然是否定的。北方官僚集团并不愿意支持朱棣和朱允炆开战，他们所做的不过是"挟燕自重"，拼命往自己的牌桌上加筹码。如果朱允炆上道，发现北方官僚集团桌上的筹码越来越多，他自然会根据时局改变自己的政策。届时，朝堂将重回南北势力均衡的态势。

对于北方官僚集团的小算盘，朱棣心知肚明，他也决不会把希望寄托在这帮墙头草身上，他挨家挨户地拜访，只是为了确定这帮人的态度。而朱棣真正寻找的盟友，必须是能在关键时刻为自己破局的人。

皇天不负有心人，在朱棣孜孜不倦的努力下，果然有一些位高权重的人被他拉拢，并且答应在时机允许时为他效劳，但这种保证依然是极其脆弱的，所以最初双方应该只是约定会站出来替朱棣说话，至于双方的合作会具体深入到哪一步，只有走一步算一步，现在说什么也没用。

朱棣很理解，所以尽管只是得到了一些似是而非的保证和大义凛然的套话，他依然感到很开心，觉得自己这次的险没有白冒，接下来的棋该怎么走，还要等朱允炆先出招，毕竟他是皇帝，占有先手。

也正是在这样的背景下，朱允炆在方孝孺的建议下再度出招，南京与北平的暗战再度加码，大明的未来究竟会走向何方？每个人都在心里打着自己的小算盘。

05 周礼和井田制

朱允炆继位之后，南方官僚集团的日子过得一天比一天好，可越是接近权力中心的人，就越是能够敏锐地感受到北方利益集团的咄咄逼人，以及南方功臣集团的极度不满，朱棣的骄横表现更是令有些人感到不安。

在齐泰和黄子澄看来，朱允炆是朱元璋亲自选定的接班人，这帮人无论再怎么不满，又能怎么样呢？如今的大明国泰民安，人心思定，敢有小动作的人必然是自寻死路。齐、黄二人的自信也不是没有道理，此时的大明带甲百万，从兵力对比来看，朝廷对地方有着明显的优势，在这种强弱对比明显的环境下，无论是北方各藩王还是沐王府，如果他们胆敢图谋不轨，迎接他们的都将是朝廷的雷霆之威。

而此时的北方各藩王还需防范北部边境的外敌趁火打劫，沐王府则需要提防西南少数民族的叛乱，他们都很难做到一心二用。朝廷唯一需要担心的边患是东部的倭寇，但那也只是疥癣之疾。

问题就是那些问题，但不同的人得出的结论自然是不一样的。齐、黄二人对局势充满自信，方孝孺却比较悲观，他认为动乱将起，必须想办法将危险扼杀在摇篮之中。

建文元年（1399年）二月上旬的某一天，方孝孺单独求见朱允炆，君臣二人从早上开始交谈，一直谈到黄昏时分，方孝孺才略显疲惫地从皇宫中出来，表情是兴奋中又带着点失落。方孝孺和朱允炆谈了什么？正史没有记载，但就在几天后，朱允炆下令追尊自己的父亲朱标为孝康皇帝，庙号兴宗，册封朱标的第一任太子妃常氏为孝康皇后，尊母妃吕氏为皇太后。册太孙妃马氏为皇后，立皇长子文奎为皇太子。封三弟朱允熥为吴王，四弟朱允熞为衡王，五弟朱允熙为徐王。除此之外，还升六部尚书为正一品，设左、右侍中，位在侍郎之上。改都察院为御史府，都御史为御史大夫。罢十二道为左、右两院，左曰拾遗，右曰补阙。改通政史司为寺，大理寺为司。詹事府增置资德院，翰林院复设承旨。改侍读、侍讲学士为文学博士。设文翰、文史二馆，文翰以居侍读、侍讲，文史以居修撰、编修、检讨。殿、阁大学士并去"大"字，各设学士一人。改谨身殿为正心殿，增设正心殿学士一人。

这份诏令的内容略长，我们可以分两部分来看。第一部分是正名，朱标生前只是太子，还没等到继位就病逝了，朝堂上对其的称呼一直是"懿文太子"。此次朱允炆将朱标追尊为皇帝，并尊母妃吕氏为皇太后，就是为了强化自己继位的合法性：朕是由皇祖父（朱元璋）亲自选定的接班人，朕的父亲也是皇帝，朕的母亲是皇太后，朕就是名正言顺的大明第三代皇帝（其实是第二代），同时还册立皇后和太子，彻底坐实自己"大明唯一接班人"的名头，意在断掉北方各藩王的妄想。除此之外，朱允炆还封三位弟弟为王，这更像是顺手而为。哥哥当皇帝了，弟弟当个王也是理所应当，只不过三位王爷年龄还小，暂时不需要讨论将来是否封藩的问题。

第二部分是复古，拉拉杂杂的一大堆官职改革几乎都是方孝孺的建议，他认为应该按《周礼》恢复古代官职和礼仪，朱允炆表示赞同。复古还有一大好处，就是增设官职。很多人认为，随着时间的推移，官职总会越来越多，这个说法其实是有待商榷的。随着时间的推移，不同的职能部门虽然越来越多，但同部门内部的官职却会越来越少。比如，夏、商、周时期的太史令除了要观测天文，还要编纂史书，当时为太史令配备的助手就会更多。而明朝时的太史令已经没有了编纂史书的工作，这部分的助手自然可以省略。

朱允炆按《周礼》恢复古代官职，其实就是给明朝的太史令配备更多的助手，但实际工作并未增加，从国家层面来看这是极大的失策，因为这会增加冗官和冗员，但对官僚集团而言，能增加一些官位，他们便可以加深对国家的控制，所以这项政策一出台，肯定会引来一片赞誉之声，放在台面上说就是："古之圣王莫过于此！"

明白了这个道理后，再看朱允炆的复古行为，则更像是督促南北官僚集团紧密团结在自己身边，警惕并消灭一切可能到来的威胁，否则换个皇帝，就没人对你们这么好了，你们要珍惜这来之不易的幸福时光啊！

从权力博弈的角度来看，如果朱允炆能够用这两个办法解决隐患，那肯定是大赚特赚。可在方孝孺看来，朱允炆做事不够果决，没能完全理解自己的意图，只能算是差强人意。能全盘接受按《周礼》恢复古代官职和礼仪的建议，却始终不愿意完全满足方孝孺，那么方孝孺究竟说了什么呢？

答案石破天惊：方孝孺建议朱允炆恢复井田制。在被朱允炆拒绝后，方孝孺还在自己的文集《与友人论井田》中谈及此事，并且一再宣称井田制才是目前最适合大明的制度。在《与友人论井田》中，方孝孺还隐晦地表示，朱元璋本人就有恢复周王朝时期格局的想法，因为老朱溺爱儿子，希望每个儿子都能家传万世。如果皇帝不争气，各地藩王当中的贤明之人就可以进京接替皇位。

我认为这种说法很可能是真的，因为朱元璋本人的确有诸多在旁人看来异想天开的举措，但无论朱元璋是否赞同，朱允炆都会有自己的考虑，而不是盲从自己的皇祖父。

什么是井田制？天子将土地分给诸侯，诸侯将土地分给大夫，大夫将土地分给士，士将土地分给庶，当土地产出粮食后，再由庶开始逐级上交。这是一种商、周时期流行的土地私有制度，换言之，那是奴隶时代的产物。大明所处的是什么时代？从后世角度来看，那是封建王朝的巅峰，更有资本萌芽的迹象。方孝孺现在弄出来一个奴隶时代的制度，只要朱允炆拥有不低于正常人的思维能力和智商，就不可能答应这种事。

那么问题来了：作为一个饱读诗书的大才子，方孝孺的思维能力和智商肯定也不会低于正常人，那他为什么会提出恢复井田制这样离奇的建议呢？朱允炆和方孝孺都是聪明人，他们所讨论的事情并不是井田制好不好的问题，摆在他们面前的现实情况是：北方眼看就要失控，是不是该想个办法把北方官僚集团拉拢过来？只要北方官僚集团能被稳住，北方功臣集团就不敢轻举妄动。

朱允炆认为，只要一手大棒一手甜枣就可以了，所以他追尊自己的父亲朱标为皇帝，又通过种种手法来夯实自己继位的合法性，其目的就是告诉北方官僚集团：无论你们推谁出来当代理人，他的合法性都比不过朕。朕的祖父是皇帝，朕的父亲是皇帝，朕自己是皇帝，朕的儿子将来也会是皇帝，北方那帮藩王谁有这种底气？

在展示过大棒的威力后，朱允炆又按《周礼》恢复古代官职和礼仪，那也是明白无误地告诉北方官僚集团：朕的内心深处始终是偏爱你们的，官员、士绅们喜欢什么，朕就喜欢什么，现在你们不过是和南方的各位同僚闹出了一些误会，千万不要走极端，将来大家心平气和地坐下来把话说开，一切问题不就都解决了吗？

而在悲观的方孝孺看来，此时大明的天下已经危如累卵，朱允炆这颗甜枣的诱惑力还不够大，应该更彻底一些，比如恢复井田制。所谓的恢复井田制，其实就是给北方官僚集团一个合理合法攫取利益的机会，也可以趁机拉拢北方功臣集团，更可以安抚北方的各藩王，让一切潜在威胁全部消失。

在周王朝时期，井田制大行其道，大家想想周王朝是一个什么性质的朝代？周天子作为名义上的天下共主高高在上，一群诸侯拱卫在周天子身边，诸侯国内的事情自行做主，诸侯国内部又有各自的组织结构，大夫和士也能够参与管理诸侯国的事物。

井田制为什么会崩溃呢？因为随着生产力的发展，民间开发的私田越来越多，百姓拥有了更多的私田，所以不再依赖天子下发的土地。这种做法就是在事实上将大明领土重新划分。比如，北平那块地名义上还是朝廷的，但实际上由燕王说了算，北平当地的官僚和功臣扮演大夫和士的角色，他们关起门来搞好自己的一亩三分地就行了，燕王实在没必要冒险造反。

至于生产力发展导致天子下发的土地无人耕种这种事，在大明也很好解决，朱元璋在位时把"数据化"工作做得太到位了，再有新开发的土地，可以随时收归朝廷所有。只要天子随时拥有一支足以威慑全天下的军队，这种制度就不会崩溃。

行文至此，许多人难免会觉得荒谬，进而质疑方孝孺是否真发表过类似的言论，这不会是朱棣后来栽赃陷害的吧？可根据我对官僚集团的了解，他们绝对有可能提出类似的观点，很多人不相信，是因为他们不了解官僚。

什么是官僚集团？他们与士绅集团的关系密不可分，他们最在乎的始终是自己的利益，最深的执念也是乡土，大一统对他们而言是最没有吸引力的。如果没有朱元璋的高压，苏、松士绅集团为什么要拿出真金白银去补贴朝廷财政呢？朝廷又不是没钱，结果你们非要拿去恢复北方经济，北方人是死是活和他们有什么关系呢？

明朝末期，许多晋商光明正大地和后金（大清的前身）做买卖，全然不顾这种行为是否会对大明造成危害，因为在他们看来，危害大明又怎样呢？反正没危害到我们山西。你跟这帮家伙谈论什么大一统、家国天下之类的言辞，不就是对牛弹琴吗？摆在台面上讲大道理，他们比任何人都在行，可要是关起门来打小算盘，他们比任何人都无耻。

这就是皇权与官僚集团的根本矛盾所在：官僚集团根本不会在乎皇权的威严，他们所思所想只有自己的小日子，可皇权是要君临天下，皇帝怎么甘心只给一小撮人当领导呢？朱允炆需要的是一个繁荣、稳定、团结的大明，只不过他的基本盘是以南方官僚集团为主，所以在短期内，他只能捏着鼻子吃哑巴亏。再过几年，如果朱允炆有机会将官僚集团、功臣集团和藩王整合到一起，他绝对会像自己的皇祖父朱元璋那样，想方设法搞权力制衡，这才是皇权的本能。

明白了这一点，我们再看朱允炆拒绝恢复井田制，自然就能明白这根本不是开不开历史倒车的问题，更不是井田制落后与否的问题，而是朱允炆身为一个皇帝，他对皇权的执念更甚于官僚集团对自身利益的执念。朱允炆或许会允许官僚集团多吃多占，允许功臣集团枉法，允许各地藩王擅权，但他决不会允许大明的大一统格局破裂，这才是他拒绝恢复井田制的根本原因。

有时也不禁感叹，如果朱允炆真的赞同了方孝孺的观点并恢复了井田制，靖难之役或许根本不会爆发，朱允炆也不至于落得个生死不明的下场，但后世的中国则很有可能会像西欧那样，分裂成很多个小国家，而非统一的东亚大国。

很多时候，我们听到或看到某条政策时，如果满篇都是乏味的专用术语，往往会习惯性地略过，因为不懂。事实上，越是这种大众难懂的东西，背后所蕴含的信息量往往越是惊人。比如朱允炆在建文元年（1399年）二月的这封诏令，背后就有方孝孺代表南方官僚集团再度试探朱允炆，甚至打算分裂大明的惊天大事件。

但无论大明朝廷有多少大事件，都始终无法改变大明即将天雷勾动地火的严峻事实。同年三月，朱允炆往北平周围调集重兵，并派人潜伏于北平城内，收集了大量朱棣图谋不轨的证据；同年四月，湘王朱柏自焚而亡，南方官僚集团和南方功臣集团彻底反目。事情到了这一步，无论是齐、黄、方，还是南北官僚集团，抑或是南北功臣集团，他们都变得小心翼翼，因为到了这时，哪怕是神经再粗的人，也该感觉到不对劲了，北平城似乎变成了一座活火山，随时都可能爆发。

06 朱允炆筹谋破局

从南京回到北平之后，朱棣腰不酸了，腿也不疼了，一口气也能上五楼，走起路来像一阵风似的，与之前那个蔫头耷脑的形象截然不同。他为什么会发生这样天翻地覆的变化呢？因为人逢喜事精神爽呀。

去南京之前，朱棣战战兢兢，生怕姚广孝的谋略不灵，朱允炆不管不顾地一刀把自己给剁了。可随着挨家挨户拜访过北方各官僚和数位功臣子嗣之后，朱棣开始对前景充满信心，他认为自己只要稳扎稳打，整个时局就会朝着不利于朱允炆的方向发展，从而逼迫其投鼠忌器。到那时自己只需振臂一呼，自然就会有人请自己出面主持大局。这样一来，自己虽然未必能当上皇帝，但至少也可以成为"双头政治"的一极，背靠北方利益集团制衡朱允炆。届时，自己无论是进是退，都会有大量的机会可供选择。

很多人都说，朱允炆和朱棣闹成这样，结局必然是你死我活，不存在和平协议。这种说法显然是从结果来推导过程，而且持这种观点的人往往对官僚政治的特点并不了解。贪婪、奸诈、恶毒……用这些词语来形容官僚集团才是更形象的，可虚伪、胆怯、自私等词汇同样也是为他们量身定制的。这帮人就像非洲大草原上的鬣狗，最擅长的就是于不动声色中改变局势，然后把猎物骗进自己精心罗织的包围圈，逐渐控制或杀死猎物。不到万不得已，他们是不会走极端的。"你死我活""背水一战""破釜沉舟"之类的词汇，和官僚们一点关系也没有，他们并不具备这样的特点。

从当时的局势来看，南方官僚集团一家独大，北方官僚集团被排挤到了边缘地带，功臣集团同样受排挤，但由于沐王府和各地藩王的存在，所以南方官僚集团也不敢太过分。如果时局继续发展，北方官僚集团会如何出招呢？自然是抬出一个代理人替己方利益集团出头，不再害怕南方政权的威胁，并且他们绝不敢出手，否则一拍两散，大家玩儿完！

对于南方官僚集团而言，他们也很清楚这一点：自己不可能把北方官僚集团赶尽杀绝，自己目前所做的每一件事，都只是在尽可能地压缩北方官僚集团的生存空间。先探清楚他们的底线，然后在他们走投无路时开启谈判，避免他们走极端，进而双方在一种微妙的平衡氛围中开启谈判，重新划定双方的利益范围。等这阵子风波过后，再找机会继续施压，然后驾轻就熟地继续开启谈判。

这才是官僚政治的最高境界——斗而不破，永远都不能忘记斗争，但永远都不能把斗争升级，否则一旦真正破裂，就是乱世烽火重燃。乱世是一个军阀当家做主，枭雄言出法随的时代，到那时，谁还会把官僚们当回事呢？

只要明白了官僚政治的这些特点，再代入朱允炆时期的争端，我们就能得出结论：朱允炆自然是希望把朱棣等一众实力强大的藩王尽数拿下，但南方官僚集团为避免朱棣等人与功臣集团联合起来走极端，必然会劝朱允炆慎重行事，这种行为是祸乱天下，死后无颜去见先帝啊！

北方官僚集团虽然已经逐步被边缘化，但他们在没有受到死亡威胁时，也不希望局势崩坏，他们自然也会劝阻朱棣："你们叔侄俩是一家人，有什么话不能好好说呢？只要你敢硬扛南方政权的压力，我们就会坚定地站在你这边，但是，你也别仗着我们的支持就乱来呀！"

就这样，如果局势朝着不可控的方向发展，南、北官僚集团必然会站出来充当和事佬，总而言之，以和为贵，大家划定一个圈，在圈内怎么玩都没事，但大家都记得别出圈，否则出了乱子大家都不好收拾。

官僚集团是什么德行朱棣能不知道吗？他见多识广，早就知道该怎么把握这个度。此次高调进京，其实也是在隐晦地告诉朱允炆："你收拾了好几位和我关系亲密的藩王，适可而止吧，要是再得寸进尺，我也不是好欺负的，朝堂上的众位贤臣也不会任由你胡作非为。"

南方官僚集团继续步步紧逼，试探北方官僚集团和功臣集团的底线，他们发现，虽然没人附和己方的观点，却也没人站出来反对。在他们看来，这说明北方利益集团还没到临界点，可以继续放手施为，再逼出点利益空间。在这种背景下，朱允炆于建文元年（1399年）三月开始朝北平周围调兵，并派人前往北平，堂而皇之地向朱棣施压，大肆收集他的黑材料。

对于朱允炆的这种行为，朱棣肯定是不高兴的，但他并没有急于发难，而是继续等待，因为他想看看朝堂上南、北官僚集团的交锋情况。如果南方官僚集团劝阻朱允炆，就证明两个集团已经基本谈妥，接下来就要开始画圈了，如果自己在此时轻举妄动，北方官僚集团的筹码就会变得越来越少。朱允炆身为皇帝，他完全有资格调动全国兵马，但他的心里在想：你朱棣因为这点小事就胡作非为，是想干什么呢？难道你真以为天子是"兵强马壮者为之"吗？

尽管不能轻举妄动，但朱棣也不能像条死鱼一样毫无反应，如果他任由朱允炆拿捏，同样也会使得北方官僚集团的筹码变得越来越少。北方官僚集团会想，你朱棣是堂堂燕王，现在都被人家欺负到头上了，你完全可以有理有据地进行反抗，比如先帝曾规定：皇帝对亲王的行为要加以规劝，但一家人不宜妄动刀兵。你现在调兵把北平重重包围，是要逼我自尽吗？你要敢说个"是"字，或者诬赖我要谋反，那我就立刻自尽，去找先帝控诉你的不孝行为！

此时天下大抵太平，官僚集团的那套玩法最合乎时宜，所以朱棣信心满满，认为自己完全可以在官僚集团划定的范围内闪展腾挪，利用规则为自己争取更多的利益。朱允炆毕竟年轻，接受朱元璋教导的时间也短，真要放开手脚摆弄权谋诈术，他绝不会是自己的对手。

朱棣的想法挺好，他对朱允炆政治水平的判断也没错，但随后的事态发展显然出乎了所有人的预料。在南方官僚集团看来，朱棣那边能打压就打压，暂时打压不了就维持现状，等将来找到合适的机会再做打算也不迟，所以他们开始不断暗示朱允炆："适当打压一下燕王，让他不敢乱来就行，不要让局势失控。"

众所周知，朱允炆的完整基本盘是南方官僚集团、南方功臣集团和沐王府出身的部分亲军卫，不过随着南方官僚集团的排挤，另外两个派系已经逐渐失去了话语权。可现在朱允炆假装看不懂南方官僚集团的暗示，摆出一副不把朱棣整死誓不罢休的模样，使得南方官僚集团产生了误判：这个小皇帝又开始瞎折腾了，是谁给他的勇气？是北方官僚集团在暗中作梗吗？不太可能。冲突事件继续发酵的后果是什么，官僚们的心里一清二楚。大家可以抢菜盘子，但绝对不能掀桌子，否则大家的身家性命恐怕都无法保证。亲军卫大多是中下层管理者，他们并不具备直接影响皇帝的实力，所以南方官僚集团只是简单地分析了一遍，立刻就得出了他们自以为正确的答案：肯定是南方功臣集团静极思动，想把水搅浑，从中渔利！

在初期进行过几次不太显眼的打压之后，南方功臣集团逐步被调离了朱允炆的身边，南方官僚集团本想着维持现状，将来再拉拢几个功臣子嗣为己所用，将南方功臣集团彻底压在南方官僚集团小弟的位置上，这事儿也就过去了。可现在他们居然敢鼓动小皇帝对燕王下死手，非要把事情往大了整，这还得了？不给他们一点颜色看看，恐怕以后还会用这招来拿捏自己。出于这种考虑，南方官僚集团就把斗争的目标对准了沐王府。

湘王朱柏比黔国公沐晟小三岁，两人是从小一起长大的，关系莫逆。朱允炆之所以会收拾藩王，主要是信了南方官僚集团的说辞，认为朱棣有不臣之心，所以逐步清算与他有关的几位藩王，而这里面并没有湘王什么事，人家在荆州老老实实地过着自己的小日子，没招谁惹谁，可由于南方官僚集团打算给南方功臣集团一点颜色看看，所以他们瞄上了湘王，想借此打击沐王府，以警告南方功臣集团收心。

建文元年（1399年）四月，湘王遭人指控意图谋反，有人发现他伪造宝钞，打算与朝廷争夺财政收入，事败之后湘王杀人灭口。朱允炆不明就里，接到奏报后勃然大怒，命人将湘王押送入京接受审问。南方官僚集团的突袭打得南方功臣集团猝不及防。朝堂上的官员们吃饱了没事干，可以整天搞派系斗争，耿炳文等功臣们大多已经年老，没那么多精力天天跟别人较劲，功臣子嗣们则有许多忙不完的事，因为此时的南方并不安宁，比如沐晟，他就一直在云南收拾少数民族刀干孟叛乱。那边忙得团团转，这边却被南方官僚集团打了黑枪，南方功臣集团内心的悲愤可想而知。在湘王选择自焚而亡的那一刻，南方利益集团彻底分裂了。

朝堂上的派系斗争已经进入白热化阶段，朱允炆却无动于衷，始终把目光对准朱棣，南方官僚集团逐渐也发现了问题的严重性：小皇帝不像是受到了某人的影响，他就是一门心思地要把燕王置于死地，这对亲叔侄哪来这么大的仇恨呢？

相关史料并没有详细记载朱允炆和朱棣的私人关系如何，但民间却有许多私人笔记为我们讲了一些绘声绘色的故事。清初文学家褚人获写过一部《坚瓠集》，里面记载了两个小故事。

第一个小故事是说朱允炆出生后，朱元璋看他头型不正，觉得非常不吉利，便叫他"半边月儿"。朱允炆成为皇太孙之后，有一次与朱棣相见，朱四爷不但没有丝毫敬畏之心，反而笑着对他说："想不到'半边月儿'也能有今天。"那意思是朱元璋老糊涂了，怎么能让你这样的人当储君呢？国家要亡啊。朱元璋恰好路过，听到这话以后勃然大怒，立刻就准备惩罚朱棣，朱允炆虽然也很愤怒，却劝说朱元璋不要惩罚朱棣，说他只是无心之失，朱元璋这才作罢。

第二个小故事是说朱元璋带着众多儿孙们外出打猎，随口说了一句上联"风吹马尾千条线"，然后让朱允炆对下联，朱允炆对曰："雨打羊毛一片毡"，朱元璋觉得差强人意，又命朱棣对下联，朱棣答道："日照龙鳞万点金。"朱元璋听完以后对朱允炆说："你对得很工整，但气势上比你四叔差远了。"朱允炆虽然点头应诺，但心里却已埋下了对朱棣仇恨的种子。

后世诸多学者竭力验证这两个故事的真实性，仿佛正是这些事件的存在，才使得朱允炆下定决心收拾朱棣。我不敢说这些事情没发生过，但如果依此判断朱棣早有不臣之心，显然是不太客观的。因为在朱允炆成为接班人之后，除了南方官僚集团弹冠相庆，其他利益集团其实都不太服气。除了朱棣，秦王、晋王、代王、肃王、辽王、庆王、宁王和谷王等诸位王爷都对朱允炆有过一些不太恭敬的言行，他们之所以会这样做，不过是希望朱元璋可以看到自己的能力和本事，进而重新选择接班人。

换言之，朱允炆虽然被朱元璋册立为新一任接班人，但这些王爷认为此事还有商榷的空间："只要父皇没死，咱们就还有机会。"这才有了他们对朱允炆不恭的事实。现在朱允炆不理会其他王爷，非要盯着朱棣收拾，这显然不仅仅是因为朱允炆怀疑他要谋反或者对旧事怀恨这么简单。

朱允炆之所以会如此针对朱棣，主要还是因为他急于破局。自继位以来，朱允炆就没过过几天安生日子，南方官僚集团一天一个想法，今天逼他为某案平反，明天又说某政策不合常理，后天再给他安排几位"国之栋梁"，这帮家伙老这么办事，朱允炆能不烦吗？

朱元璋当初是怎么办事的，朱允炆可都看在眼里，谁敢不服气就挥舞屠刀大开杀戒。那个时候，这帮家伙只能像老鼠一样，躲在洞里瑟瑟发抖。现在朱元璋走了，官僚们开始欺负朱允炆年幼，继而蹬鼻子上脸。面对这种情形，朱允炆不止一次地想过要如何破局。官僚集团的弱点和缺陷是什么，朱元璋肯定没少教他，这帮人是他的臣子，应该怎么驭下，朱允炆一清二楚，只是没有实施的空间。

此时的朱允炆有些像当初在曹魏大权独揽的司马昭，虽然他拥有执政的名义，也拥有不小的势力，但周边掣肘的人太多，只有想办法挣脱这群人的控制，司马氏才有可能彻底取代曹魏，成为真正的天命之主。那应该如何挣脱呢？司马昭的答案是伐蜀。只有灭掉蜀国，扩大自己的基本盘，才能真正拥有独步朝堂的实力。

朱允炆虽然名义上是皇帝，但他周围全是从龙之臣，对他的掣肘力度一点也不小，朱允炆也想找出一个可以帮助自己挣脱控制的方法，怎么做呢？朱允炆的想法是灭燕，因为朱棣是实力最强的藩王，最好的结果是朱棣不甘心束手就擒，然后硬着头皮选择起兵造反，然后自己亲手选派将领，率领大军平定叛乱，这样一来，朱允炆才有更多的机会提拔自己人，进而一举脱离南方官僚集团对他的掌控。

战争永远是集权的最佳方式。如果没有战争，南方官僚集团就能名正言顺地占据军需部门各单位要职，管理后勤物资。战争一旦降临，朱允炆则可以以此为名，委任自己的心腹接管后勤物资的派发工作，理由是非常时期，一切以战局为重。

在战争持续期间，朱允炆的心腹就可以趁机在军需处大肆揽权。等战争结束后，原本被南方官僚集团所把持的军需部门就会被朱允炆的心腹所掌控。

以小见大，在军需部门可以这样玩，在其他部门同样可以这样玩，只是不能太过火，皇帝适当拿下几个部门之后，还要给其他利益集团留一点，毕竟朱允炆不是朱元璋那种威望极高的开国皇帝，作为一个被南方官僚集团推上位的皇帝，就注定了他的一生必须和这帮人"相爱相杀"。

这样做同样会令功臣集团权势大增，因为战争是他们的舞台，但朱允炆乐意见到这样的场景。让功臣集团获得一些利益，这样他们就有可能通过战争重新合为一派，成为制衡南方官僚集团的一分子，到那时，自己则可以带着一帮心腹居中当裁判，谁弱就偏帮谁。

朱允炆不确定朱棣是否会造反，但他肯定也反复盘算过，在这些藩王中，最有可能起兵的也就是朱棣或宁王等人。如果兵不血刃地拿下了朱棣，使得这一仗没能打起来，自己则可以再把同样的方法复制到宁王或其他藩王身上。总之一句话，局势越乱，对朱允炆集权和破局就越有利。

至于战争的结果如何，朱允炆根本没有考虑，在他看来，自己是天命所归的大明皇帝，而朱棣只是一个藩王；自己代表全天下，朱棣仅有一个北平，况且北平城内的利益集团还未必都听他的。如此悬殊的力量对比，只要战争爆发，自己有什么理由不获胜呢？

经验不足或阅历不够的人最容易犯这种错误，他们只能看到自己的优势，却对自己的劣势一无所知。如果有人从旁善意提醒，他们还会认为这人是不是心怀叵测，从而以一种审视犯人的态度，回忆自己与这位劝谏者相处的一切过往，然后找出各种证据，证明此人就是见不得自己好。

敏感而易怒，目前的朱允炆就处于这种状态。他根本不知道自己还能相信谁，只能尽可能地挑选一些出身和资历不太敏感，以及那些明显亲近自己、与官僚集团毫无瓜葛的人，希望他们能够在战争胜利后派上大用场。只不过，这个后手朱允炆一直没机会使用，因为等战争真正爆发之后，很多事情都脱离了他的掌控，朝着对他最为不利的方向发展了。

07 乱起

从建文元年（1399年）的四月到六月，在湘王自焚之后，朱允炆先后将早已被逮捕的齐王、代王和岷王废为庶人，并派人频繁联系北平左政使张昺和都指挥使谢贵，表示最近一段时间会有很多事情要做，自己将会下达一些重要任务，要求张、谢二人做好准备，别把事情给搞砸了。

朱允炆在紧锣密鼓地布置着什么，朱棣其实不太清楚，北平虽然是他的封地，但却有两套班子在同时运行，毕竟朝廷不可能完全放弃对藩地的掌控，那就真成春秋战国了。尽管不了解详情，但朱棣哪怕随便想想也能明白，朱允炆在北平搞小动作，肯定是针对自己。此刻朱棣肯定在想：朱允炆那个毛孩子要干什么，难道他真敢冒天下之大不韪，不顾一切地对我动手吗？

从表面上看，朱允炆收拾了和朱棣关系密切的周王、齐王和代王之后，再朝着朱棣动手是理所当然的。可深谙官场潜规则的朱棣明白，官僚集团一定会竭力劝阻，免得真把自己给逼反了。这样一来，自己只要表现出一副天不怕地不怕的样子，自然会把这帮人给逼急了，他们会用将成的既定事实告诉朱允炆："眼下以和为贵，不要逼得燕王狗急跳墙。"朱允炆没见过大场面，很容易被官僚们描绘出的惨烈景象给吓住，随后选择谈判。出于这种考虑，朱棣的心腹张玉和朱能等人开始日夜操演兵马，摆出一副"誓死保卫燕王，誓死捍卫北平"的模样。

朱棣那边的异动根本瞒不住张昺和谢贵，他们眼看着朱棣的心腹们每天都像打鸡血一样地高声呼号，要说心里不紧张肯定是假的，可略微冷静下来仔细一想，却发现其中有不少疑点。

首先，南方那帮官僚正在收拾以沐王府为首的功臣集团，哪还有工夫应对北平的危机呢？朱棣在这个节骨眼上整日操演兵马，他是不是和沐王府谈妥了什么条件？

其次，北平四周到处都是朝廷的军队，朱棣就算真要造反，那也得低调一点，哪能如此明目张胆地练兵呢？据说他给出的理由是北元即将入侵，但谁都知道这是他的敷衍之词，北元已经多少年没有大肆寇边了？

再次，陛下要我们做好准备，等待"大新闻"的发生，总不会是让我们捉拿朱棣吧？事情要一件一件地办，不把沐王府那边摆平了，哪有工夫收拾他呢？

最后，在陛下收拾齐、代、岷、湘四王时，朱棣曾派他的三个儿子进京，全权代表自己参与祭拜朱元璋的重要活动，谁都知道这三人会成为南京政权的人质，可陛下并没有扣留他们，现在说陛下打算对朱棣动手，这可能吗？

朱棣的举动过于离奇，张、谢二人得到的信息又不够全面，这就使得他们对未来局势的判断出现了分歧。谢贵认为：朱棣这是图谋不轨，应该加强对燕王府的监视，稍有不对就立刻动手，有杀错，勿放过。否则，如果等朱棣准备妥当之后，且不说他造反能不能成功，咱俩可是注定要死无葬身之地了。张昺则认为不能轻举妄动：藩王们都是天潢贵胄，湘王自焚那是他自己想不开，其他四位藩王被逮捕的时候也没有动用过军队，如果我们在没有确切证据的情况下贸然动手，到时候万一是误会，或者朝堂上的同僚们真把事情圆回来了，那死的就未必只是咱们两个了，可能是咱们两家啊！

如果不长前后眼，我们真不好说张、谢二人谁对谁错，因为双方的判断都有些道理，但也有些说不出来的古怪。谢贵认为应该掌握主动，因为此时的北平周围全是朝廷派来的军队。老谢有底气说这话，可谁敢保证他说这话时没有私心呢？谢贵是武将，想当初他也是跟着朱元璋打天下的功臣，谁敢保证他不是想通过这种方式把水搅浑，然后夸大事实，再借机把功臣集团的人安插进来混功劳呢？到时候老谢只需要打一份报告：在平定朱棣叛乱的过程中，谁谁谁攻下北平外城墙，某某某率先攻破燕王府，请陛下予以褒奖。不就等于把所有功劳全都给抢了吗？

如果战事不顺，谢贵甚至可以倒打一耙：张昺在平乱过程中处处掣肘，以致朱棣叛乱久久无法平息，请陛下将其调走，以免寒了众将士的心。

张昺是文官，在政治上的嗅觉相当敏感，所以他认为朝堂上肯定出了大事，这事也许是各位同僚都搞不定的，这个时候更应该小心谨慎，避免刺激朱棣。如果从派系和出身上划分，张昺应该属于北方官僚集团，天然就与南方官僚集团隔了一层，他很清楚南北官僚集团之间的暗战，也知道北方官僚集团一直在试图拉拢朱棣为己方阵营站台，他又怎么会同意谢贵的意见呢？

在张昺看来，朱棣就是在张牙舞爪地吓唬朱允炆，双方根本打不起来。谢贵唯恐天下不乱，非要把小事整成大事，这是典型的以权谋私。张、谢二人争执不下，于是把官司打到了南京，请朱允炆来裁决。朱允炆收到张、谢二人联名的来信后，认为双方都有道理，于是回信对他们说："要慎重对待此事，却也不必过于敏感。"

收到南京的回信后，张、谢二人大失所望，本以为朱允炆能给他们一点指导意见，可小皇帝的回信分明是在打官腔。咱们接下来该怎么办呢？陛下的意见到底是什么呢？不知道。

经过一番商讨之后，张昺始终认为不能简单、粗暴地解决此事，朱棣毕竟是朱元璋的儿子，如果随意出兵拿下他，恐怕全天下都会震动。谢贵思前想后，最终赞同了张昺的观点，退让一步，但他还是要求张昺与自己一起前往燕王府，亲自拜见朱棣。

张昺听懂了谢贵的意思，那就是登门拜访，好好地跟朱棣聊一聊，表明自己对他的敬仰，同时也暗示他不要做出令大家难堪的事。朱棣是个明白人，他肯定能听懂。

打定主意后，张、谢二人正准备递上拜帖，却突然得到一个消息：朱棣疯了。好好的大活人怎么会突然疯了呢？据说朱棣从南京回来之后就得了伤寒，病情反复发作且越来越严重，以至于祭拜朱元璋这样的大事都只能委托三个儿子代为效劳。燕王府的医生水平比较差，不知从哪里弄来个偏方，结果朱棣的伤寒治好了，可大脑也因为药力过猛而陷入了疯癫的状态。

得知这一消息后，谢贵倒没感觉有什么问题，以为只是间歇性的精神失常，过一段时间就能痊愈，可张昺却突然有了一种不妙的感觉："一直以为燕王是在和我们玩儿默契，只是张牙舞爪地吓唬陛下，但他有没有可能是在假戏真做，利用我们的信任做掩护，最后悍然起兵造反呢？"

如果张昺的猜测成真，那么问题就严重了！从双方明面上的军事实力对比来看，朱棣现在起兵造反的胜算约等于零。关于这一点，朱棣不会不清楚，他毕竟也是多次领兵出征的宿将，可就是这样一位宿将，却用装疯卖傻的方式来拖延时间，他想干什么还用得着明说吗？

一旦朱棣真打算起兵造反，第一个要除掉的就是张、谢二人，因为他俩是南京政权派驻在北平的最高军政长官，只有干掉他俩，朱棣才有可能整合北平，进而将此城打造成他与朱允炆争夺天下的大本营。对于大本营，无论花多大工夫经营都是值得的。

念及于此，一向自称"忠义"的张昺开始犹豫了，他在想要不要把自己的猜测告诉谢贵呢？谢贵本来就想以武力解决，张昺如果把自己的猜测告诉他，他一定会重提当初的意见："我当初说得没错吧？朱棣就是不安好心，你早听我的意见，直接出兵把他给抓起来不就完了？非要拖到现在，人家都开始装疯卖傻了，说不定明天就会起兵造反呢，到时最先死的就是咱俩！"

"不行，这事儿不能这么办！"张昺想了又想，还是决定装聋作哑，他向谢贵建议：燕王府发生了这样大的事，我们应该禀报给陛下，由他来决定我们下一步的行动。谢贵没有异议，于是张、谢二人的第二封联名信再次送到朱允炆面前。可就在朱允炆收到联名信的同时，另一封从燕王府寄出的信也送到了，寄信人名叫葛诚，是朱棣的长史，他对朱允炆说："朱棣决定起兵造反，最近一直在装疯卖傻，迷惑张昺和谢贵，希望陛下不要中计！"

朱允炆接到葛诚的来信后大喜过望，他一直想找机会收拾朱棣，把事情往大了闹，结果葛诚给自己创造了这样的好机会，真是一场及时雨啊！决心已定，朱允炆立刻招来时任兵部尚书的齐泰，将联名信与葛诚的密信一并交给了他，并直接命令齐泰拟旨，向全天下昭告朱棣蓄意谋反，其心当诛！

看到这两封信后，齐泰的脸色就像吃了生苦瓜一样："哎，大意了呀，没想到朱棣竟然是这样的人，明明有和平解决问题的办法，却非要走极端，这又是何苦来哉？"齐泰定了定神，然后对朱允炆说："朱棣大逆不道，论罪当诛，但此时他反心未明，如果贸然昭告天下，朱棣来个死不认账，非说我们构陷于他，该怎么办呢？不如暂缓昭告天下，先派张昺和谢贵把他给抓起来，然后带回南京交由刑部审讯，等有了结果再公布也不迟。"

朱允炆老大不乐意了，他就是想坐实朱棣谋反这件事，管他是真是假，可齐泰毕竟是托孤大臣，他说的话也有理有据，不好反驳，于是只得不情不愿地表示同意，并回信给张昺和谢贵，大骂了二人一通："两个笨蛋，朱棣这是在麻痹你们，赶快准备动手吧，他这是要造反！"

南京这边一阵手忙脚乱，张昺和谢贵成天吃不香、睡不着，身为始作俑者的朱棣到底是什么情况，他真打算造反吗？

答案是肯定的，朱棣真打算造反了。最初，朱棣只是想装模作样地操演兵马，摆出一副"玉石俱焚"的态度来吓唬朱允炆，并没打算真的造反。还是那句话，朱棣是穿鞋的人，他爱惜自己的鞋，怎么可能心甘情愿地把它给扔掉，去博那个凶险的未来呢？

从开始操演兵马到装疯卖傻，大概二十天的时间，朱棣就是在这段时间内坚定了自己假戏真做的决心，同时制订了起兵之后的初步计划。囿于相关史料的缺失，我们无法百分之百还原当时的情况，只能根据其他记录进行推断，参与此次谋划的主角除了朱棣本人，还有姚广孝、张玉、朱能和邱福等后世知名的靖难功臣。

据我推断，事情的经过应该是这样的。首先，人脉广阔的姚广孝不断传递消息，将朱允炆的反常举动告诉了朱棣，经过分析之后，众人推测朱允炆或许有一战立威的想法。

其次，姚广孝为朱棣分析：如果我们的猜测准确，那么在您失败之后，最好的结局也会像湘王那样自尽，因为朱允炆需要通过收拾您来增加威信，所以您肯定没有活路，再想用官场潜规则应付是绝不可能的。

然后，对于姚广孝的这个分析，朱棣肯定不愿相信，但他又不敢不信，万一是真的，那自己死得岂不是很冤？就在朱棣犹豫不决时，姚广孝抓紧一切时间与张玉等武将连夜开会，大家共同商讨起兵之后应该如何控制北平以及随后的出兵线路应该怎样制定。随着时间的推移，朱棣也被他们的这种情绪所感染，心中纵然有千般万般的不情愿，此时也只能两眼一闭，咬紧牙关往前冲了！

最后，也是最麻烦的一部分，那就是朱棣和姚广孝要逐一筛选燕王府的属官当中谁是可以信任的，北平的朝廷官员里谁是必须要除掉的，其他利益集团应该如何争取。这样详尽的规划，二十来天的时间肯定是做不完的，但眼下已经没时间了，只能走一步算一步。

当张昺和谢贵硬着头皮前往燕王府实施抓捕计划时，却被埋伏在一旁的卫兵活捉了。朱棣和颜悦色地对张、谢二人说："都指挥使张信已经决定弃暗投明，二位都是聪明人，不如也加入我们吧？"张、谢二人把头摇得像拨浪鼓一样连声拒绝："你要杀就杀，别指望我们会附逆！"

张昺和谢贵为何不愿投降呢？从感性角度来看，自然是因为两人深沐皇恩，决不会与乱臣贼子为伍；可如果从理性角度来看，他俩的选择一点问题都没有，这时投降的人才是脑子有问题。朱允炆是大明皇帝，南京是大明正统，这是全天下臣民们根深蒂固的观念，朱棣在这此时起兵造反，怎么看都不像有胜算的样子。张昺和谢贵如果选择投降，自然是性命无虞，可万一燕王在几个月后就被大军剿灭了，此二人的命运又将如何呢？最乐观的结果就是直接被朱允炆所杀，家族勉强留存下来，却依然要受到整个大明官场的歧视。为了多活几天，就把整个家族的命运搭上，这买卖一想就知道非常不划算。

至于朱棣能否获胜，张、谢二人根本没考虑过，因为从表面上看，他哪里有胜算呢？如果不是被逼无奈，燕王又怎么会起兵呢？你真以为他是疯子啊？事已至此，张、谢二人只能感叹自己的命不好，却不敢屈膝投降，以免自己的家人在将来遭到朱允炆的清算。

张昺和谢贵被杀了祭旗，朱棣于建文元年（1399年）七月正式起兵，援引《皇明祖训》中的条文："有敢更改祖制者，以奸臣论处"，他痛斥兵部尚书齐泰和太常寺卿黄子澄为奸臣，自己身为亲王，就应该出兵为皇帝分忧，并反复表示自己不是起兵造反，而是"靖难"，就是平定动乱。

后来有许多人为朱棣洗白，说他的这一举动并不是造反，而是"清君侧"。事实上，这只是欲盖弥彰罢了，中国历史上说过"清君侧"的有两人，一个是西汉的吴王刘濞，这位老兄搞出来一个七国之乱；另一个是大唐的安禄山，这位老兄搞出来一个安史之乱。刘濞也好，安禄山也罢，那都是盖棺论定的反贼啊。从这个角度来看，说朱棣造反并没有什么不妥。再者，提议复古的是方孝孺，关人家齐泰和黄子澄什么事？只不过方孝孺官职不高，不适合用来喊口号，于是朱棣直接把提议复古的帽子扣在了齐、黄二人的头上。

朱棣起兵造反的消息传到南京后，朱允炆心中窃喜：现在，这幕大戏终于按照朕的设定开演了，等战争持续一段时间，朕的心腹们全部掌权之后，大概就会有捷报传来："经过浴血奋战，反贼朱棣已经被剿灭，现附功臣名单如下……"朕倒要看看，朝堂上那帮老家伙会有什么反应。

可朱允炆左等右等，却一直没能等来预料之中的捷报，他等来的是一场为期三年的惨烈内战。

08 换帅疑云

在收服都指挥使张信，以及杀死张昺和谢贵之后，北平城内已经没有人能与朱棣相抗衡了，所以他很快就彻底掌控了整个北平。

北平原名大都，曾在元朝时期做过近百年的首都，城防坚固、底蕴十足。对于自己的大本营，朱棣非常满意，但他现在也正面临抉择：是直接率军南下，还是依托北平固守呢？这本来不是什么问题，朱棣在控制北平之后，没有与任何人商量，便立刻准备率军朝南方进发，并打算在渡江之后立刻组建骑兵部队突袭南京。但这个策略还未来得及实施，就遭到了张玉和姚广孝的反对。

张玉对朱棣说："西汉的吴王刘濞也准备突袭长安，但被睢阳城的梁王刘武所阻击，最终功败垂成。唐朝的安禄山倒是成功占据了长安，但他最后还是得灰溜溜地往回跑，因为他的老家河北四处起火，根基不稳，安禄山根本无法安心征战。我们现在连北平周边都没搞定，哪还有工夫渡江打南京呢？"姚广孝表示赞同："历朝历代的藩王鲜有靖难成功者，我们要想获胜，就必须时刻警醒，永远不能小看朝廷，永远不能掉以轻心。"

心腹的反对令朱棣感到非常苦恼，他眉头紧锁，颇为无奈地说："你们的说法虽然很有道理，可如果我们只在北平一带打转，等朝廷集结重兵前来，我们拿什么抵挡呢？"

朱棣的担忧非常有道理，如果起兵南下，的确有可能被坚城所阻挡；如果固守北平，也有可能被朝廷大军围剿。究其症结，还在于北平一带的军事和经济实力太弱，完全不足以与朝廷相抗衡，怎么看都是死局，这也是张昺和谢贵不愿投降的主要原因。张玉一时哑然，与朱棣相对无言，但姚广孝却是一副智珠在握的样子，他对朱棣说："殿下不必担忧，只要我们能在开局阶段打出漂亮仗，局势自然会逐渐扭转，朝着有利于我们的方向发展。"

姚广孝这话不是策略，反而更像是一种劝慰，而且说得很含糊，这倒不是他故作高深，而是因为此时的局面极不明朗，谁也说不准局势会朝着哪个方向发展。在这种环境中，还是以稳为主，先看朱允炆如何出招，朱棣这边才能想办法接招，而不是主动出招，露出弱点招致打击，毕竟此时的朱棣体量太小，经不起折腾。

朱允炆在一阵狂喜过后，自然还是要想办法解决朱棣，对他而言这没什么可犹豫的，齐、黄、方三人皆不知兵，所能倚仗的只有老将耿炳文和沐王府，眼下沐王府依然在西南收拾叛军，于是朱允炆将耿炳文召至殿前询问对策。此时的朱棣虽然已经起兵，但始终停驻于北平一带，似乎并没有南下的意思。朱允炆没看懂，于是就问耿炳文对此有什么看法。

耿炳文能有什么看法？此时的老耿已经六十五岁了，无论体力、精力还是思维能力都大不如前，他只能根据经验判断，朱棣可能是畏惧朝廷势大，所以想夯实北平周边地区，等着朝廷先出招。

朱允炆和齐、黄、方也都认可耿炳文的判断，于是又问耿炳文："我们现在应该如何应对呢？"耿炳文想了一下，对朱允炆说："平定叛乱必须果决且快速，我们现在应该立刻组建一支军队，跨过长江与朱棣交战，并堂而皇之地战胜他，这样才能震慑住那些潜在的乱臣贼子，树立新朝的威信。"

客观地说，耿炳文这个建议还是很靠谱的，朱允炆和齐、黄、方也没有理由反对，打仗毕竟还是要听专业人士的意见。但在谈及北伐大军的人数时，双方产生了分歧，进而引发了争执。朱允炆和齐、黄、方都认为朱棣不堪一击，理由是他的基本盘太小，最多也就是半个河北省的体量，跟坐拥整个天下的南京政权比起来简直不值一提，所以随便带个三、五万军队，再加上北平周边的守备部队，就足以收拾朱棣了。但耿炳文不同意这种观点，他反复强调朱棣的可怕，并多次提醒朱允炆，北方的军队都是精兵，他们长期戍边，远非临时拼凑的军队可比，如果不能在数量上压倒对方，想要取胜是非常困难的。

耿炳文的说法是实情，朝廷虽然强令朱棣解散了自己的三卫（藩王亲军），但在三卫中任职的中、低层军官可没有被遣散，只要这些骨干还在，朱棣就能在短时间内重组三卫，战斗力不可小觑。但我们同时也要指出，耿炳文的话不可全信。

湘王被逼自焚的事，始终令南方功臣集团心怀不满，他们对南方官僚集团也是越看越不顺眼。现在朱允炆要用到自己了，耿炳文决定漫天要价，三、五万大军根本不足以对抗朱棣，三、五十万还勉强。如果朱允炆真给耿炳文凑齐了三、五十万大军，他自然可以轻松地灭掉朱棣，但谁敢保证老耿不会化身为第二个朱棣，调转枪头一口把官僚们吃进肚子里呢？退一步说，就算耿炳文最终没有做出这种事，但他肯定也会把大部分功劳全部揽入怀中，进而大肆提拔南方功臣集团的重要成员，这种现象别说南方官僚集团不想看到，就连朱允炆自己也不想看到。

让文官大权独揽的结局顶多就是像宋朝那样对外作战无能，可如果一旦让武将大权独揽，大家想想中、晚唐的藩镇割据，再想想五代十国的乱世，那结果可要严重得多，皇帝说换就换，朝廷敢不如他们的意，他们立刻就会起兵造反。朱允炆可以接受让南方功臣集团获得一些利益，但决不会允许他们膨胀到难以抑制的地步，真要是这样，还不如直接重用官僚呢。

就这样，朱允炆和齐、黄、方站在同一阵线，反复与耿炳文争论"应该带多少军队出征"的问题，最后双方艰难地达成协议——十三万。翌日，朱允炆任命耿炳文为大将军，率领十三万大军（号称三十万）北伐朱棣。据说在临行前，朱允炆亲口对耿炳文说："请不要让我背负杀害皇叔的罪名。"后世读者在提及此事时，总会纷纷吐槽："朱允炆真是个书呆子啊，这时候还要在乎名声？"可据我考证，朱允炆多半没说过这句话。

这句话并非出自靖难期间的相关史料，而是在明朝中、后期才逐渐流传的，而在那个时间节点上，民间对朱允炆多有怜悯和同情之心，应该是出于这种原因，才有人编造了这样一句话来。换一个角度来看，就算朱允炆真对耿炳文说出过这种话，那更多的也是一种暗示："别把活着的朱棣带到我面前来，让他在战场上中流矢而亡吧！"

无论朱允炆说没说过这种话，耿炳文心里肯定都有数。朱棣到底是主动造反还是被逼无奈已经不重要了，重要的是小皇帝要拿他立威，这种人还是战死为妙。耿炳文的思路倒是没问题，但他真能在战场上弄死朱棣吗？其实很难。

想当初，朱元璋离开郭子兴独立发展时，带走了二十四个老乡，也就是历史上大名鼎鼎的淮西二十四将，在这二十四人当中，有一些战死沙场，没能活到大明建国；有一些人虽然活到了建国，但年老体衰，最终一命呜呼；还有一些人被牵连到一系列大案之中，仅有两人活到了建文一朝，那就是耿炳文和郭英[①]。

耿炳文早期一直跟随汤和，在东线防备张士诚，郭英则长期待在朱元璋身边担任护卫，这二人都不是冲锋陷阵的猛将，而是性格沉稳的宿将。这类人更适合防守，而不是进攻。朱允炆派善于防守且垂垂老矣的耿炳文去进攻朱棣，

---

① 最初的淮西二十四将之中有耿君用，却无其子耿炳文，但耿君用早亡，故大多数史料都将耿君用与耿炳文并为一将列入其中。

他真能做好吗？答案是否定的，老耿一上战场就进退失据了。

当南京这边积极部署大军出征时，朱棣已经基本肃清了北平周边的大部分地区，摆好阵势等着耿炳文的到来。耿炳文知道自己的长处是防守，哪怕自己看起来兵多将广，可单兵素质却远远比不上叛军，真要当面锣对面鼓地跟朱棣打对攻，自己未必是他的对手，所以老耿选择了最为保守的战略：将所有军队聚集到一起，只派出一支约为九千人的先锋部队在前方探路。

很快，这支先锋部队就在雄县被朱棣击溃了，耿炳文更加坚定了自己的判断：必须收缩兵力，决不能被他分割蚕食。耿炳文将大军打造得好似一只正在缓慢移动的乌龟，这令朱棣感到十分头痛，不知该从哪里下手。张玉建议，不如主动露出破绽，引诱敌军进攻，只要对方阵型散了，这一仗就有获胜的希望。朱棣反复思量，认可了张玉的建议。

此时的朝廷大军在真定（今河北省石家庄市正定县）的滹沱河北岸依水扎营，朱棣派张玉率军在河的南岸挑衅明军，自己则带领精锐骑兵绕道至明军的大后方，并派了一位降将前往明军大营向耿炳文传递假情报：叛军主力尽在南岸。

耿炳文得知这一消息后大喜过望，立刻命大军渡河攻打叛军，张玉借助地利死死顶住了明军一波又一波攻势。就在战局焦灼之际，朱棣率领精兵从明军后方杀出，来回几个冲锋，就把明军拦腰截断了。耿炳文心知不妙，立刻下令全军集合：只要维持住阵型，叛军就拿我们没办法。可此时的战场过于混乱，耿炳文根本无法做到令行禁止，眼看事不可为，老耿便命令大军退回北岸的城防之中固守。在回撤过程中又发生了踩踏事件，大军死伤不少。

到此为止，大军和燕军的初次交锋结束，加上先锋部队的折损，耿炳文十三万大军还剩十万左右，此时在真定城内固守。从朱棣造反到耿炳文出征，再到大军战败，历时约一个月。

就在耿炳文固守真定的第三天，朱棣眼看占不到什么便宜，于是率军撤回了北平。耿炳文正打算重整旗鼓，以一种更为谨慎的态度对待燕军时，太常寺卿黄子澄和太子太傅李景隆突然前来，传达了朱允炆的口谕：耿炳文丧师辱国，裁撤其统军职务，回南京接受发落，命李景隆为新任大军统帅。

这次换帅实在是太突然了，耿炳文几乎是刚安抚好军队，立刻就被带回了南京。这里面有个问题，如果耿炳文并未战败，是否就能改变被撤换的命运呢？从时间线上来看恐怕很难，因为黄、李二人来得太快了。耿炳文战败之后必然会先安顿军队，然后再写信向朝廷禀告战况，这至少需要一天时间。从真定到南京，直线距离超过九百公里，那时的路面没有今天这么好，哪怕信使一人多马昼夜赶路，至少也要三天才能抵达。

接到耿炳文战败的情报后，朱允炆还要召集群臣商议对策，是继续信任耿炳文，还是撤换大军统帅，或是更改战略、战术，如果没有提前商量过，至少也需要一天的时间来集思广益。做好决定之后不可能马上选派李景隆上前线，这可不是派人通知一下就能完事的。李景隆现在的工作是否需要交接？他到前线之后会做出怎样的战略部署？朱允炆总要和李景隆谈谈吧，这一来一去再花费一天的时间，不算过分吧？

黄子澄和李景隆从南京赶往真定，就算他们也像信使那样一人多马昼夜赶路，至少也要三天，更何况黄子澄是个书生，他肯定吃不了这种苦，史书记载他是乘坐驿站马车前往真定的，那么他从南京到真定的时间至少还要翻倍，也就是六天。按照上述所列的时间做个加法算一算，如果朱允炆真是在耿炳文战败之后才决定换帅，那么黄、李二人最早也应该是在耿炳文战败后的第十二天到达，这还是最快的速度，可黄、李二人却在耿炳文战败后的第四天就抵达了真定，可见在耿炳文战败之前，朱允炆就决定换帅了，口谕肯定是有的，但内容必然不是"丧师辱国"，这应该只是黄子澄因地制宜做出的改动。

很多人都说，耿炳文挂帅的第一仗就败得如此丢人，如果战争持续下去，他必然会输得更难看。可我并不认同这种观点，因为在读到真定之战的过程时，我总会情不自禁地想起战国时期著名的长平之战。

在长平之战初期，善于防守的廉颇屡屡败于秦将王龁，但这些都是小败，并没有损伤赵军的根本。吃了几次亏之后，廉颇高筑营寨，坚守不战，目的就是和秦国拼消耗，看谁先撑不住。随着时间的推移，秦国逐渐撑不住了，于是他们命潜伏在赵国境内的间谍散布流言，说廉颇年老胆怯，早有投降秦国的想法，用不了几天，赵国的四十万大军就将全军覆没。赵国国君赵孝成王年轻气盛，受不了廉颇这种"温吞水"的乌龟战术，于是下令更换阵前统帅，同样年轻气盛的赵括走马上任。

话题回到明朝，耿炳文在真定真的遭受了一场大败吗？其实算不上。耿炳文就带了十三万军队出征，此次交战之前，驻扎在河间、雄县和鄚州的明军都接连遭受了失败，战损估计在两万人左右。我们简单地计算一下就能得知，此次真定战败，耿炳文的军队先是被伏击，而后又是在入城时遭受踩踏，损伤应该不会超过一万人，因为真定城内此时还有十万左右的军队。战败之后，耿炳文也像历史上的廉颇那样，立刻选择保守战术，发挥自己的特长，跟朱棣拼消耗，看谁先撑不住。

面对这种情形，想必朱棣也是极为头疼的，北平根本不足以与大明拼消耗，如果耿炳文真率军把北平团团围住，等待朱棣的就只有败亡这一条路。我甚至敢断言，如果朱允炆积极支持耿炳文的固守战略，不出一年，等北平周边的军事和经济资源无以为继之后，朱棣就会乖乖地束手就擒。更大的可能是，如果耿炳文采用"围而不打"的战略，朱棣根本就等不到北平周边资源枯竭的那一天，他肯定会想办法破局，到时候耿炳文只要打出一波漂亮的防守反击战，朱棣就要提前授首。可就在这时，李景隆走马上任，而且是在耿炳文战败之前就准备上任了。

后来的相关事件证明，朱棣在南京城内是有间谍的，可相关史料早已被销毁，我们对撤换耿炳文的内幕无法了解更多，只能从表面上忽略黄、李二人抵达前线的时间，得出一个耿炳文因战败导致被撤换的囫囵故事。对此，我还有一个大胆的推测，在耿炳文上任前后的那段时间里，朱棣通过南京城内的间谍密报早已得知了此事。耿炳文善于防守，他赶到前线之后肯定不会用速战或闪电战的方式进攻，而是发挥他的特长，想方设法困死自己，这才是朱棣最害怕、最担心的事。所以在耿炳文出发后没多久，南京城内的大街小巷或许就出现了一些不利于耿炳文的传言："耿老头这辈子光守城了，他根本打不过燕王""李景隆是战神李文忠的儿子，他才是天生的燕王克星""小皇帝不懂军事，被耿炳文那个老兵油子给忽悠了""耿炳文肯定会和燕王勾结，他们是老交情了"……

朱允炆自然很快会听到相关传闻，最初他或许不信，但年轻人的耳根子比较软，如果南方官僚集团的人也开始谈论这件事，他一定会按捺不住的。南方官僚集团为什么会相信这种谣言呢？其实他们也不敢确定，但宁可信其有，不可信其无，既然耿炳文可能靠不住，那就换一个肯定靠得住的人吧，反正朱棣就那点实力，换谁都一样，随便几下就可以轻松解决战斗了。

就是这么狂妄，噢，不对，这叫天生赢家的自信。赵括上任后不到三个月就被秦军打得全军覆没，自己中箭而亡，四十万大军也被尽数坑杀，赵国元气大伤。

李景隆上任之后也有类似的"功效"，一年之后，当朝廷大军因李景隆指挥失当而损失惨重时，不知远在南京的朱允炆和齐、黄、方等人做何感想。

⑨ 变招与血战

　　耿炳文出征之后没多久，朱允炆就在齐泰和黄子澄的撺掇下准备换帅了。郭英与耿炳文同为硕果仅存的老将，此时已经六十四岁了，在此之前他从未有过独当一面的经历。当朱允炆选帅时，耿炳文还未战败，所以他始终认为，朱棣起兵造反只是小打小闹，这是一个历练新生代将领以及提拔心腹上位的绝好机会。基于这种原因，郭英被排除在候选人名单之外。

　　老将不能选，年轻将领也不太多，遍观朝野，眼下能用的就两人，一个是徐达的长子徐辉祖，另一个就是李文忠的长子李景隆。朱允炆并没有过多犹豫就选定了李景隆，后世很多人因此大肆攻讦小皇帝，说他眼光极差，怎么就选了李景隆这么个绣花枕头当统帅呢？其实从当时的客观环境来看，朱允炆的选择并没有错。单看靖难之前的表现，徐辉祖和李景隆差不多，这两位军二代并没有多少拿得出手的战绩，只是在各地练兵演武，按说朱允炆提拔谁都可以，但徐辉祖的身份有些尴尬，他是朱棣的小舅子。如果朱允炆把大军交给徐辉祖，谁敢保证他不会在关键时刻放水，甚至反戈一击，带着朱棣一起杀向南京呢？

在这方面，李景隆的优势极大，他的奶奶是朱元璋的二姐，他是朱允炆的姑表兄，在逮捕朱棣的亲弟弟周王时，就是李景隆带的队。从这个角度来看，李景隆和朱允炆有亲，和朱棣有仇，由他来统军平叛，政治可靠性是有保证的，他绝不会在关键时刻投敌，所以朱允炆选择了他。

李景隆到任之初的表现中规中矩，他知道大军新败，这时候不能搞大动作，所以他按兵不动，先想办法提升士气，为士兵们恢复信心。史书在谈及李景隆初至军中的表现时，说他妄自尊大，诸将官都不开心，觉得自己不受重用。我认为这种说辞靠不住，因为何福、瞿能、平安等人都在李景隆手下获得了不少机会，根本看不出"不受重用"，这也为他们后来的大放异彩打下了坚实基础。只能说李景隆初至军中，可能对诸将官不太了解，他们又刚打了败仗，所以李景隆会用一种审视的眼光看待他们，只要能在随后的战斗中表现出色，李景隆还是会提拔他们的。

稍作整顿之后，李景隆于建文元年（1399年）九月带兵来到河间，摆出一副要攻打北平的架势。据史料记载，除了耿炳文手下的十万大军，朱允炆又先后向前线增调了部分军队，李景隆也将周边的零散守备军整合在一处，总兵力达到了三十万。朱棣手下的军队人数不详，但根据台湾明史研究会会长徐泓教授判断，此时朱棣的总兵力应该不超过三万。

面对如此悬殊的实力对比，朱棣当时的第一反应就是守不住，要想办法拉外援。这外援该怎么拉呢？要知道，此时的朱棣是乱臣贼子，朝廷对他的称呼也是"燕贼"，他正处于人人喊打的阶段，可朱棣始终坚信，朱允炆伙同南方官僚集团打压异己势力，肯定有很多人敢怒不敢言，只要自己谋划得当，这些被打压的人就会通过不同渠道来支持自己。

朱棣的想法得到了姚广孝的认可，他也认为不能坐困等死，北方幅员辽阔，实力派数不胜数，只要朱棣能想办法整合这些势力，胜利自然会不期而至，为了达到这个目标，哪怕多送几张空头支票也是值得的。可是第一步该怎么走呢？张玉建议北上袭取大宁（今内蒙古赤峰市宁城县），那里是宁王朱权的封地，他手下的"朵颜三卫"英勇无敌，只要能把宁王绑上战车，那就是上天赐予的绝佳臂助。与此同时，还应该加紧联系辽王朱植，他也是军中宿将，带着一支强军驻扎在东北边境。要是能得到辽王的帮助，收拾李景隆就更有把握了。

朱棣觉得这个办法甚好，于是开始分派工作。朱棣带着张玉和朱能前往大宁，长子朱高炽镇守北平，姚广孝和邱福从旁辅佐。朱棣本来不想让姚广孝留下，是老姚主动提的要求，他认为自己不是武将，在奇袭大宁时派不上大用场，还是留在北平协助守城为好。留下来更危险，姚广孝肯定也知道，但他依然做出了那样的决定。身为朱棣的护卫，却要在这个关键时刻与主人分开，邱福同样毫无怨言。

朱棣为什么能取得最终胜利呢？自然有许许多多的外部因素，但在分兵袭取大宁这件事上，我看到了朱棣集团百折不挠的勇气和九死无悔的心性，更从朱棣身上依稀看到了当年朱元璋创业时的影子，成功从来都不靠侥幸和天命。朱棣集团众志成城，打算放开手脚血拼一场，但北平城内的各大利益集团对朱棣的信心却并不充足，就在朱棣打算联络两位藩王时，远在南京的朱允炆也得到了消息。

虽说朱允炆不把朱棣的实力放在眼里，但他也不希望在同一时间树敌太多，要是朱棣联合了宁王与辽王，那问题可就严重了，于是他立刻命令宁王和辽王进京，朝廷对他们有新的安排。

这时候就看双方谁的速度更快了，最终朱棣略胜一筹。朱允炆的诏令刚进大宁，朱棣就已经带兵围城了，两天之后大宁城破，守将被杀。进入大宁城后，朱棣立刻带着几个护卫前往宁王府，堂而皇之地求见宁王。宁王立刻率领亲兵摆开阵势，意思就是告诉朱棣：你可别过来啊，再过来我就喊人了！朱棣则摆出一副可怜巴巴的样子，表示自己已经无路可走，只是希望在临死前见见好兄弟：怕你多心，我还特意把军队留在了城外，你干吗要这样对我呢？真令我寒心啊。

宁王觉得架子已经摆够了，于是点头同意让朱棣进府，但是护卫们的武器必须留在府外，否则发生意外了不好解释。张玉的眼睛都气红了：燕王殿下是你的哥哥，他亲自登门拜访，你居然如此无礼，真以为我们不敢杀人吗？朱棣对此倒没什么意见，他命令张玉立刻出城管理军队，不得扰民，随后又命令护卫卸下武器，随自己一同进府。

朱棣在宁王府中住了几日，整天拉着宁王说自己有多难，当初起兵也是迫不得已，锦衣卫都快杀到自己的卧室了，希望宁王能够出面为自己说情。宁王自然是点头不已，表示自己一向敬佩四哥，也相信他不会造反，毕竟这是我们老朱家的天下，怎么能自己造自己的反呢？这里面一定有误会。

几日后，朱棣说时间也差不多啦，北平那边还在遭受围攻，我可怜的孩子朱高炽还在城内呢，我要是再不赶回去，恐怕日后想为他收尸都难了。对此宁王也表示理解，于是他当场表示，自己立刻就回去写奏折，向皇帝禀报你的冤情，都是一家人，有话好好说，何必刀兵相见呢？可当宁王把朱棣送到城外时，朱棣却突然翻脸，他扣住宁王的手说："你还是别替我写奏折了，干脆带着兵跟我走吧，咱把朱允炆给弄下台，你我兄弟平分天下！"

面对此情此景，宁王自然是满脸痛苦地大呼小叫："我可是清白人家的老实孩子，干不了这种事啊，四哥你赶快放开我，否则将来咱俩都无颜去见九泉之下的父皇！"眼看宁王不愿屈服，朱棣一声令下，张玉带着伏兵杀了出来，宁王一看到这个场景，才泪眼婆娑、不情不愿地带着朵颜三卫跟朱棣走了。

我相信这件事确实发生过，但宁王绝没有被朱棣的小花招所蒙骗，这兄弟俩都是聪明人，一直在心照不宣地演戏。民国历史作家蔡东藩先生对宁王的评价是"善谋"，其实就是说宁王这个人喜欢玩弄权术，这样的人做事优柔寡断，朱棣虽然看起来威风凛凛，但他毕竟有一个反贼的身份，实力也比较弱小，跟着他混真能有前途吗？宁王实在是把握不准，他前脚接到朱棣的书信，后脚又接到朝廷的诏令，当两份文件一同放在桌上时，宁王左右为难，心情矛盾至极。

此时此刻，宁王有三种选择。第一种选择较为激进，那就是无视朱允炆的诏令，积极响应朱棣，带着朵颜三卫义无反顾地加入他的阵营，兄弟同心，其利断金，大家共同推翻腐朽、堕落的南方小朝廷；第二种选择则较为保守，那就是无视朱棣的来信，积极响应朱允炆，朝廷让我进京我就进京，朝廷让我围剿朱棣我就立刻起兵，不把那个乱臣贼子弄死誓不罢休；第三种选择较为中庸，那就是左右逢源，谁也不得罪，朱允炆让我进京，我就反复拖时间，朱棣让我出兵相助，我就一推二五六。没办法呀，你们双方我都得罪不起，能不能把我当成空气直接无视呢？

三种选择都是有利有弊的，在这样一个节骨眼上，应该怎么选择呢？如果朱允炆有获胜的希望，他自然会调整策略，响应朝廷的号召；如果朱棣一方有获胜的希望，他自然也会调整策略，成全兄弟情谊。可现在双方胜负未分，朱棣虽然弱小，但他一直在打胜仗，这时怎么能轻易下决断呢？万一判断错误，将来岂不是要吃挂落儿？

所以宁王最初的选择是中庸，他既不想选择朱允炆，也不想选择朱棣，现在双方打得热火朝天，宁王乐得在一旁看好戏。但当朱棣北上奇袭大宁之后，宁王的中庸策略玩不下去了。朱棣都打上门了，要么抵抗，要么从贼，还有其他办法吗？总不能跑到朱棣面前跟他商量，请他赶紧退兵，就当自己不存在？

所以，宁王玩了一出"府门拒燕"的把戏，表示自己决不会与乱臣贼子同流合污，朱棣看懂了这招，所以他表示自己是来看弟弟，决不敢有非分之想。到后来，朱棣用军队逼迫宁王跟自己一起走，就是主动戴上了恶人的面具：宁王一向忠于大明，是我用花招把他骗过来的。眼见朱棣已经帮自己把牌坊给立好了，宁王自然只能投桃报李，放下身段帮朱棣造反。至于"平分天下"的话，他那么一说，你那么一听就行了，谁当真谁就是傻子。只不过在造反的过程中，宁王肯定也会想方设法地捞好处，为自己增加筹码，以防朱棣将来功成之后翻脸不认人，也要防止朱允炆在剿灭朱棣之后顺手把自己也给收拾了。

朱棣搞定了宁王，就意味着他没时间去搞定辽王，因为朝廷的诏令肯定同时发出，即使算上路程的差距，两份诏令肯定也会在几天内陆续到达。最初，辽王肯定也会像宁王那样选择中庸策略：我就想关起门来过自己的小日子，你们神仙打架别连累我行不行？

如果朱棣正在与南京政权胶着，那么答案或许是可行的，可此时双方已经开始动手清理第三方势力了，再想搞中立就很难了。朝廷的官员自然会向辽王施加压力："王爷您必须立刻进京，否则就是从贼！"在这种背景下，辽王也只得心不甘情不愿地往南京赶，随后被迁往荆州。

尽管没能把辽王拉上战车，但有了宁王的相助，朱棣的底气也足了许多，此时他正在加速行军，恨不能立刻赶回北平，解救自己的儿子和忠臣们。朱高炽是朱棣的长子，生下来就有先天性疾病，后来又得了小儿麻痹症，所以行动不便，身体肥胖。朱棣并不喜欢这个长子，却非常喜欢二儿子朱高煦，他认为朱高煦很像自己年轻的时候，一样的骁勇善战，一样的绝伦逸群。可在选世子时，朱棣却毫不犹豫地选择了长子朱高炽，给出的理由自然是"立嫡以长"，可实际上，朱高炽这个儿子总会令朱棣想起自己的大哥朱标。

朱标宽厚仁慈，文武百官都很喜欢他，这个人轻易不发火，但所有人都对他心存敬畏，朱高炽简直就是一个"翻版朱标"，朱棣一向自诩为"朱元璋第二"，还有比"翻版朱标"更合适的接班人吗？

后世总有一些阴谋论调，说朱棣留朱高炽这么一个残疾人镇守北平，其实是想借助朝廷大军除掉这个自己不喜欢的儿子，所以他才反对姚广孝留下，那是不希望自己的得力谋士为朱高炽陪葬。我不赞同这个观点，因为北平对朱棣而言实在是太重要了，如果北平失守，朱棣就是丧家之犬，他还能去哪里安身呢？身边的宁王随时可能给他一刀，然后提着朱棣的人头向朝廷邀功。

朱棣的安排让我想起了朱元璋前往安丰营救刘福通和韩林儿的事，他把自己的得力助手朱文正和邓愈留在了洪都，面对拥众六十万的陈友谅。大敌当前，他哪有心思玩这种权力制衡和借刀杀人的把戏呢？朱高炽等人能像朱文正和邓愈那样顶住压力吗？谁心里也没底，但争夺天下就是这样，不敢冒险的人肯定走不到最后。

朱棣带走了英勇善战的二儿子朱高煦，帮助自己袭取大宁，留下了身有残疾的长子朱高炽坐镇北平，面对李景隆的三十万大军。朱高炽没有一句怨言，只是默默地接受了任务，这是打天下的关键时刻，一旦北平失守，全家老小都没有活路。北平保卫战比洪都保卫战惨烈得多，因为守到最后，北平城内的妇女、儿童齐上阵，才打退了朝廷大军一次又一次的进攻。眼看攻城无果，都督瞿能建议猛攻张掖门，最后果然攻破城门，就在瞿能即将率军冲进城中时，李景隆却突然下令停止攻城。

史书对此的解释是：李景隆嫉贤妒能，不希望先登的功劳被瞿能夺走。这个说法简直是贻笑大方，部队顺利攻城，首功自然是统帅的。想当初，傅友德被朱元璋称为"将功第一"，但老傅几乎没什么先登的经历，都是他统帅的部队先登，我们在谈及这些功劳时，会提傅友德部下的名字吗？不会，大家只会说傅友德率部先登，应为首功。

瞿能身为李景隆的部将，如果他能先登，李景隆才是面上最有光的那个人，他跟瞿能又没有私仇，为什么要阻碍瞿能先登呢？更何况，像李景隆这样的二代大都是那种"天低吴楚，眼空无物"的高傲性格，无论本事如何，他们绝对忍受不了别人说他们嫉贤妒能，在这方面也会格外注意。他就算真要嫉贤妒能，也不会把目标放在瞿能这种级别的中层军官身上。如果有人敢用这种言论当面质疑李景隆，他肯定会说："你知道我爹是谁吗？你知道我舅公是谁吗？你知道我表弟是谁吗？居然说我和瞿能这么个芝麻绿豆的小官争功劳？

你脑袋烧糊涂了吧？"

既然不是嫉贤妒能，那李景隆又为何要制止瞿能进城呢？我的答案是李景隆并不想在此时破城。叛军的单兵素质远比朝廷大军强得多，如果说耿炳文最初对此认识不深，但李景隆肯定是深有体会，朝廷大军经过真定战败之后，对此也会有深刻的理解。

张掖门被攻破之后，摆在李景隆面前的问题是：你敢进去吗？李景隆干脆利落地给出了答案：我不敢。北平保卫战打得如此惨烈，就连妇女儿童都上阵了，这帮人的向心力有多强，大家可以想象得到。最初或许还会有人偷偷摸摸地往南京送情报，但朱高炽有姚广孝这样一位毒士辅佐，他上位之后的第一件事必然是大开杀戒，那些有通敌嫌疑的人有杀错无放过。

这种事朱棣不能做，因为他身为领袖，需要团结大多数，所以这样的脏活、累活只能趁朱棣不在时由其他人代劳，姚广孝之所以愿意留下，其实也是希望能够趁此机会好好整顿一下北平内部的各利益集团，将北平打造成真正的坚城要隘。

处理掉心怀二意的利益集团之后，北平城内必然是众志成城，哪怕依然有人不愿从贼，肯定也会被这种肃杀的氛围所压制。朱高炽等人更会大肆宣扬："在朝廷看来，北平城内所有人都是附逆反贼，没有一个好东西，城破之后他们必然会屠城，我希望你们为了自己的老婆孩子考虑，不要心存幻想，不要袖手旁观，我们应该团结起来，保卫自己的家园！"只要北平市民们站上城墙，亲手杀掉一个敌军后，一切就都回不去了。

李景隆对此一清二楚，北平城内已经没有良民了，那就是一伙疯子，如果我军冲进去跟他们打巷战，不把他们全部杀光，战争就不会结束，这要打到什么时候呢？北平可是故元的首都，一等一的大城和坚城，在这种地方打巷战，肯定是不了解地理环境的朝廷大军更吃亏。如果李景隆不能在短期内彻底清理北平，朱棣又突然赶回来玩一招"里应外合"，局面岂不是更加被动？

出于上述考虑，李景隆想出了围点打援的应对策略：反正我军兵多将广，现在只要能把北平城团团围住，时不时地消耗你一点有生力量，等我当着你们的面把回援的朱棣击垮之后，城内的士气将必然崩溃，到时候我再喊几个口号，肯定就会有人忍受不住心理压力，亲手把朱高炽等人绳捆索绑送出城来，北平不就拿下了吗？

带着天生的狂傲和绝对的自信，李景隆整顿兵马，等待着一场即将爆发的血战。

⑩ 一败再败

正当李景隆积极布置防线，等着阻击朱棣时，突然接到情报："朱棣攻下大宁，宁王附逆，敌军凶威正盛。"李景隆虽然狂傲，但他也不傻，叛军本就由精锐组成，现在又有朵颜三卫相助，如果正面交锋，恐怕难以迅速克敌，所以他用了一个计谋，派出副将率领一支骑兵绕道埋伏在朱棣大军的身后，等双方大军交锋后，这支骑兵再从背后杀出，将朱棣夹在中间。

从理论上讲，这招很厉害。想当初秦国的杀神白起就是用这招拦腰斩断了赵括的大军，最终将他团团围困。可从现实来看，这招并不高明，因为朱棣在击败耿炳文时就用过这招，现在李景隆故技重施，朱棣怎么可能不设防呢？

不出意料，这支骑兵部队被朱棣打了一个反伏击，全军覆没。当朱棣审问俘虏，得知这是李景隆的安排时，笑着说那不过是个纨绔少年，朝廷连这种人都敢重用，自己获得最终胜利的机会更大了。

李景隆得知骑兵部队全军覆没后也没说什么，只是稳扎稳打地布置阵型，既然计谋不成，那就面对面硬扛吧。李景隆的中军驻扎在郑村坝，此处地势险要，易守难攻，但李景隆布置的战场却是在离此处不远的一片开阔地，因为朝廷大军人数众多，精锐程度又不及叛军，所以在开阔地上交战对朝廷大军更为有利。

朱棣有了宁王相助，自信心爆棚，哪怕人数少于对方，也并不觉得自己会败，所以当他发现朝廷大军的阵型之后，根本没有过多犹豫，便立刻率军冲了过去，惨烈的厮杀就此展开。

朱棣希望凭借一股气势冲垮大军，起初确实卓有成效，但大军毕竟人多势众，随着时间的推移，叛军虽然还是能够进行有效杀伤，但朝廷大军的士气却有了明显的回升，局势开始朝着不利于朱棣的方向发展。

眼见已经陷入了不利局面，朱棣却并不慌张，反而开始且战且退，军队不断分割，由原三卫的中低层军官带领分散突围。朝廷大军受到的压力逐渐缓解，于是开始反攻叛军。由于朱棣已经将己方军队不断分割，所以朝廷大军的阵型也逐渐变得凌乱，看到这个情景，原本坐镇中军指挥若定的李景隆有些着急了。朝廷大军的单兵素质本就不如叛军，如果是军阵对碰还好，时间长了己方自然能够获胜，可如果军阵被分割成几块，那不就只能等着被敌人一口一口地全部吃光吗？

念及于此，李景隆立刻开始频繁传令，要求大军尽快恢复军阵，朱棣要突围就让他突围，反正咱们就常驻在北平城下，要收拾他以后有的是机会，跑得了和尚跑不了庙，不急于这一时半会儿。

传令兵的命令很快传达至中层军官处，中层军官在下达军令时，却发现己方阵营的军阵已经散乱，有一些部队不听军令擅自追击，甚至还有一些部队则像土匪一样在战场上抢夺战利品。李景隆频繁下令，督战队斩杀了好些不遵军令的士兵，形势总算有所好转，可部分阵型依然散乱，这就是极大的弱点和漏洞。李景隆当然不能对此不闻不问，于是他牙一咬心一横，命令中军集体出动，前去填补漏洞。

朱棣等的就是这一刻，当李景隆率领的中军刚离开郑村坝，朱棣立刻折返，带兵冲杀了过来，摆出一副不活捉李景隆誓不罢休的样子。李景隆顿时傻眼了，他从没遇到过这种情况，于是便想带着亲军护卫撤回郑村坝，让中军主力留下来抵挡朱棣的突袭。可军中将士一看主将带着小股亲军后撤，以为是前方发生了溃败，自然也想着赶快逃回郑村坝，这样一来乱上加乱，朝廷大军战败，李景隆最终只得收拾残兵败将逃往山东德州。

郑村坝一战，李景隆对战经验不足的弱点暴露无遗，他在这场战斗中犯了两个错误。第一个错误是李景隆对战局的掌控太弱，只能跟着朱棣的节奏打。

很多人总以为，名将之所以为名将，主要是因为他们能想出一些天才的战术，这个说法其实不然。天才的战术并不值钱，普通人接受一段时间的军事训练后，没准还能想出更为天才的战术。名将真正的可贵之处在于，他们有能力把天才的战术转化为现实，无论多苦多难，部队都能够最大限度地实施名将的战术。

真正的名将，必然会在细节上下苦功，而不仅仅是做出一些重大的战略部署。具体到每一位中层军官，那就是要时刻注意自己所统帅部队的位置，一旦出现问题应该如何补救。具体到每一位底层军官，那就是要时刻注意友军部队的位置，时刻保证自己处于保护之中，也时刻能为友军部队补位。具体到每一个作战小组，那就是要时刻注意指挥部的位置，永远不能离指挥部太远，否则一旦出现突发情况，恐怕就要身首异处。具体到每一位士兵，那就是无论做什么都要听指挥，千万不能各行其是，时刻注意保持心理和情感上的克制，永远记得作战任务，而不是逞英雄。

要同时做到这些事情并不容易，这需要进行反复的高强度训练，如果能把这些反应训练成基层军官和士兵的本能，这支军队就会是一支无坚不摧的强军。李景隆有着与名将类似的思维，想问题也比较周全，这种特质并不罕见，但当具体到执行层面上时，李景隆的部队往往落实不到位，这是由于主帅的意志无法根植于基层军官的头脑中，自然也无法传递到基层部队。

这种自上而下的传递通道必须时刻保持顺畅，整支部队才会有战斗力，这也是一些基层军官违抗军令，立功之后照样会被送上军事法庭的主要原因。一旦通过违背军令的方式尝到了甜头，那么大概率还会有下次，如果所有基层军官都有样学样，这支军队的凝聚力就无从谈起，一旦遭遇失败，必然是溃败。"令行禁止"和"军令如山"绝不是说说而已，凡是做不到这点的军队，哪怕他们靠运气打了一些胜仗，也绝称不上威武之师。

李景隆所犯的第二个错误就是，他本人对战争的定位并不清晰，还像个愣头青一样由着性子做事。我们经常会在电视剧或电影中看到这样一些桥段：某位战友牺牲了，主角怒发冲冠，像超级英雄一样冲进敌阵，大发神威之后中弹身亡，战友受到鼓舞，最终获得了胜利。

这种情况是有可能出现在战场上的，但通常只有弱势的一方才会崇尚这种战斗方式。因为强势的一方需要做的就是把握战局主动，而不是逞匹夫之勇。牺牲了一位战友，立刻补上去就是了，我方人多，对方人少，难道只有我方士兵牺牲，对方就不会牺牲吗？显然不是啊。强势一方就要营造出一种气势，哪怕一命换一命，我们也玩得起，你们玩得起吗？弱势一方慑于这种气势，自然就会气馁，双方短兵相接时，强势一方所遭受的伤亡很可能低于预期，因为在双方打心理战时，弱势一方已经率先输了一筹。

李景隆和朱棣交战，他是强势一方，需要给朱棣展示的就是己方无惧伤亡的气势，由于李景隆对军队的控制不到位，所以他多半展示不出什么气势。那么作为替代方案，李景隆接下来应该做的就是收缩阵型，意思就是告诉朱棣：我知道自己控制力不到位，也知道我军的单兵素质不行，但我们人多，现在缩成一团，你有本事来打吗？

面对这种情形，朱棣当然不敢打，李景隆自然就可以趁势大搞宣传：大家看到了吗？对面根本不敢攻击！只要我们团结在一起，燕贼就拿我们没办法！只要大家听我的话，我保证把你们全部带回家！只要我们群策群力，就能消灭这个反贼！到时双方的士气此消彼长，朱棣要想扭转这种局面，就必须硬着头皮强攻李景隆的乌龟阵，双方开始绞肉，其结果必然是叛军大败。面对朱棣的强攻，李景隆需要做的就是尽量保命，只要主帅不出事，帅旗不倒，强弱就很难易势。很多人或许会笑话他怯懦，可只要大家下过象棋就会知道，帅和将所需要做的就是尽力保命，冲锋陷阵的事情交给其他棋子去做就行，这就叫各司其职。

可李景隆是怎么做的呢？他居然以身犯险，妄图通过这种方法来激励军队，可他的军队本来就没什么凝聚力，不久前还乱哄哄地散成一团，现在朱棣需要做的，就是抓住这个点猛揍。如果李景隆能够通过这种近乎单挑的方式搞定朱棣，那自然也没什么问题，可李景隆是新人，朱棣是宿将，他哪有这个能力？还是太缺乏历练了。

经过这一仗，李景隆虽然暴露出了两个弱点，却也为自己洗清了一个嫌疑：他绝不像后世某些人所怀疑的那样，是一个潜伏在南京内部，心向朱棣的间谍。一旦短兵相接，整个战局就会迅速糜烂，变得异常混乱，在这种时候，主帅是最危险的，因为会有数不清的明枪暗箭对准他，毕竟杀死敌军主帅才是最大的功劳。如果李景隆真是被朱棣策反的间谍，那么以李景隆的身份和地位，他必然能够在后续起到更为关键的作用，朱棣怎么忍心朝他所在的位置冲锋呢？就李景隆在这场战斗中的表现水平来看，他真有本事在乱军中存活吗？实在难说，如果李景隆一不留神就死在了这场乱战之中，朱棣打赢了一场无关大局的战争，却丢失了一个至关重要的筹码，他肯定会欲哭无泪。

李景隆在郑村坝之战中虽然败得有些丢人，但我并不认为这是多大的事，因为许多名将都是通过这种方式成长起来的，逃到德州之后，李景隆明显沉稳了不少，虽然有些丧失自信，却也能够定下心来好好总结一番，避免下次再犯同样的错误。

事实证明，李景隆确实是成长了。建文二年（1400年）正月，朱棣率军攻打大同，李景隆率军救援，最终虽然没能救下大同，但李景隆却并未在与朱棣的交锋中战败，反而躲过了朱棣设下的几个陷阱。在大同之战中，李景隆虽然在战略上失败了，但在战场上，双方算是打了个平手。如果换作郑村坝之时的李景隆带兵救援大同，恐怕不但救不下来，自己还要吃上一场惨败。

远在南京的朱允炆时刻关注着北方的战局，得知李景隆再度失败之后，他表现出了自己果决的一面，派宦官送诏书给李景隆，好言安抚他，并赐玺书、斧钺作为鼓励，意思是告诉他："加油干，朕会做好后勤保障，毫无保留地支持你！"

李景隆收到奖励后面沉似水，只是淡淡地向宦官道谢，并请宦官回去禀告朱允炆，自己一定会拼尽全力为国锄奸！在随后的几个月里，朱棣东征西讨，到处捞好处，李景隆并未理会他。直到建文二年（1400年）四月，蛰伏数月的李景隆终于出手了，他命令武定侯郭英和安陆侯吴杰在限期内赶到真定，这里是耿炳文当初战败的地方，明军要从这里开始，一步一个脚印地洗刷屈辱！

在军令中，李景隆规定了郭、吴二人应该带多少军队前来，携带军粮数量以及各兵种的构成等内容，史书说起这事时，还说李景隆劣习难改，这是瞧不起郭、吴二人，可我却认为这是李景隆日益进步的表现，他已经学会如何抠细节了。

经过这段时间的休整，外加郭、吴二人所带来的军队，李景隆麾下兵马已达六十万，朱棣的兵马也已经超过十万，朝廷大军依然占据着兵力优势，但数次败给朱棣，使得这个优势又变得不太明显了。

因为连战连败，李景隆知道自己这个主帅的威信不高，所以他也没玩什么花架子，就是把所有军队集结在一起，缓慢地朝着白沟河（大清河的北支下段）行进，由此继续向东北方前行，这样就可以抵达霸州和廊坊，进而威胁北平。李景隆此时的表现与他刚上任时可谓天差地别。对朱棣而言，李景隆逐渐成熟这件事是他最不想看到的，可眼下局面已经是这样了，于是朱棣也只得打起精神，开始认真对待双方的此次交锋。

当朱棣来到白沟河时，率先与朝廷大军的先锋平安相遇。平安曾是朱棣的部下，深知他的可怕，眼见朱棣大军近在眼前，自己只带着不到一万的先锋部队，于是不管不顾地发动了冲锋，希望能搅乱战场局势，自己顺势撤退，再不济也要找个机会全身而退，然后固守待援。朱棣久经沙场，自然不会让平安如意，双方一时间打得难解难分，过了一段时间后，平安由于兵力不足，逐渐顶不住了，只得带领残部败逃，朱棣知道李景隆大军就在前方，自己也不敢追。

第二天，李景隆大军赶到白沟河，摆开阵势等着朱棣来战，朱棣也不怂，立刻选择迎战，双方又是一通砍杀，战场上血肉横飞，惨烈至极。这一仗打下来双方互有胜败：朱棣的后军被李景隆攻破，猛将邱福攻坚失利；李景隆的损伤比燕军更大，猛将瞿能父子战死。

战至中午，李景隆眼看朱棣的军队已经露出疲态，于是他亲率一支骑兵绕道至朱棣的后方，还是想通过前后夹攻的方式击溃燕军。朱棣不知道李景隆的布置，他也打算派出一支军队绕道至李景隆的后方，以前后夹攻的方式击溃朝廷大军。

据史书记载，李景隆率先绕道成功，朱棣眼看就要性命不保，可就在这个关键时刻，突然一阵旋风刮起，将李景隆的中军大旗给刮倒了，于是李景隆的伏击计划失败，而朱棣那边的伏击计划获得了成功，于是这场白沟河大战又以朱棣的获胜而告终。我在前文中说过，朱棣在授意史官编纂靖难相关的历史时，总是把自己写成一个孤胆英雄，面对强大的朝廷大军也丝毫不惧，可见他是天命之人。比如，这阵突如其来刮断旗杆的风就非常奇怪，我们根本无法用常理去解释，只能捏着鼻子承认是朱棣的运气好。

纵观整个白沟河之战，朱棣虽然获胜，但胜得非常险，如果李景隆的运气再好一点，没准就在这场战斗中活捉或杀死朱棣了，可偏偏在此时刮起了一阵大风，他也只能怪自己命苦了。在白沟河之战中，朝廷大军损失惨重，不得不再次败退德州，朱棣乘胜追击，很快将德州拿下，逼得李景隆退守济南，朱棣又打济南，李景隆再次战败。

相关消息传到南京后，朱允炆终于忍不住了，他下诏责令李景隆赶紧回京，从即日起不再担任大军统帅的职务，明初历史上大名鼎鼎的"饭桶将军"就这样谢幕了。

朝廷当初撤换耿炳文而选择李景隆的决定本身就是错误的，朱允炆和南方官僚集团认为朱棣翻不起什么大浪，随便派个人都能收拾他，可没想到李景隆走马上任之后，却被朱棣打得一败再败。既然已经选定了主帅，那也只能将错就错，大同之战结束后，朱允炆写信鼓励李景隆的做法我非常赞同，因为当时的李景隆已经开始成长，慢慢地走上了正确的道路。白沟河之战虽然惨败，但在详细了解战争经过后，我们完全可以得出一个结论：李景隆并没有明显的失职或失误，丢失德州和济南城外战败则是因为溃败所导致的连带影响，但到了此时，朱棣显然已无力继续推进了，后来的事实也证明了这一点。如果朱允炆选择继续支持李景隆，他或许就能在接下来的济南保卫战中洗刷耻辱，因为他从未停止过进步，只要能取得一次胜利，我们或许就会在历史中看到一个最终修成正果的名将李景隆。可就在这时，朱允炆却把他给换了下来，一个眼看就要修炼成功的统帅因此被闲置。

总是在错误的时间节点做出错误的选择，自战争开始之后，朱允炆的败笔一个接一个地出现，局势糜烂至此，他和南方官僚集团都有很大的责任。不过话又说回来，数场惨败确实也需要一个责任人，否则无法稳定军心，作为统帅，李景隆的确难辞其咎，他可以说自己太年轻或者运气不好，但事实是他败了。

李景隆虽然败了，却不代表朱棣就一定能获胜，而朱允炆即将选定的第二任大军统帅，此时正在济南城里等着跟朱棣过招呢。

11 困境

德州丢失之后，李景隆整顿溃兵，一路从禹城退往济南，在济南城外再次遭遇了一场败仗之后，他被解职带回南京，大军暂时由都指挥盛庸暂为统辖。

耿炳文和李景隆都败了，盛庸怎么可能被朱棣放在眼里呢？所以他写了一封书信，绑在箭矢上射进济南城，内容大意是自己身为太祖亲子，此次进京只为剪除奸臣，希望盛庸能识时务开城投降，否则耽误了国家大事，他吃罪不起。盛庸是朱元璋手下的亲军卫出身，那可是朱元璋的近臣，他的态度非常坚决："当今陛下是先帝亲选的，你朱棣算个什么玩意儿，也配叫我投降？"可冷静下来仔细一想，盛庸的心里又没什么底气，朱棣打仗实在太厉害了，耿炳文和李景隆都败给了他，自己真能顶得住吗？

就在这时，一个文臣对他说："不要担心，朱棣没你想的那么厉害，他要是敢围城，我就能给他好看！"这位文臣就是山东参政铁铉，国子监出身，名副其实的"天子门生"。铁铉这话说得信心十足，可盛庸并不相信，朝廷六十万大军与叛军正面交锋都败了，你不过是个不懂军事的书生，怎么敢口出狂言呢？铁铉见盛庸不信，也没有多说什么，只是让他抓紧时间整顿兵马，找准时机冲杀出去就行。与此同时，铁铉还给朱棣回信，表示愿意投降，希望朱棣能进城受降。

朱棣接到回信很是开心，这次轻松拿下济南，前方肯定还会出现越来越多的带路党，所以这回他有些托大，只带了数位亲随一同前往。可就在朱棣即将进城时，城门口的铁闸突然放下，"咣"的一声把朱棣的马给砸死了，震得他胆颤，朱棣随即勃然大怒。

事实摆在眼前，盛庸那个狗东西分明是不安好心，想把自己骗进城去"包饺子"，要是不给他点厉害瞧瞧，还真以为自己是吃素的？就这样，铁铉的诈降计失败，朱棣开始攻城。看到盛庸一副"早知如此"的表情，铁铉也有些尴尬，于是他又想出了另外一招，他命画师临摹了多幅朱元璋的画像，然后将之挂在城头，如果朱棣胆敢攻城，那就是大不敬之罪。

朱棣根本没想到，居然有人敢用这种招数来守城，一时半会儿也没了主意，他的军队虽然继续围困济南城，却也不敢再度攻城，否则朱元璋画像万一有所损毁，自己就百口莫辩了，这一围就是三个月。在朱棣围攻济南的三个月之后，平安从聊城和临清一线收拢了二十万军队，绕到叛军侧后方杀出，朱棣抵挡不住，只得听从姚广孝的建议，于建文二年（1400年）八月中回师北平，盛庸于同月收复德州，算是取得了济南保卫战的最终胜利。

后世读者在谈及这段历史时，都说铁铉实在是太聪明了，居然能想出悬挂朱元璋画像这招来退敌，这简直是打中了朱棣的七寸啊。事实上，这招就是不折不扣的"七伤拳"，不仅打中了朱棣的七寸，也打中了铁铉自己的七寸。朱元璋是谁？那是大明的开国皇帝。铁铉是谁？他不过是一个臣子。做臣子的居然敢把开国皇帝的画像挂到战场上任由敌军攻击，这是多大的罪？往小了说身首异处，往大了说破家灭门。

之前为什么没人用这招呢？不是因为想不到，而是因为没人敢用。就算朱棣夺了天下，自己也未必会死，可只要用出这一招，只要这天下还是他老朱家说了算，自己就必死无疑。这也就是非常时期，大家的首要目标是干掉朱棣，所以暂时没人会动铁铉，可等到朱棣被剿灭后，他也一定会被追责的。有人说朱允炆仁厚，或许会看在铁铉立大功的份上放过他，我认为这种可能性不大，如果铁铉得罪的是朱允炆本人，那么他或许会宽宏大量饶过铁铉，可铁铉得罪的是朱元璋，朱允炆哪敢放过他呢？运气好一点，铁铉把自己一条命赔进去，这事儿就算完结了；运气差一点，铁铉的全家老小一个也别想活命。

铁铉是出身于国子监的天子门生，但他依然甘愿冒着身死甚至族灭的风险去做这件事，这是为什么呢？很多人说这是因为铁铉忠诚，为了抵挡乱臣朱棣而不顾自己的安危。这个说法自然是正确的，但忠诚这种品质不会凭空冒出，铁铉是基于什么原因选择了忠诚呢？其中固然离不开长期的忠君教育，但我认为这与他的身份也有关系。

铁铉不是汉人，而是色目人后裔，他虽然能成为国子监学生，在大明体制内顺利晋升，但整个大明对色目人的歧视是真实存在的。元朝建立之后，大量蒙古人和色目人迁居河南，比如王保保家族，他们既可以算是蒙古人，也可以算是河南人，而铁铉的籍贯同样是河南。铁铉的铁姓恐怕也是后来改的，因为色目人没有这个姓，朱元璋早在洪武元年就有过相关规定："诏复衣冠如唐制，禁胡服、胡语、胡姓名。"

除此之外，《大明律》还有明确规定："凡蒙古、色目人，听与中国人为婚姻，务要两相情愿，不许本类自相嫁娶。违者，杖八十，男女入官为奴。"这段话的意思很简单，蒙古人、色目人都不能和同族结婚，否则全部要当奴隶。对汉人而言，他们自然会很喜欢这个政策。在元朝时，蒙古人是一等人，色目人是二等人，这两个少数民族成为中原大地的主人，而主体民族却被一分为二，北方汉人是三等人，南方汉人是四等人，哪有这么欺负人的？现在朱元璋光明正大地歧视蒙古人和色目人，恐怕正合了他们的心意。但对铁铉这样的色目人后裔而言，他对朱元璋的感情应该十分复杂，那就是既感谢他的知遇之恩，同时也憎恶《大明律》中对色目人的歧视政策。

在济南保卫战中，铁铉通过悬挂朱元璋画像这种不要命的方式来捍卫大明，话题性和争议性肯定早就在朝堂上传遍了，大家都想看看这位不怕死的传奇人物到底是何许人也，他为何敢如此放肆呢？基于这种环境，朱允炆肯定会在处死铁铉前见他一面，好问问他当时是怎么想的。见到朱允炆之后，铁铉则会当面向他泣诉色目人的悲惨处境，希望朱允炆能看在自己曾经逼退朱棣的份上，废除这种歧视色目人的政策。

朱允炆是个年轻人，元廷有多黑暗他只在书上看到过，没有经历就不会觉得痛，再加上他是天下之主，自然也不希望臣民受到歧视，所以他会本能地反感这些歧视政策。当朱允炆看到铁铉不惜以自己乃至全家性命做赌注，就为了见自己一面，以便当场请求废除这条律令时，年轻的小皇帝在内心深处肯定会受到触动，虽然他不太可能饶铁铉一命，但他很有可能看在铁铉为国立功的分儿上，顺势废除这些歧视政策。

铁铉虽然是色目人，但他也是北方官僚集团的一分子，他用献祭自己生命的方式击败朱棣，会让朱允炆感受到来自北方的一片忠心。此时的南京朝廷早已成为南方官僚集团的一言堂，面对这种情形，北方官僚集团必然也不会甘心。最初他们想抬出朱棣来威胁朱允炆，增加己方的砝码，可当朱棣真正起兵之后，北方官僚集团内部也迅速出现了分化。他们中大部分人认为应该按兵不动，等局势明朗之后再站队，可也有小部分人认为应该更早站队，否则将来论功行赏时，己方所能获得的利益就会小很多。在这小部分人当中，有人选择站在朱棣一方摇旗呐喊，北平布政使郭资就是这一类人的代表；也有人选择站在朱允炆一方支持朝廷，铁铉则是这一类人的代表。

铁铉为什么不支持朱棣呢？因为朱棣驻守北平，整天都在和蒙古人打仗，常自诩为"朱元璋第二"，骨子里大概率也是个民族主义者。如果像朱棣这样的人夺取了天下，他会同意废除那些歧视蒙古人和色目人的政策吗？估计很难。别看朱棣现在对朵颜三卫又吹又捧，那是因为用得着人家，等用不着他们的时候，这些兵肯定不会有好下场，这一点在二十年后得到了验证。

更重要的一点在于：朱棣并不是真正的接班人，上位也只能通过起兵造反这种不正当的方式，如果他顺利登基，肯定会高举朱元璋的大旗来证明自己的合理性与合法性，他又怎么敢改动朱元璋定下的政策呢？

李景隆被解职之后，朱允炆恐怕已经不敢再轻视朱棣了，在这种背景下，铁铉只要能击败朱棣，就等于是为南京朝廷立下了头功。到时候哪怕不能免除铁铉的罪过，只要朱允炆愿意对色目人好一点，也对北方官僚集团好一点，那么铁铉就没有白死。如果铁铉的行为真能为北方官僚集团带来实质性的好处，他的老婆孩子肯定也会得到应有的照顾，大家说起铁铉来，肯定会纷纷竖起大拇指，称赞一声"大明好忠臣"！可以说，铁铉现在是在用自己的生命来立功和扬名，将来也会用自己的功劳为色目人和北方官僚集团谋福利，在将朱元璋的画像悬挂到城外之后，他就早已将生死置之度外了。

这里其实还有一个问题，如果没有铁铉的妙计，济南城就一定会失守吗？答案是否定的。朱棣虽强，却也没有大家想象中那样所向无敌。整个靖难之役持续了三年，朱棣看起来似乎打得轰轰烈烈，可真正被他握在掌中的也仅有北平、保定和永平三地。朱棣为什么不继续扩张地盘呢？因为实力不允许啊。我在前文中说过，朱棣是个反贼，他并没有过硬的名分，所谓的"清君侧"并不是什么了不起的旗号，历史上的乱臣贼子都爱喊这句话，朱棣大喊"清君侧"，那意思就是明明白白地告诉世人："我和历史上的吴王刘濞、安禄山等人没什么区别。"

正是这个原因，使得朱棣的军队规模始终无法继续扩大，他只能凭借有限的兵力牢牢把控住上述三个地区，然后不断出兵与朝廷大军交战。虽然打了不少胜仗，但朱棣并不敢盲目扩大领土，因为那只会将他兵力不足的劣势无限放大，更有可能把他活生生拖垮。这也是我认为李景隆不该在此时被解职的主要原因，像济南这种大城，朱棣根本吃不下，哪怕由李景隆来守，应该也不会出问题，毕竟在白沟河之战中，他已经交出了及格的答卷。

从建文元年（1399年）七月到建文二年（1400年）八月，朝廷大军终于彻底击败了一次朱棣，这使得他们的士气大幅回升，也有了顺利平叛的底气。同年九月，当远在南京的朱允炆得知朱棣败退的消息后，立刻任命盛庸为平燕将军，任总兵官，全权统帅朝廷大军平叛。平安突袭有功，升任左副总兵，陈晖协助平安突袭有功，升任右副总兵。铁铉因随意悬挂朱元璋画像一事受到言官弹劾，此时正值用人之际，齐、黄、方三人站在了朱允炆一边，表示如今前线军情紧急，可以先把此事放下，于是将铁铉提拔为兵部尚书，协助盛庸管理朝廷大军。

至此，朝廷大军的领导班子换血完毕，朱元璋时期留下的旧人（耿炳文、李景隆）全部靠边站，建文新人集体上位，朱棣的好日子眼看就要到头了。当朱棣得知了南京的一系列人事任免之后，他也有些紧张了，如果不能迅速重创朝廷大军，时间拖得越久，对自己就越不利。在与朝廷大军交战的十三个月里，大部分藩王及沐王府都没有露面，如果局势朝着有利于南京朝廷的方向发展，谁敢保证他们不会落井下石，提着自己的脑袋向朱允炆邀功呢？

朱棣的这种急躁情绪体现在了用兵上，建文二年（1400年）十一月，朱棣不顾天寒地冻的客观情况，强行率军攻打沧州，获胜之后又立刻朝德州、济宁、临清等地发动猛攻。朱棣在秋末冬初的时节出兵打仗，这并没有出乎盛庸的意料，因为早在建文元年（1399年）的正月，朱棣就干过攻打大同的事，他已经习惯了争分夺秒，希望把整个战局的节奏加快。

李景隆当初所犯的最大错误就是总跟着朱棣的节奏走，自己缺乏把握节奏的能力，盛庸先后跟随耿炳文和李景隆打了多场败仗，也算是看明白了：要是继续重复这种"朱棣攻城，我军救援"的老套路，那就是重蹈李景隆的覆辙，结果必然是输多胜少。咱们现在要想办法打乱朱棣的节奏，让他慢下来，就像当初在济南城那样，朱棣的节奏被拖慢，咱们就有时间和机会去围攻他。

想到这里，盛庸立刻命令各部有序撤退，把大量的空城留给朱棣。在撤退之前，盛庸还命人向百姓传谣："燕贼所过之处鸡犬不留，想活命的跟我们一起走。"部分百姓留恋家中的坛坛罐罐，不愿跟随大军撤退，但大多数百姓都认为性命要紧，那点家当丢就丢了。

朝廷大军并没有完全撤退，弃守的城池内依然潜伏着部分军人，朱棣每入一城就会受到些许损失，几天过后朱棣有些恼火了，入城之前的第一件事就是驱逐百姓，留在城内不离开的全都是敌军，杀无赦。

留守百姓为什么不走？因为他们舍不得放弃自己的财产，可一旦被驱逐出城后，家中那些财产无人守护，自然就成了朱棣的军需物资。这样一来，朱棣每占一座城都是哭声震天、民怨沸腾。朱棣不是蝗虫，他当然知道这样做有害而无益，但自己就这点实力，盛庸那小子一退再退，如果不想办法抓住朝廷大军的主力，自己恐怕只能撤退了。届时，盛庸回到空空如也的城池之后，肯定会这样跟百姓们宣传："朱棣上次进城之后，把所有的百姓都赶出了城，赶不走的都杀光了，百姓们的财物也被洗劫一空，你们还想体验一遍这种感受吗？"百姓们看着被朱棣大军洗劫过的城池，心里会怎么想呢？自然是把燕军和蝗虫画上等号，下次朱棣要是再敢来，恐怕就只能慢慢攻坚了。

很多人或许会有疑问："朱棣先胜耿炳文后胜李景隆，可见他的军队足够精锐，怎么突然又变成这样一副乌合之众的模样了？"事实上，朱棣的军队的确足够精锐，但也的确是乌合之众。之所以说他们足够精锐，是因为这支军队的中、低层军官都长期追随朱棣在边疆防御北元入侵，绝对是一群合格的老兵。说他们是乌合之众，是因为这支军队是名副其实的叛军，如果一路打顺风仗还好，可只要出现一次失败，整支军队的士气就会跌至谷底，毕竟他们名不正言不顺，稍微有点波折就会想："咱们是不是快被剿灭了，要不还是分分行李，该回流沙河的回流沙河，想回高老庄的回高老庄，让皇帝陛下把朱棣抓走处死，或者叔侄俩冰释前嫌，这事儿不就完了吗？"

在这种背景下，朱棣敢严肃军纪吗？恐怕不太敢，他的本部兵马还好说，可朵颜三卫等宁王所部之所以愿意跟着朱棣，是因为可以捞到好处。如果朱棣摆出一副阎王面孔，非要打击军纪败坏者，久而久之，恐怕这些异族都会心怀二意，到那时，朱棣的好日子恐怕就到头了。

万般无奈之下，朱棣只得对宁王说："咱哥俩是来创业的，不是来抢劫的，照这样下去，用不着朱允炆派兵围剿，人民群众的汪洋大海都能淹死咱们。"对于这种言论，宁王自然十分赞同，于是他对朱棣说："四哥，我的部队都交给你了，你说怎么办就怎么办吧，兄弟我没有任何意见。"

宁王有那么好说话吗？当然没有，这兄弟俩是在打机锋呢。朱棣对宁王说这番话的意思是希望宁王能够出面整肃军纪，管好自己的军队，到时朱棣在背后偷偷当好人，这样一来，士兵们只会认为宁王苛刻，朱棣宽仁。可宁王也不傻，他本来就想两不相帮守中立，结果被朱棣用半强迫的方式拉出来造反，心里肯定不舒服，他又怎么会心甘情愿地替朱棣当恶人呢？于是他哼哼哈哈地打起官腔。意思就是你愿意怎么管就怎么管，要是军队被你管出了问题，我再出面安抚他们。

为什么说联盟总是脆弱的？看看朱棣这哥俩的德行就知道了。强敌在前，他们还在搞内讧，耍心机，这种队伍打顺风仗或许很厉害，可一旦遇到逆境，很可能会作鸟兽散。

朱棣很郁闷，他对自己的本部兵马很有信心，但宁王那边的部队如果不好好配合，这一仗就会很难打。姚广孝劝朱棣，暂且如此吧，朝廷大军接连失败，咱们的首要目标还是尽快跟他们决战，其他事情先放放，咱管好自己的队伍就行。

就这样，朱棣的军队中出现了一个奇特的景象：大部分人军容整齐，小部分人扛着猪、牵着羊，就像后勤补给队伍一样，他们一路烧杀掳掠，哼着歌、唱着曲，大踏步地追击朝廷大军，眼看就要短兵相接了。

12 大破大立

当盛庸决定弃守城池，另选一个场合与朱棣交战时，有两个地点可供他选择，济南和东昌。

济南地势开阔，最适合兵多将广的朝廷大军发挥，盛庸最初本打算再搞一次济南保卫战，但随后他又自我否决了，朱棣的骑兵部队太过厉害，朵颜三卫勇不可当，真要是正面交锋，盛庸并没有必胜的把握。再者，济南城高粮足，朱棣用时三个月也没能攻下这座坚城，现在他带着一帮乌合之众，恐怕也没胆量再攻城了，在此处设防，就是抛媚眼给瞎子看。

东昌就是现在的聊城，在济南西部，此处西南高、东北低，如果朱棣往东昌行进，就必须从德州，也就是东昌的东北部进入，这样一来，朝廷大军完全可以借助地利，从高处冲向处于低处的叛军。

当朱棣率军赶到东昌后，发现朝廷大军不但没有继续往南逃，反而摆开阵势等着自己，便立刻意识到自己失去了地利。战场是盛庸选的，有利地形肯定已经被他占完了，自己能不能后退，换一个地方反客为主，等待盛庸的追击呢？答案自然是不能。在济南尝到了失利的苦果后，朱棣麾下这支军队的士气本就不算高，再加上这一路闹得鸡飞狗跳，真要换个地方又能去哪呢？哪也不是自己的主场啊。

几乎就在一瞬间，朱棣做出了决断。率军冲锋，自己的骑兵部队很强，只要能一鼓作气冲垮对面，就有可能获得胜利。与此同时，朱棣还命令张玉带领精锐骑兵绕道至朝廷大军的后方，一旦前线战况处于焦灼态势，张玉就从后面将朝廷大军切为两段，重复白沟河之战的胜利。

这种招数朱棣用过很多次，但每次都能奏效，所以他认为朝廷大军对自己的战术无能为力，因为朝廷大军的单兵素质不如己方。在朱棣看来，哪怕你盛庸知道我会率军从后方突袭又能如何？如果你分兵防范，主力就有可能被冲垮；如果你不分兵防范，那就等着被前后夹击。如果你也同样分兵突袭我的后方，那就看我们谁的突袭能力更强，谁的主力坚持的时间更长。

可朱棣这次有些托大了，他忽视了朝廷大军的成长，在白沟河之战中，如果没有那阵大风，还不知道谁胜谁负呢。现在朱棣已经遭受了一次失败，士气此消彼长之下，这种做法还能奏效吗？

建文二年（1400年）十二月二十五日，朱棣的军队刚抵达东昌，盛庸就带兵冲了过来，朱棣知道自己没有地利，再加上麾下大多是骑兵，所以也毫不客气地选择了对冲，并将打击重点瞄准了盛庸的左翼。一阵冲杀过后，朱棣眼见战果不佳，于是改变了攻击重点，亲自率军朝着盛庸所在的中军突击。眼见朱棣率军朝自己冲了过来，盛庸心中难免一阵紧张，当初李景隆在郑村坝就是被这样的招数击溃的，虽然战前已经做足了准备，但当事情真正发生时，谁敢保证不会有意外出现呢？幸运的是，盛庸此次的运气还行，没出现"大风吹断旗杆"或者"部队自乱阵脚"的情况，双方鏖战许久，叛军骑兵精锐，朝廷大军人数众多，谁也没占着便宜。就在这时，张玉率军从后方杀了出来。

对此盛庸早有安排，他指挥左、右路大军向中路靠拢，把朱棣团团包围，然后命预备队顶住张玉的突袭，给自己争取时间。盛庸的想法也很简单：只要能把朱棣活捉或杀死，后面那支骑兵就翻不起大浪。

双方就这样鏖战了一天，结果朱棣被救离现场，没能抓住大鱼的盛庸把气全撒在了背后的那支骑兵身上，最终把这支突袭部队全歼，主将张玉被杀，朱棣痛失一员爱将。张玉的死令朱棣极为痛惜，在此后的二十多年时间里他曾数次谈及张玉，每次都会流泪。朱棣认为张玉"才备智勇，功当第一"，还给了他配享太庙的无上殊荣，与自己一同永受后世香火。

朝廷大军左、中、右三路一起夹击，张玉因此战死也并不奇怪，最令人意外的是：朱棣是如何逃出包围圈的呢？史书给我们讲了一个故事。据说是因为朱允炆不想背负伤害叔叔的罪名，所以朱棣所过之处没人敢放暗箭，于是朱四爷像超级英雄一样左冲右突，最终逃出了包围圈。

这种内容虽然出自正史，但我认为不可信。朱允炆到底有没有说过"不想背负害叔罪名"的话呢？我在前文中分析过，大概率是没有说过的。就算朱允炆说过这样的话，那也可能是暗示把朱棣弄死在乱军之中，绝不是不想他出事。退一步讲，就算朱允炆的意思真是不希望朱棣出事，可在战场上，哪有工夫想那么多呢？

战场本就是一个杀人场所，我们完全可以设想这样一个场景：当朱棣打算以某个小队为突破口时，他自然会拿起武器朝这个小队冲过去，如果这个小队胆敢阻挡，必然要与朱棣短兵相接，到那时，谁杀死谁都不是什么大事。也许这个小队的成员打算把朱棣放过去，可朱棣不知道啊，当他准备挥动武器砍死眼前的士兵，杀出一条血路时，那位即将被砍死的士兵万一没躲开，岂不是当场就一命归西？涉及生命安危就算这名士兵最初没有杀死朱棣的想法，但谁敢保证他不会在生死关头拔刀砍过去，当场要了朱棣的命呢？

我们要明白一点：朱棣被左、中、右三路大军重重包围，就算无人阻挡，他骑马也得跑半天。战场上到处都是人，他更不可能在短时间内杀出重围，可在这一过程中，三路大军居然眼睁睁地看着朱棣逃跑，这可能吗？如果朱棣发现敌军都像傻子一样看着自己突围，那他肯定不会继续逃跑，而是联合接应他的兵马再度冲杀回来，趁这帮人愣神的功夫再杀他个回马枪，你说朝廷大军这仗还怎么打？

综上所述，我认为朱棣并不是因为朱允炆的某些言语活了下来，而是被人救下来的。为什么史书不如实记录呢？一方面自然有神话朱棣"天命所归"的需求，另一方面是救下朱棣的这个人不宜大肆宣传。

那到底是谁救下朱棣的呢？史书有两种说法。第一种说法是朱棣麾下的猛将朱能，但这个可能性不大，因为朱棣在称帝之后封赏功臣时，封给朱能的食禄为两千二百石，而封给另一员猛将邱福的食禄为两千五百石。邱福没有救驾功劳，但他的食禄却比朱能还高，可见在朱棣看来，朱能的功劳不如邱福。如果朱能真有救驾之功，他的功劳又怎么会不如邱福呢？功高莫过于救驾啊。

第二种说法认为，在东昌之战中救下朱棣的是他的次子朱高煦。朱棣的正妻徐氏（开国元勋徐达的长女）生了三个儿子，分别是朱高炽、朱高煦和朱高燧。朱棣登基之后封朱高炽为太子（也就是后来的明仁宗），朱高煦为汉王，朱高燧为赵王。

朱高炽是个残疾人，身躯肥胖，再加上性格柔弱，朱棣是马上天子，他根本瞧不起自己的这个长子，反而认为次子朱高煦骁勇善战，很像自己。朱高煦以为朱棣有废长立幼的心思，所以总想着和哥哥朱高炽争夺太子之位，最终功败垂成。朱棣去世后，朱高炽很快也去世了，明宣宗朱瞻基继位，朱高煦选择了起兵造反，最终被朱瞻基所杀。

正因为朱高煦的结局不好，所以他曾在靖难之役中救驾的功劳被刻意淡化甚至抹杀，也就不足为奇了。

言归正传，朱棣被救，兵马折损大半，爱将张玉惨死，虽然杀死了很多敌军，但这毕竟是一场惨败。次日朱棣还想重整旗鼓继续交战，却发现军无战心，刚一交锋就节节后退，只得传令收兵。眼看朱棣准备撤退，盛庸立刻传令追击，朱棣率领亲兵殿后，击败了数波敌军。盛庸觉得再战未必能讨到好处，如今既然已经找到了击败朱棣的方法，下次整顿兵马再与他交锋就是了，他这次运气好被人救走，难道下次还会有这样的好运吗？

就这样，耗时两天的东昌之战终于落下帷幕，叛军损伤过万，朝廷大军的损伤也过万，在战损比上双方算是打了个平手，但从战场的实际情况来看，这回是朱棣吃了大亏。

时间来到建文三年（1401年）二月十六日，朱棣再度挥师南下，与盛庸在夹河相遇，双方随即爆发大战，交战首日朱棣再次失利，数位大将战死。第二天突然刮起一阵东北风，叛军趁势杀入敌阵，盛庸抵挡不住，败逃至德州，驻扎在真定的吴杰与平安接到盛庸兵败的消息后立刻起兵救援，结果中了朱棣的埋伏，几个回合下来，被打得损兵折将，只能逃回真定固守。

在谈及夹河之战时，很多人都会大肆渲染那阵突如其来的东北风，刚在东昌战败，在夹河的初战又失利，却又能立刻在第二天反败为胜，这不是天命之子又是什么呢？

事实上，朱棣此次获胜虽有一定的运气因素，但更重要的原因是，朱棣变得更强了。打败仗还会变得更强，这是为什么呢？在朱棣起兵之前，他的三护卫被朱允炆强行解散了，但三护卫的中、低层军官却被朱棣留在了身边，最初秘密练兵，后来公开演武，这也是他起兵时的基本盘。战胜耿炳文之后，朱棣带着这支见过血的精兵攻克大宁，将宁王绑上了自己的战车，朵颜三卫这样的王牌部队加入己方阵营后，给了朱棣在郑村坝和白沟河等地与李景隆正面对抗的底气。

可无论朵颜三卫有多勇猛，终究不是自己的部队，所以在一系列胜利之后，这支军队逐渐出现了问题，虽然还没有达到"派系林立"的程度，但军纪逐渐松弛乃至败坏，使朱棣的战斗力大打折扣。

举例说明：如果把南京朝廷看成一个全副武装的战士，那么朱棣起兵之初就是一只野猫，它看起来威胁不大，可如果盔甲无法覆盖的地方被它挠上一爪子，也得疼好多天；在经过一系列胜利之后，朱棣成长为一条大型犬，但这条大型犬的身体并不健康，不是今天闹肚子，就是明天头晕、腿软。从表面上看，大型犬显然比野猫更威武，但对全副武装的南京朝廷而言，对付看似庞大的大型犬远比对付灵活的野猫更容易，更何况还是一条满身毛病的大型犬。

在经历过济南保卫战和东昌之战的失败后，大量非嫡系军队阵亡，这也给了朱棣顺势肃清内部、重新打造精锐的机会。两个月后，当朱棣带着这支全新的军队再度南下时，一切都不一样了。大型犬治好了一切病痛，并开始朝着野狼的方向进化，力量和体型在增强、增大的同时，敏捷也没落下。

如果朱棣的军队未经过这种蜕变，那么即使有东北风助阵，也是无济于事的。朵颜三卫这样的佣兵部队打顺风仗、捡便宜可以，野战收拾羸弱的南方士兵也可以，但他们却绝不会用自己的血肉之躯帮朱棣攻城，因为那不是雇佣兵该干的活。在夹河之战中，朱棣没有再玩骑兵绕道拦腰斩断的把戏，只是借助风势直冲敌阵，盛庸根本抵挡不住。至此，朱棣经过大破，最终达成大立，盛庸如果不及时转变应对思维和作战策略，那么他早晚也会成为"第二个李景隆"。

⑬ 消失的半年

　　在接连战败之后，盛庸等人还不服气，打算秣马厉兵再度决战。可正当他们踌躇满志准备继续为国效力时，突然传来消息："原地待命吧，国家暂时不需要你们冲锋陷阵了，咱们准备和谈了。"

　　其实早在耿炳文初次战败时，就有人提过要不要和谈，朱允炆和朱棣毕竟是一家人，何必刀兵相见呢。但那时的朱允炆踌躇满志，真以为自己可以通过战争的方式大肆集权，更瞧不起只有北平一城之地的朱棣，所以他断然拒绝了这一提议。可随着时间的推移，朱棣的实力越来越强，虽然眼看着已经到了瓶颈，但再给他几年时间，焉知此人不会"高筑墙，广积粮"，最后成功复制朱元璋的丰功伟绩，成为天下之主呢？

　　盛庸上任后，总体表现还行，但也谈不上出色，他真能成为大明的郭子仪、王翦吗？朱允炆心里没谱。如果只是在战场上吃亏，朱允炆或许还能坐得住，他最担心的是人心思变。越是拿不下朱棣，骑墙观望的人就会越多，朱棣所承受的压力就越小，也越敢放开手脚和朝廷对着干，朝廷也越是拿不下他。

　　这是一个死循环，朱允炆想破了脑袋也不知该如何扭转战局。就在朱允炆彷徨无措时，有人在私下里悄悄对他说："想当初，西汉的吴王刘濞以'诛晁错，清君侧'为借口起兵造反，也曾一度占据上风，可当汉景帝把晁错杀了之后，刘濞没有了造反的借口，却又不肯退兵，被天下人识破真面目，这才逐渐失势。"

说这话的人到底是谁，现已无可考据，但朱允炆在听了这番话后若有所思，当初自己并没有削藩的想法，是齐泰和黄子澄整天在自己耳边鼓吹藩王势大，长此以往必然会危及社稷的言论。现在情势不妙，自己是不是应该用齐泰和黄子澄的人头开道，把朱棣拉回谈判桌上呢？

朱允炆反复思考了一番，觉得这个方法虽然可行，齐泰和黄子澄却不能杀。东昌战败之后，朱棣立刻又能打出夹河这样的大胜，他的韧性出乎所有人的意料，面对这种场面，南、北各大利益集团内心都开始动摇了。齐泰和黄子澄作为天子近臣，他们始终没有动摇过打击朱棣的决心，如果朱允炆在此时把他们杀了，以后还有谁还敢往他身上押注呢？

朱棣如今的力量虽然有所增强，但对比南京朝廷却依然弱小，如果朱允炆敢在此时杀死齐泰和黄子澄，就等于帮朱棣打造了一个完美的抄底环境，到时惹得各大利益集团纷纷往朱棣身上押注怎么办？但那番劝告确实又很有道理，如果拿下齐泰和黄子澄就可以令朱棣的"清君侧"丧失借口，那么这件事就值得去做。

念及于此，朱允炆做出了一个艰难的决定，那就是将齐、黄二人解职。大家千万不要以为将齐、黄二人解职是一件轻易能够办到的事，这样做除了会打击亲近自己的势力，更有可能引来反攻倒算。汉景帝杀晁错的举动有突发性，也有特殊性，并不是那么容易复制的。

想当初，唐朝的安禄山也打着"杀杨国忠，清君侧"的旗号起兵反唐，朝臣们都劝唐玄宗杀死杨国忠，不给安禄山借题发挥的机会，可唐玄宗始终不肯答应。长安失陷后，士兵们在马嵬驿发动兵变，杀死了杨国忠，唐玄宗又气又恨却不敢发作，只能假惺惺地表示杨国忠早就该死了。

唐玄宗为什么不愿意杀杨国忠呢？那是因为杀杨国忠容易，善后难啊，唐玄宗晚年一直与太子李亨明争暗斗，如果处死了杨国忠，难免会有人大发议论："杨国忠这个奸臣是该死，他妹妹杨贵妃狐媚惑主难道就不该死吗？究竟是谁把杨氏兄妹弄进京城的？究竟是谁让杨氏兄妹高高在上的？难道不该追查吗？"如果把话说到这一步，你说唐玄宗除了乖乖退位，还有其他办法吗？

朱允炆解除了齐泰和黄子澄的官职，如果有人跳出来大发议论，非要把责任追查到底，非要逼得朱允炆退位让贤怎么办？如果齐、黄二人反咬一口，说是朱允炆授意他们主持削藩的，那又该怎么办呢？可以说朱允炆此举也是冒了不小的风险。在解除齐泰和黄子澄官职的过程中，朱允炆做出过哪些布置，史书并没有记载，但我认为朱允炆肯定与齐、黄二人有过沟通或保证，甚至私下里也向依附于自己的南方官僚集团做出过某些承诺，大意无外乎就是"国难当头，请大家与我齐心协力共渡难关，否则我倒了，朱棣也不会放过你们的"。

经过这种半拉拢、半威胁的较量之后，南方官僚集团决定暂时放下心中杂念，团结一致应对眼前的危机。

事情办完之后，朱允炆立刻派人传谕朱棣："你不是说齐泰和黄子澄是奸臣，打算'清君侧'吗？现在朕已经将他们解职，这两个奸臣再也无法祸害朝堂了，你是不是也该回北平去了？"

朱棣接到消息之后立刻就傻眼了。起兵之初，朱棣或许不知道朱允炆为什么要逼反自己，甚至以为是南方官僚集团要赶尽杀绝，可经过这两三年的较量之后，很多原本理不清的头绪也逐渐理清了，这个小皇帝是把自己当成了一块磨刀石，想通过消灭自己的方式磨炼出一支只对皇帝忠心的强大势力，南方官僚集团或许有推波助澜的嫌疑，但他们绝不是主犯。朱棣认为，在战争初期，南方官僚集团肯定会站在朱允炆那边，但时至今日，自己打得这么好，他们早就应该袖手旁观了，可齐、黄二人被解职却没有使南京朝廷陷入内乱，这说明南方官僚集团帮助朱允炆压制了内部的一切杂音，他们还是决定联起手来对付自己，这是何苦来哉?

朱棣狂妄，也足够自信，但他也不傻，官僚、士绅才是大明的根基，关于这一点，朱棣心知肚明。如果南方官僚集团始终负隅顽抗，自己想要夺取天下就不太容易了。

就在朱棣不知所措的当口，姚广孝在旁边不阴不阳地说了一句："齐泰和黄子澄为什么敢这么嚣张? 那是因为盛庸、平安、吴杰、何福等人为虎作伥。我们燕军爱国心切，起兵靖难，可这几个人只听齐泰和黄子澄的命令，一再阻挠我大军南下。如果陛下不把这些人收拾掉，我们实在是不敢撤军啊。"

此言一出，朱棣恍然大悟，于是立刻告诉传信使者："除非陛下把盛庸、平安、吴杰、何福四人就地正法，否则我绝不会放心，谁知道陛下是不是被某些别有用心的人给操控了!"

姚广孝这话的意思很简单，那就是试探一下沐王府和南方功臣集团的反应，盛庸、平安、吴杰、何福四人都曾在大西南历练，和沐王府之间的关系一直是藕断丝连，如果朱允炆真能说服沐王府，把这四人也给弄下台，那朱棣也就别费劲折腾了，早点打道回府为妙。姚广孝的这番话其实也是在点醒朱棣：官僚、士绅的确是我大明的根基，但他们并未拥有武力，只要沐王府没有彻底倒向朱允炆，那我们就还有希望。

当消息传回南京后，朱允炆怒不可遏，痛骂朱棣狼子野心，于是立刻传令给盛庸，命他即刻率军阻挡朱棣，不能让他过江，和谈就这样破裂了。

从建文三年（1402年）五月初到十月底，盛庸和朱棣打打停停，总体上败多胜少，朱棣的军队甚至一度打到了峨眉山一带，逐渐在军事上取得了优势。朱允炆不懂军事，除了盛庸，他也不知道自己还能信任谁，于是只得孤注一掷地将筹码全押在盛庸身上，一再要求户部早做准备，要加大对盛庸的支持力度。

户部王钝接到命令后，愁眉苦脸地对朱允炆说："陛下，户部如今已经没有钱了，是不是考虑让盛庸自己想办法？"朱允炆一听这话，顿时感到天旋地转，当他用期待的目光看向站在旁边的户部右侍郎夏原吉时，发现对方面无表情，于是一种"绝望"的情绪充满朱允炆的内心。

朝廷真的没钱了吗？从理论上说好像是这样。朱允炆继位后立刻改变了朱元璋对江南地区课以重税的做法，将这个地区的赋税降低至原来的15%~20%，王钝说没钱也有可能。但朱棣继位之后，既修永乐大典，又派郑和下西洋，大手大脚花的钱一点也不少，从这个角度来看，朝廷应该还是有钱的。

从议和到户部没钱，这中间经过了半年左右，南、北各大利益集团在背后的精彩博弈我们肯定是无法知道的，由于朱棣焚毁了朱允炆执政期间的大部分史料，所以我们也只能通过一些表面的记载来寻找蛛丝马迹，我认为朱允炆之所以会败，与这"消失的半年"有极大的关系。

王钝是北方官僚集团的一分子，夏原吉是南方官僚集团的一分子，两人居然会站在同一阵线硬顶朱允炆，这就很能说明问题。在战争初期，南方官僚集团认为应该干掉朱棣，南方功臣集团、北方功臣集团和北方官僚集团却无动于衷。战局逐渐朝着不利于南京朝廷的方向发展，南方官僚集团变得首鼠两端，又在齐、黄二人被解职时坚定信念站在朱允炆背后，这似乎说明了他们之间的关系牢不可破，可就在半年之后，南方官僚集团也出现了分化，他们中大多数人不再支持朱允炆，只剩下少数与朱允炆关系密切的人，不得不继续支持他，自然也有部分人将名节看得更重，所以同样坚决支持朱允炆。

在此期间，北方官僚集团始终在偷偷摸摸做事，他们一再要求严惩齐泰和黄子澄，但都被朱允炆顶了回去。在这段时间，史书说朝堂上有许多官员被罢免，他们纷纷投靠朱棣，这些被罢免的人基本都属于北方官僚集团。北方功臣集团同样没有代表人物出镜，但从朱棣所掌握的兵马来看，北方功臣集团肯定也出力甚多。曾经的朱棣只能勉强防守北平一地，而到了建文四年（1403

年），朱棣甚至可以兵分三路，并且三路并进全部取胜，足见此时的朱棣兵多将广，夺取天下只是时间问题了。

南方功臣集团的表现也没有直接描述，但史书记录了两件事。第一件事：早在耿炳文战败时，宿将顾成被朱棣俘虏。所有人都以为顾成死定了，朱棣却亲自给他松绑，说顾成是当初跟随先帝打天下的老将，自己怎么能对他无礼呢？

在李景隆整顿兵马时，朱棣抽空把顾成送回了北平，并请他协助世子朱高炽一同守城。大家要知道，顾成是降将啊，朱棣居然敢用降将替自己看守大本营，这心得有多大？我认为，早在顾成被俘时，朱棣就已经开始了拉拢南方功臣集团的工作，因为顾成与沐王府关系密切，当初在云南、贵州一带任职时，他和沐英的住所甚至在同一条街道上。朱棣为什么对顾成这么好？很可能就是做给沐王府看的，意思就是："我对你们绝对尊重，哪怕你们不愿意帮我，也请不要亲自下场帮朱允炆。"

第二件事：朱棣的小女儿常宁公主嫁给了沐英的小儿子沐昕。

驸马和公主虽然是夫妻，但双方的身份还是有差别的，公主代表君，驸马只是臣，公主下嫁之后也不需要拜公婆，而公婆还需要拜公主。可常宁公主下嫁到沐王府后，不但没有这些特权，驸马沐昕的脾气还特别暴躁，经常对她拳打脚踢。在一般的家庭中，小儿子和小女儿都是最受父母宠爱的，那是心尖尖上的肉啊。对于常宁公主这个小女儿，朱棣自然也是看在眼里爱在心里，但在常宁公主被沐昕家暴这件事上，朱棣总是假装看不见。不但假装看不见，朱棣还格外重用沐昕。由于此人才干不足，所以很多高规格的礼仪性事件朱棣都会派沐昕出面主持，比如迎接尚师哈立麻、大修武当山等极为重要的宗教性事件以及代替帝王享南京太庙的重任。

父亲不帮女儿出头，沐昕那边对常宁公主的家暴几乎就没停止过，常宁公主的日子过得苦不堪言，最终年仅二十二岁就抑郁而亡。当朱棣得知常宁公去世的消息后，所做的第一件事居然是安慰沐昕，让他不要太难过。

结合这两件事情来看，我觉得朱棣这不是在拉拢沐王府，而是赤裸裸地巴结啊。在史料缺失的这半年时间里，我们看不到太多与朱允炆相关的记载，但在朱棣频频发力之后，北方官僚集团和北方功臣集团全都站在了他的身后，南方官僚集团和南方功臣集团虽然还是有小部分人选择继续死忠于朱允炆，但大部分人都默默地将手中的选票投给了朱棣。

这一切都在背后悄无声息地进行着，当一切有了眉目之后，朱允炆正式接到通知：这仗打不下去了，咱们没钱了。到此时，南北分裂大打出手的日子已经过不下去了，朱允炆的失败也已经无可避免了，他只能缩在南京苟延残喘，等待着朱棣的审判。

14 被神话的杀戮史

当朱棣获得了大多数利益集团的支持后，战争过程其实已经变得无关紧要了，凭借朱棣的军事才能，盛庸他们根本不是对手。几个回合之后，平安被俘，盛庸兵败，只得据城坚守。就在此时，有人对朱棣说："现在南京空虚，您可以直捣黄龙。"朱棣最初还不太敢相信，但姚广孝劝他赶快行动："机不可失，时不再来，不能再犹豫了。"朱棣左思右想，最终决定接受姚广孝的建议，绕开山东，直下江南。

如果从地图上看，我们会发现朱棣对朱允炆几乎没有任何威胁，他依然只占据着北平、保定、永平三地，所以后世许多读者因此格外推崇姚广孝，认为他力劝朱棣奇袭江南是一大妙招。而朱允炆之所以会失败，完全是因为他乱了阵脚，朱棣突袭南京很像当年的金国突袭北宋开封，只要朱允炆愿意，他随时可以像历史上的赵构那样，换一个地方另立政权，可惜这位皇帝就是死心眼，不愿大明分裂。

实际上这种看法是不对的，赵构之所以能成功，是因为当时的南方利益集团愿意支持他，此时的朱允炆已经失去了来自各大利益集团的支持，哪怕看起来全天下依旧属于他，但这只是一种假象，此时的朱允炆已经没有翻盘机会了。朱棣长驱直入，大多数人都在一旁看热闹，只有以盛庸为首的部分死忠派还在坚持，其实他们也知道，这种坚持没有多少意义，但哪怕只是砧板上的鱼，好歹也要扑腾几下。

建文四年（1403年）五月初九，朱棣击败盛庸，渡过淮河；五月下旬，朱棣攻破扬州；六月初三，朱棣从瓜洲渡过长江，最后一次击败盛庸，六月十三，朱棣来到南京城金川门外。

此时的南京城已经乱作一团，朱允炆呆呆地坐在皇帝宝座上，嘴唇干涩，双目无神。继位四年以来，朱允炆无一日不为国事操劳，他做得怎么样呢？其实不怎么样。经济、民生获得极大发展的多为南方地区，北方各地并没有起色。北方各利益集团被他得罪个遍，南方功臣集团也变得越来越不喜欢他，只有南方官僚集团整日对他歌功颂德，但这更像是狡猾的大管家在忽悠缺心眼的地主少爷。

朱允炆是个聪明人，他隐隐感觉到了不对，所以总想找出破局的办法。但由于朱允炆过于年轻，为人处世的经验极其匮乏，所以他在大多数时候只能凭感觉做事，这就陷入了另外一个极端：凡是南方官僚集团认为对的，朱允炆就会认为其中肯定有问题。和自己的基本盘都能闹到这个地步，你说他这个政权怎么可能好得了呢？

要说朱允炆执政期间为数不多的亮点，也就是提拔盛庸等寥寥数人，可提拔盛庸的时机也不太好，那时的李景隆眼看就要蜕变了，朱允炆完全可以顶住压力，将表现出色的盛庸、平安等人提拔为李景隆的副手，有李景隆这样一位开国功臣之子在前方挂帅，沐王府那边就不太可能理会朱棣的拉拢。可盛庸一上台，以沐王府为代表的南方功臣集团不可避免地会感受到危机："皇帝重用这帮出身于亲军卫的中层军官，以后会不会把我们逐步架空呢？"

很多事情都是当局者迷，只要在事后仔细分析一番，自然会发现许多问题，而且大多是可以避免的问题，这不仅是执政者能力不足的体现，更是其独断专行注定的结局。朱允炆肯定不止一次地回想过他与朱元璋的对话，他认为自己可以循序渐进地解决藩王问题，可实际上哪有那么简单，万事万物的发展未必是循序渐进的，很多时候，只知道按牌理出牌的人往往都会输得一无所有，只有那些敢于掀桌子的人，才有可能笑到最后。

后世有许多读者都说朱允炆是正人君子，朱棣是无赖小人，这种说法有一定道理，究其原因：谁能站在顶峰，不在于他的个人私德，而在于他团结大多数人的水平。只要能做到这一点，哪怕私德再差，他也能在历史上拥有一席之地。这个道理朱棣懂，但朱允炆不懂，或者说他不愿意懂，也有可能是他懂得这个道理，却不知道该怎么用。

正当朱允炆一个人坐在皇宫里遐想联翩时，谷王朱橞和曹国公李景隆已经商议妥当，他们作为宗室和南方官僚集团的代言人，打开金川门迎接朱棣入城。朱棣骑上战马，缓缓地朝着皇宫方向行进，他表面平静，心绪却早已飞到了二十多年前。

洪武十三年（1380年）三月十一，朱棣即将从南京出发前往北平就藩。临行前，朱元璋拉着朱棣的手言辞恳切地对他说："暴元之所以会失去天下民心，最重要的原因就是主弱臣强，现在朕把你们送到边疆，主要是希望有朝一日你们能够成为我大明的臂助，如果皇帝受到了威胁，你们要赶紧带兵来帮他。"

当时年仅二十岁的朱棣肯定不会想到，自己真有带兵进入南京城的一天。从名义上讲，他并没有辜负朱元璋的期望，此次带兵进京的确是"帮助"朱允炆解决奸臣问题，可朱棣骗不了自己，他知道这就是造反，如果老爹泉下有知，他真会赞同自己的做法吗？

就在朱棣想入非非时，突然接到奏报，皇宫方向起火，朱允炆生死不明。听到这个消息后，朱棣长出了一口气，他并不愿意面对朱允炆，那毕竟是皇帝。如果朱允炆活蹦乱跳地出现在自己眼前，自己又该如何对待他呢？似乎怎么做都不太好办。现在看来，朱允炆似乎很有气节，他愿意自焚，算是给自己省了不少事。

心里的想法是一回事，实际的做法又是另一回事，当朱棣得知皇宫起火后，眼泪立刻掉了下来，他吩咐左右快马加鞭，无论如何都要扑灭大火，找到朱允炆，绝不能让他出事，否则大明危矣，社稷危矣！

忙活了将近一天，好不容易把火扑灭了，朱棣立刻吩咐人寻找朱允炆的痕迹，找了半天只找到几具烧焦的尸骸。朱棣立刻命人带来几名侍奉过朱允炆的太监和宫女，让他们辨认眼前的尸体，看看都是谁。太监和宫女也挺犯难的，都烧成这样了，谁认得出来啊？眼见朱棣的表情越来越难看，一名小太监急中生智，只见他扑倒在一具焦尸面前放声号啕："陛下，您死得好惨啊！"

小太监这么一嚎，朱棣立刻带着左右随从一起跪下，也跟着痛哭起来，那场面真是闻者伤心见者流泪。哭了好一阵，朱棣站起身来把眼泪一抹，面色阴狠，一字一顿地说道："你们这帮奸臣，整日在陛下身边进谗，如今阴谋败露，居然还敢谋害陛下，孤饶不了你们！"好家伙，朱棣这是把火烧皇宫的罪名也栽到所谓的"奸臣"头上了。

自此，一场血腥、惨烈的大屠杀立刻展开，随后更是在全国各地接连上演。最惨的是翰林学士方孝孺，他拒绝为朱棣草拟即位诏书，并对着朱棣破口大骂，最终被凌迟处死，十族被灭。姚广孝当时就说："杀了方孝孺，大明就没有读书的种子了。"后世的民国学者胡适则说："我国政治思想在十四世纪以前绝不逊于欧洲，但近五百年来何以不振，这是由于方孝孺被杀的惨剧所造成的。"

兵部尚书齐泰想逃到外地继续募兵抵抗朱棣，于逃亡途中被抓，不屈而死，九族被灭；太常寺卿黄子澄身在外地，密谋继续抵抗朱棣，最终被抓到南京受审，五马分尸而死，九族被灭；山东布政使铁铉拒不投降，济南城破后先是被割下鼻子，后又被凌迟处死，九族被灭；户部右侍郎黄观是中国历史上仅有的两个"六首状元"之一，所谓六首状元，是指他在县试、府试、院试、乡试、会试和殿试中均为第一名，属于历史级学霸。当黄观得知南京被攻陷，朱允炆自焚而亡的消息后，从容投江自尽，妻子、儿女也尽数自尽身亡。

除了上述几位名人，"奸臣"名单还有长长的一大串，其中包括刑部尚书侯泰、刑部右侍郎暴昭、吏部侍郎练子宁、吏部左侍郎毛泰、户部侍郎郭任、户部右侍郎卓敬、礼部尚书陈迪、礼部侍郎黄魁、袁州知府杨任、宗人府经历宋徵、监察御史叶希贤、戴德彝、丁志方、谢升、甘霖、董镛……

上述诸人还只是部分有名有姓的，算上不知名的受牵连者，被朱棣诛杀的"奸臣"及其家眷总人数不下六千余人，其中大部分是老弱妇孺，安定祥和的南京城在瞬间化为一片血海，哭喊怒骂之声不绝于耳。

朱棣的手段确实残忍，但我并不想站在道德的角度谴责他，因为这就叫"成王败寇"。这些人依附于朱允炆，可以在分配过程中获得更多的利益，自然也要在失败时承受更重的损失，如果朱允炆在这场战争中笑到了最后，朱棣党羽的下场也不会好到哪里去。

朱允炆为什么会败呢？除了因为他本人不够成熟，朱元璋同样难辞其咎。如果朱元璋的目标只是统一长江以南，那么南京的确很适合当首都。可在朱元璋统一天下之后，再定都南京就很不合适了。一个稳定的国家必然会有经济中心、政治中心和军事中心，而冷兵器时代的稳定国家，这三个中心的位置是有讲究的。政治中心必须能够兼顾南北，军事中心则必须在政治中心的辐射范围内，经济中心必须远离战火，也可与政治中心重叠，只有满足这些条件，冷兵器时代的国家才能长治久安。

我们回过头来看看，定都南京的大明是个什么情况。政治中心和经济中心是南京，这没问题，可军事中心却在北平一带，因为历次北伐的右路军几乎都是从此地出发。朱元璋威望极高，手腕极强，他活着的时候没人敢乱来，可朱元璋走了以后，威望、手腕都不足的朱允炆上位，他拿什么来压制身处军事中心的朱棣呢？

此时的北元虽然已经虚弱不堪，名为军事中心的北平也没有那么大的作用了，可这依然是隐患。在靖难后期，哪怕朱棣不过江，朱允炆也没有能力打到北平去收拾朱棣，这就是军事中心脱离政治中心辐射范围所酿成的恶果。朱棣继位之后立刻着手安排将首都迁往北平的事宜，这里面有许多原因，但最重要的原因是，朱棣吸取了靖难的教训，他不希望自己的子孙继位之后，还要再度面对来自北平等地的威胁，所以朱棣将政治中心和军事中心重叠，而将经济中心留在了南京，此所谓"天子守国门"。

顺便说一句，这并不是大明的专属，西汉、大唐定都长安，北宋定都开封，其实都是"天子守国门"，因为西汉和大唐所需要应对的强敌都来自西北方，北宋的强敌则是正北方和东北方的辽金。

朱棣一边处理为祸天下的"奸臣"，一边在进行登基前的卖力表演。六月十三日，各地藩王和朝臣纷纷上疏，劝朱棣登基。朱棣表示自己只是臣子，入京只为靖难，现在的首要任务是为皇帝朱允炆守孝，然后再从他的其他兄弟中选出一个来继位。

听到朱棣的这种说辞，群臣纷纷揭发、检举，表示朱允炆昏庸无道、宠幸奸臣、行为不端，早就没资格当皇帝了，现在一死百了，没必要再从他的兄弟中选人了，燕王有帝王之姿，此为天命所授，再推辞就是对上天的不敬了！

朱棣一再表示自己没资格当皇帝，诸王和群臣则一再表示全天下只有您才有资格当皇帝，双方这么你来我往几个回合，朱棣眼看没法说服他们，也只得"勉为其难"地宣布登基，同时满脸痛苦地表示："你们这是把我往火坑里推啊！"

建文四年（1402年）六月十七，朱棣于南京紫禁城奉天殿登基，定年号为

"永乐"，史称明成祖。这位名不正、言不顺的皇帝总算是登基了，他也知道这是自己的弱点，所以上台之后，他立刻发动宣传为自己造势。

首先，朱棣废除了所有的建文新政，因为他起兵的理由就是朱允炆任用奸臣，妄改祖制，且不管这些制度到底好不好，只要不是朱元璋定下的，那就没有存在的必要。

其次，朱棣将朱标的尊号改回懿文太子，并迁葬他处。朱标是大明第一任太子，但他从未当过皇帝，朱棣这样做，就是从法理上否定朱允炆：你并不是皇帝的儿子，只是早亡太子的儿子。

然后，朱棣废除了"建文"这个年号，因为经过数天的明察暗访，朱棣认为朱允炆受"奸臣"的影响过深，做出了许多危害社稷的事情，他不配被称为皇帝，更不配拥有年号，于是建文四年（1402年）被改为洪武三十五年。换言之，早在洪武三十一年（1398年）就已经去世的朱元璋，又在地下多当了四年的"幽灵皇帝"。

最后，也是最重要的一点，朱棣开始神话自己。据说，在朱棣出生时，他的父亲朱元璋做过一个梦，一个金甲战神站在他的面前微笑，等朱元璋醒来以后，侍女通报说马皇后生了一个儿子，这个儿子就是朱棣。朱棣长大之后，朱元璋曾笑着对他说："你出生时我梦见了一个金甲战神，你现在越长越像他了。"

据说，在马皇后生朱棣时，整个产房突然变得五颜六色，众人纷纷抬头，发现五彩霞光直映天际，久久不散。

据说，在朱棣还小的时候，大哥朱标经常欺负他，有一次还差点把他扔到井里去，是朱棣充分发挥聪明才智，长期曲意巴结朱标，这才改善了自己的成长环境。

据说，朱棣起兵之后经常会梦到各种各样的神仙，神仙们一见到朱棣就点头大笑，表示大明江山的荣辱皆系于他一身，绝不会让凡夫俗子伤害他。就这样，朱棣每次战斗都冲锋在前，明枪暗箭对他毫无效果。

不但神话自己，朱棣连身边的谋臣姚广孝也一并神话了。据说姚广孝早年曾游览嵩山寺，相士袁珙对他说道："你是个奇特的僧人，眼眶是三角形，如同病虎一般，天性使然，嗜好杀戮，是刘秉忠一样的人！"姚广孝大喜。

据说在洪武年间，姚广孝经过丹徒北固山时作了一首杀气腾腾的诗，抒发自己壮志未酬的感慨，同行的僧人责怪他："这岂是佛家弟子说的话？"姚广孝笑而不语。

据说朱棣在起兵之前，曾颇为担忧地问姚广孝："百姓都支持朝廷，我们这样做真的有前途吗？"姚广孝说："我懂天道，不懂民心。"

朱棣给自己编的那些瞎话很容易戳破，在此不作详解，而大多数人对姚广孝的生平均无太大怀疑，认为他就是这样一个人，其实大错特错。著名学者易中天曾在其著作《品三国》中说："有人说曹操是'乱世之奸雄'，曹操听了以后大喜，这个反应非常奇怪，曹操怎么可能大喜呢？难道他从小就立志要当个贼吗？"

这番话同样可以用在姚广孝身上，有人说他天性嗜好杀戮，这摆明了就不是好话，姚广孝听了以后怎么会大喜呢？难道他从小就立志要当一个"嗜好杀戮"的刽子手吗？如果他真有这种重度反社会、反人类的性格，又怎么可能有那么多的朋友呢？事实上，姚广孝这个人八面玲珑，交友甚广，无论是南方利益集团还是北方利益集团，他都有办法说得上话，有这样一个人在朱棣身边，与各方打交道都能省不少事，可以说姚广孝充分运用了自己出色的外交能力以及在关键时刻的决断力，帮助朱棣在战场外取得了一个又一个胜利，但这和那些稀奇古怪的传闻又有什么关系呢？

我在前文中讲过朱棣对姚广孝的推崇，他的确很优秀，但他也只是一个有人脉、有见识的僧官而已，虽然在靖难时立有一定的功劳，却远没有朱棣所说的那样大，更不值得朱棣用如此夸张的方式对待。朱棣这样做，其实是想告诉所有人："我本来只想老老实实地当藩王，可上天偏不让我如意，把姚广孝这样一颗灾星弄到我身边，由此可见，我当皇帝也是上天的旨意啊！"相士袁珙说姚广孝像刘秉忠。刘秉忠是谁？那是辅佐忽必烈建立元朝，并在建元过程中立有大功的不世名臣。如果说姚广孝像刘秉忠，那么大家可以思考一下，朱棣所对应的形象应该是谁呢？自然是开创大元百年基业的元世祖忽必烈啊。

朱棣把姚广孝吹到了天上，其实还有一个不太厚道的用意，那就是给心念朱允炆的建文旧臣树一个靶子："都是这个家伙鼓动我起兵的，冤有头债有主，你们心里有什么不满，尽管冲着他去。"

朱允炆虽然被各大利益集团抛弃了，但平心而论，官僚集团肯定还是喜欢他那样的皇帝，而不会喜欢朱棣这样的皇帝，只不过这些人不敢逆风而为，所以即使再怎么不满，他们也只能捏着鼻子认了。朱棣敏锐地意识到了这一点，所以他把姚广孝丢到前台，表示这才是靖难的罪魁祸首。官僚集团难道不知道事情原委吗？他们当然知道，罪魁祸首是朱棣才对啊。可他们不敢冲着朱棣发泄，只能把目光对准姚广孝：都是你这个家伙不干好事，天下才会大乱的！

对于朱棣的这种举动，姚广孝敢有异议吗？恐怕是不敢的，他虽有人脉，却没有根基，最后只得在朱棣允许的范围内尽量自保。比如，朱棣给姚广孝封了许多官，也有不少赏赐，他却全都推辞了，最后甚至躲进了寺庙，只求保住自己这条命。再比如，姚广孝曾多次劝阻朱棣不要滥杀无辜，就是为了能够缓和他与建文旧臣之间的关系。可即便如此，姚广孝的后半生过得也极不如意，他的姐姐和朋友纷纷与他划清界限，避免受到连累。

如果时光倒回到四年之前，当姚广孝得知了自己未来的境遇，他还会劝说朱棣起兵吗？我们不知道。我们最终知道的是：朱允炆已成历史，大明王朝换了一位新主人，而他即将开始新的征程。

15 大撒钱

自建文四年（1402年）六月登基之后，朱棣一直忙得脚不沾地，毕竟他不是合法上位，所以整天都在制造舆论，宣扬自己继位的合法性和神圣性。在编造了一大堆神话故事，并顺带把史书给改了个面目全非之后，朱棣觉得自己这个皇位似乎是坐稳了，可好像又缺了点什么。想当初，朱元璋在开国之前，那可是发动了一次北伐为登基造势的。

其实朱棣也想找到这样一个令自己名望大增的机会，但此时的北元太不争气了，他们分成两派互相征伐，根本顾不上南下侵略大明。应该怎么做呢？朱棣先是检查了一下国库，据说当初朱允炆打算增兵时，户部告诉他没钱了。可当朱棣详细盘查后发现，国库不但有钱，而且据户部官员估算，此时的大明国库远比朱元璋时期更加充盈。

既然有钱，那么事情就好办了。永乐元年（1403年）正月，日本、琉球、暹罗、占城、爪哇、剌泥、安南等国先后来到大明，恭贺新皇登基。朱棣非常开心，他不但对各国使臣大加赏赐，同时还对他们说，自己会在近期出台一系列有利于边境诸国的政策。

同年五月，朱棣命福建都司造海船一百三十七艘；同年八月，又命京卫及浙江、湖广、江西和苏州等府卫造海运船二百余艘，并命令福建都司广设造船厂，以后大明所有大规模的海船、战船建造任务都由福建承担。与此同时，朱棣下令复置广州、泉州、宁波三市舶司，负责查验来华贡使的身份，以及安排贡使食宿和管理口岸等工作。

如此兴师动众，朱棣是要干什么呢？自然是准备驾船出海、恢复边贸，摆在台面上的理由是"扬我国威"，实际上朱棣只是为了增强自己的名望。

永乐二年（1404年）初，朱棣分别遣使前往琉球、暹罗、占城、爪哇、剌泥、安南等国进行外交活动，以示友好。在这个过程中，朱棣刻意忽略了日本。就在朱棣与各国大搞外交活动时，倭寇频繁侵犯苏州府和松江府一带，杀伤军民多人。接到奏报后，朱棣一方面严令沿海居民响应官府号召，从即日起进入戒严状态，抵御倭寇的袭扰，另一方面又命郑和率楼船水师十万出使日本，向其颁发贸易许可证，这就是著名的"郑和下东洋"。

自明朝建立以来，大明和日本的往来一直是断断续续，因为倭寇袭扰沿海地区、肆意杀人抢劫财物的恶性事件几乎每年都会发生，但那时的日本正在内战，也没有一个足以服众的领袖出来主持国政，所以日本的南北双方都以此为借口搪塞朱元璋，纷纷把派遣倭寇的罪名栽到对方头上。

可在1392年，足利义满结束了日本南北分裂的局面，成为日本名义上唯一合法的政府，在此之后倭寇依然继续袭扰大明沿海地区，这就有些说不过去了。从名义上讲，朱棣只是派郑和前往日本发个贸易许可证，哪需要带十万人呢？郑和摆明了就是去耍威风的。到了日本之后，室町幕府第三任将军足利义满以最高规格迎接了郑和，同时一口一个"上国天使"地叫着，给足了大明面子。

面对足利义满的低姿态，郑和并没有掉以轻心，他知道这类人都是典型的"面善心狠"，要是喝了他们的迷魂汤，后面的事情估计就不好谈了。念及于此，郑和立刻摆出一副公事公办的样子，请出朱棣的圣旨向足利义满宣读，大意是说：朕肃清国内祸乱，初登大宝，你们日本及时表示臣服，这种做法值得肯定（日本于永乐初年就派使者前往大明进行朝贡）。既然你们愿意臣服，自然也算是我大明的子民，对待子民，朕一贯的态度都是惩恶扬善，可你在这方面做得并不好，倭寇日日扰边，朕宽大为怀并不计较，但你应该明白什么叫"上朝威严"。接下来，你应该赶快立法，好好解决倭寇的问题，不要再让朕为这种小事分心，一旦把朕惹怒，那可不是什么好事。

在圣旨的最后，朱棣册封足利义满为日本国王，并赐予他金印一枚，同意日本以属国的名义对明朝进行"朝贡贸易"。

这封圣旨的要点不多，但文字很多，郑和又刻意放慢语速，足利义满摆出一种极为恭敬的姿态，跪伏在地上听了老半天，头上大汗淋漓，面色阴晴不定。日本的实力远不如大明，这一点毋庸置疑，但双方之间隔了一个日本海，使得日本也不太怕大明。在冷兵器时代，渡海作战并不容易，只适合小规模袭扰，但这对大明或日本而言，其实都不会伤及根本。足利义满担心的是，大明的新任皇帝似乎是打算长期与外国进行贸易往来，不像朱元璋那样保守，但万一他真被倭寇惹急眼了，又开始大搞闭关锁国，那日本每年就会损失很多贸易额，这是非常不划算的。

现在的日本已经统一，无法再拿"国家分裂"和"反对派嫁祸"等借口糊弄大明了，此时摆在足利义满面前的是一道选择题，是想继续派倭寇打秋风，还是想老老实实做生意？这没有什么可犹豫的，扰边只是小打小闹，如果自己能给大明新任皇帝一个面子，他肯定也会给自己好处，通过合法贸易就能赚到更多的钱。想通这一点，足利义满很快就有了决断，他拍着胸脯向郑和保证，自己从小就心向东方大国，现在有机会能与大明交好，那是几辈子修来的福分，怎么能不珍惜呢？自己以后会加大对倭寇的打击力度，决不会令大明皇帝陛下失望！

一番大义凛然的话语说完，足利义满还命人把被俘的倭寇首领带到郑和面前，表演了一个"清蒸活人"，场面极其残忍，但郑和看得津津有味，觉得足利义满倒是很识趣，如果此人能管好倭寇，大明每年多跟他们做点生意，手指缝里漏点东西，就够他们干嚼一阵子了。

郑和下东洋的主要目的还是想办法缓和与日本的关系，进而解决倭寇问题，当足利义满做出表态后，郑和觉得自己完成了任务，于是在转悠了一圈后选择了返航。

倭寇之乱从元初忽必烈时代就已经存在，一直延续到明初朱元璋时代都无法解决，而朱棣继位之后，这个问题就这样被轻描淡写地解决了。这里面固然有日本结束乱世、民心思定的原因，却也有大明国力增强、积极外交解决问题的因素在内。郑和下东洋之后，大明在很长一段时间内都没有再受倭寇的袭扰。从这个角度来看，朱棣看似耍威风的行为，却阴差阳错地为大明解决了一个麻烦。

对于郑和此次出行的成果，朱棣还算满意，但一个小小的日本显然无法满足他的胃口，福州的造船厂日夜轮班开工，为的就是造出一支规模空前庞大的舰队。终于，在永乐三年（1405年）六月中旬，舰队建成，郑和受命下西洋。

提及郑和下西洋的原因，一些野史笔记喜欢将其宣扬成是去寻找下落不明的朱允炆，但我认为这种说法靠不住。朱允炆是否还有存活的意义，要看朱棣是否能与朝堂上各大利益集团谈妥"分蛋糕"的条件，只要能谈妥，朱允炆是不是活着都无所谓，反正大家都不会把他当成活人；如果谈不妥，朱允炆是不是死了也无所谓，反正大家都不会把他当成死人。

我始终认为，郑和下西洋并不是去寻找朱允炆，也不是去寻找盟友夹击北元，而是承载着朱棣"扬名万方"的梦想，前往世界各国宣扬"德化"。这支舰队经过苏门答腊、南浡里和锡兰（今斯里兰卡），最远到达了左里（今印度科泽科德），郑和在此地立碑留念，宣称自己已经到达了离大明十万公里的地方。

从实验性质的下东洋，再到规模庞大的下西洋，这本来只是朱棣四处撒钱、寻求认同感的一次大规模行动，为的是能够带给他极大成就感和满足感，可对我们后世读者而言，意义却要大得多。从永乐三年（1405年）到宣德八年（1433年），郑和七次带队下西洋。《剑桥中国明代史》认为，这是中国古代规模最大、船只最多、海员最多、时间最长的海上航行，也是十五世纪末欧洲地理大发现之前，世界历史上规模最大的一系列海上探险。

郑和能够先后七次下西洋，至少说明了五个问题。

一是明初的外交环境非常宽松，大明根本找不到一个可以称之为"对手"的国家，所以朱棣可以轻松地把大量金钱花费在物质回报极少的航海行动中。要知道，郑和下西洋并不是商业活动，而是政治行为。郑和不需要考虑收支平衡，更不用背负大量资金可能会"有去无回"的压力，他只需要带着一支庞大的舰队四处彰显国力即可。

二是朱元璋在位的三十一年励精图治，朱允炆上位后不断讨好南方官僚集团，这使得大明积累的财富达到了一个惊人的数字。在郑和下西洋之前，大明的农业和手工业一片欣欣向荣，朱元璋规定职业世袭之后，大明迎来了第一个高速发展的红利期。

更重要的是，大明并不是在废墟上重建的国家，元朝统治中原近百年，整个江南获得了经济腾飞的机会，中国制造的丝绸和瓷器成为全世界的紧俏商品。

三是在元末明初，中国并不是故步自封的国家，在科技创新方面同样有着极高的水平。朱元璋曾编制过《大明混一图》，这是中国最早绘制的世界地图，它没有现代的世界地图那样清晰，但大体轮廓基本准确。我们完全可以合理推断，在元末明初，中国的造船技术、航海经验和器械使用都是世界一流，否则绝对无法制作出《大明混一图》这样的奇物。

四是发达的舰船制造技术给了朱棣"布威于四海"的信心。

早在唐朝时期，中国船工就已经拥有了制造防水舱、开孔舵和平衡舵的能力，福船、沙船和广船三大船型也在宋、元时期被定型。在经历过元末明初的数次大规模水战之后，朱元璋虽然大搞海禁，但他从未有一日放松对舰船的改良工作。在朱元璋的重点关照下，明初的舰船制造技术已经有了长足的发展，巨型海船的数量极多，载客量均超过千人，船上各类生活设施齐备，海员甚至可以在船上养牲畜，种蔬菜。

五是郑和能够一路顺遂，先进的航海技术居功甚伟。

郑和将下西洋的航路尽数记载，汇成了一本《郑和航海图》。据记载，郑和在经过伊朗霍尔木兹海峡时，曾使用过"过洋牵星术"，这是当时最先进的天文导航技术。在海图中附有109条针路（航行线路），这对海员了解航行方向、水文及地形资讯有极大的帮助。

郑和在下西洋的过程中大量运用了航海罗盘、计程仪和测深仪等航海仪器，据说航海罗盘的误差不超过2.5度，这是一个非常惊人的数字。《中国科技史》的作者李约瑟表示，已经有数位了解马来半岛的航海家进行过反复对比和研究，他们认为《郑和航海图》的精确度极高，这对十五世纪的人而言可以称为奇迹。

除了出海扬名，朱棣还准备修一部巨著，其目的据说是"彰显国威，造福万代"，可实际上还是为了增加自己的名望，希望能给后世留下更多好印象。

永乐二年（1404年），朱棣下令编纂《文献大成》。他认为《文献大成》必须是"经史子集，百家之书"，同时还要包含"天文、地志、阴阳、医卜、僧道、技艺之言"。编纂工作由翰林侍读学士解缙带领一个一百四十余人的团队进行，成书之后朱棣并不满意，觉得内容过于简略，于是又令姚广孝担任监修，重新编纂，并将编纂团队扩充至三千人，最终于永乐五年（1407年）定稿。

定稿之后，朱棣进行了简单的翻阅，对姚广孝和解缙等人的工作成果十分满意，并且认为这部书包罗万象，中华文明的精华皆蕴含其中。这样一部巨著，朱棣自然要留下自己的印记，于是他大笔一挥，将《文献大成》更名为《永乐大典》。

《永乐大典》的内容包括经、史、子、集、天文地理、阴阳医术、占卜、释藏道经、戏剧、工艺和农艺等多个领域，涵盖了中华民族数千年来的知识财富。《不列颠百科全书》在"百科全书"条目中称中国明代类书《永乐大典》为"世界有史以来最大的百科全书"，并认为这是一部震古烁今的旷世奇书，是中国文化的一个重要符号。这个说法自然是正确的，但从另外一个角度来看，《永乐大典》却也是一部"无用之书"，之所以要加引号，是因为这部书并非真正无用，只是在现实社会中，《永乐大典》有些华而不实。

《永乐大典》全书共计22937卷，11095册，约3.7亿字，汇集了古今图书八千余种。听到这些数字大家就能明白，正常人哪怕是读一辈子，也读不完《永乐大典》。这是一部类书，它既不适用于启蒙，又不适用于钻研，只能像百科全书一样作为其他图书的备份。我举个简单的例子，如果你想找治疗伤风感冒的古方，估计《永乐大典》里面也会有，但你肯定不会去翻这部书，而是去找一本医书来查。要知道，《永乐大典》光是目录就有六十卷，逐字逐句读完至少也得一年半载，有那翻目录的工夫，恐怕早就把治疗伤风感冒的方法倒背如流了。或许有人会说："虽然个人读不完，但群体的力量是强大的，《永乐大典》的研究价值也是无可比拟的。"这话倒是不错，可现在的问题是，我们并不缺乏研究材料，缺的只是研究材料的人。

《永乐大典》的正本已经不知去向，估计在明世宗朱厚熜的永陵里，副本大多毁于火灾和战乱，我国目前所保存的副本残篇约有八百余卷。可就是这么点数量，学术界的研究成果也谈不上丰富，未解之谜照样一抓一大把。如果《永乐大典》的22937卷全部存世，难道我们就一定能研究出个子丑寅卯来吗？

恐怕没人敢打这个包票。

我们来随便列几本经典：《群书治要》《四库全书总目》《全上古三代秦汉三国六朝文》《中国丛书综录》《贩书偶记》《书目答问》《中国地方志联合目录》《清史稿·艺文志》《中国通俗小说书目》《元代杂剧全目》《中国历代年谱总录》……有谁敢说这些书目已经被研究透了？这还只是文史类，如果把哲、理、工、农、医等各科的古书全部摆在面前，估计很多人连翻看一眼的勇气都没有，还谈什么治学和研究呢？

朱棣编纂《永乐大典》其实就是一个工作量超大的工程。对现代人而言，我们或许能从中找出一些有利于当下时局的依据，在文化输出或法理辩论等方面动动脑筋、做做文章，但这些都与治学研究没有任何关系。名义上是一部鸿篇巨制，实际上最大的作用却是装点门面和政治背书，这恐怕就是《永乐大典》的悲哀之处吧？

对于朱棣而言，豪华舰队出海也好，编纂典籍也罢，其实都算不上多么重要的为政举措，因为他的工作重心肯定还是在如何解决朝堂派系平衡问题上。但对我们而言，只有将这些对当时不太重要的事件排列、组合后细细琢磨，才能真正客观地勾勒出那个"世界第一"的大明盛世景象。

16 谁家天下谁掌权

四处撒钱为自己增加名望的同时，朱棣还面临着一个严峻的问题：应该如何治理国家？

朱元璋于洪武十三年（1380年）除掉宰相胡惟庸之后，顺手把延续千余年的宰相制度也一同给废掉了。从那以后，朱元璋化身工作狂，所有工作几乎都是一肩挑。到了朱允炆执政时期，他可没有朱元璋这样的能力，所以总会由六部牵头帮着处理政务，再加上朱允炆执政仅一年朱棣就起兵造反了，朱允炆要忙着应付战事，政务工作自然就落下不少。

现在朱棣登基了，他肯定不能像朱允炆那样放任自流或找六部帮忙，这毕竟"名不正，言不顺"，人家六部本来就不是管这一块的。再者，六部本就是政策的具体执行者，如果让规则的执行者兼任规则的制订者的活，那么六部的权力就未免有些太大了。朱元璋废除宰相制度，朱允炆等于一下子弄出来六个宰相，哪有这么办事的？可要让朱棣像朱元璋那样事必躬亲，其实也不太可能，朱元璋虽然出身穷苦，但他聪明好学，在争夺天下时没少补课，他虽然没有太高的治学水平，但处理政务还是驾轻就熟的。反观朱棣，这位爷出身富贵，从小不说锦衣玉食，但至少吃得饱也穿得暖，如果想要习文练武，只要张嘴说一声，优质的教育资源肯定不会短缺。可朱棣从小就喜好舞刀弄枪，看到书本就头疼，现在当了皇帝，要被逼着处理政务，这可有点伤脑筋，怎么办呢？

姚广孝提议，不如恢复宰相制度，朱棣有些意动，但他很快又否决了。还是那句话，朱棣起兵靖难的理由就是朱允炆任用奸臣，妄改祖制，而朱元璋明令禁止后世子孙恢复宰相制度，并将相关条文写进了《皇明祖训》，朱棣哪敢擅自改动呢？姚广孝认为，现在天下已定，大家都知道所谓的"靖难"就是个借口，咱们没必要被这些条条款款束缚住，可朱棣不希望自己的身后名有污点，所以他始终不同意恢复宰相制度，为此哪怕自己累一点也行，天下都打下来了，处理政务未必有多难，或许练上几年就会有成效。

应该说，朱棣精神可嘉，但有些事情不是他想做就能做到的，对朱棣这种没太多学识的皇帝而言，处理政务远比行军打仗困难得多。朱棣或许可以熟读兵书，但要他品读政论，那不是要他的命吗？果然没过多久朱棣就病了。看着朱棣躺在床上蔫了吧唧的惨样，姚广孝再次进言："这样下去不行，您的身体吃不消啊，还是想办法找点儿帮手吧。"姚广孝这回没说恢复宰相制度，只说找帮手，这倒不算违背朱元璋定下的规矩。可如果操作不好，同样会落人话柄："不挂宰相的名，却做着宰相的事，咱们这位皇帝可真是个大孝子啊，就这样糊弄他九泉之下的老爹吗？"

于是，朱棣和姚广孝这对君臣就在病床前反复磋商，算是初步定下了基调。皇帝日理万机，需要有一些高级秘书来帮忙处理"琐事"，在皇帝做出决断后，他们还要做皇帝与六部之间的纽带和润滑剂，从决策层面落实到具体执行层面。

建文四年（1402年）八月初七，在朱棣正式颁布继位诏书的一个多月后，他宣布设立文渊阁，并任命黄淮、解缙、胡广、杨荣、杨士奇、金幼孜和胡俨等七人以"大学士"的身份入阁，协助自己处理政务，这就是大明内阁的第一批成员。

对于朱棣设立内阁的行为，后世有一种观点，认为朱棣这是不信任建文旧臣，急切间又不敢大搞人事变动，所以用内阁来架空六部，把自己信任的人全部塞进内阁。这种说法并不正确，因为朱棣在设立内阁时，他真的只是希望自己能在不违反朱元璋规定的前提下轻松一点。要知道，朱棣也是个强势的君主，他在内心深处肯定也是恨不得把全天下的权力都集中在自己手中，怎么可能弄出一个内阁来制衡皇权呢？内阁建立之初，内阁大学士不但品级不高（多为四品或五品），而且还没有实权，并不负责具体事务，主要就是给皇帝跑腿。再看第一批入内阁的七人，全部都是建文旧臣，也全部都是南方人，他们与登基之前的朱棣毫无瓜葛，怎么能说朱棣是在提拔亲信呢？

无论是南方官僚集团还是北方官僚集团，首先他们都是官僚集团的一分子，然后才是某人的亲信，如果朱棣敢擅动他们的利益，他们肯定会站在官僚集团一方摇旗呐喊，而且表现的一定是忠臣的形象，他们决不会让皇帝瞎改政策，危害社稷，为此他们不惜付出自己的生命。对于官僚的这种德行，朱棣心里一清二楚，他决不会把原本属于皇帝的实权下放给他们，哪怕是亲信也不行，因为阶级属性摆在那里。这类人永远不可与之交心，朱允炆的前车之鉴就摆在那里。

从历史事实来看，朱棣设立内阁是为了缓解皇帝的政务压力，如果他能力强一些，或许就不会有内阁的出现。可如果我们从历史角度来看就能明白，设立内阁几乎是必然会发生的事情，与朱棣政务能力强不强没有必然联系。朱元璋是打天下的皇帝，能力可谓是一等一的强，他废掉宰相制度，就相当于废掉了三大府之一的中书省，把所有政务压力全部转嫁到了皇帝身上，这是一种无限集权的表现，更是一种战争思维的体现。

在争霸天下的过程中，领袖可以光明正大地集权，因为不这样做，就很有可能被其他集权程度更高的利益集团所淘汰。开国皇帝朱元璋之所以会这么玩，就是因为他的思维模式还没有完全转变过来。汉高祖刘邦建立西汉王朝之后，曾说过一句得意忘形的话："我在马上得天下，要诗书何用？"站在一旁的儒生陆贾听到后便立刻反驳："你能在马上得天下，还能在马上治天下吗？"刘邦瞬间被问得哑口无言。

这可不是什么理论之争，而是利益之争。打天下时，"擅管理，能统筹"的大管家才是最重要的，"能冲杀，能布阵"的将军也是很重要的，读书人反而派不上什么用场，他们只能在占领区干点文书工作，帮助大管家统筹后勤，或者凭借自己的人脉做点外交工作，然后憋着一股劲等建国之后堂而皇之地屹立于朝堂之上。

这其实是历朝历代的规矩，武将打天下，文臣治天下。刘邦的战争思维没能及时转变，立刻便遭到了陆贾的批评；朱元璋的战争思维没能及时转变，李善长和胡惟庸本来想试着提醒他，最终却被朱元璋打翻在地。

朱允炆完全没有打天下的经历，最初也不认为自己应该集权，因为史书也好，儒生也罢，都在教导他要"选贤任能"，而不是事必躬亲，就算要事必躬亲，那也是由诸葛亮一般的臣子去做，哪有皇帝事必躬亲的道理呢？就这样，一切开始朝着历史既定的方向行进，朱元璋那一套逐渐被抛弃。

但朱允炆毕竟是朱元璋亲手调教出来的接班人，随着时间的推移，南方官僚集团那种吃相难看的嘴脸逐渐被朱允炆认清，于是他也开始尝试走上朱元璋曾经走过的路——集权。朱允炆最终失败了，从表面上来看，固然有他因年轻而导致的一系列失误，但从根本上讲，还在于朱元璋那套"战争思维"早就该摒弃，如今大明的天下已经容不得独断专行的皇帝了。

由于朱棣是通过非法手段继位的，所以他总喜欢以"小号朱元璋"自居，在脾气、秉性方面处处模仿朱元璋。但事实上，朱棣和朱元璋的差异十分明显，朱棣能坐稳皇位最关键的一点在于，他根本不像朱元璋。

朱棣的心里十分清楚，在没有大规模战争时，皇权肯定斗不过官僚、士绅集团，即便强如朱元璋，也被后人污蔑为"权力野兽""禽兽皇帝"。明白了这个道理后，如果是朱元璋，那他肯定得隐忍十几二十年，培养出一批新人后再开始大刀阔斧地砍人头，或者再搞出几个甚至几十个大案来，可朱棣不会这么办事。

朱元璋是贫苦农民出身，他从无到有打出一个大明，他相信自己有能力逆天而为；朱棣是大明王爷出身，他通过合纵连横的手段把朱允炆踢下台，他更相信权谋、诈术的作用。内阁设立之初，谁也没把这个机构当回事，但朱棣作为政策的制定者，自然会有自己的思量。

在初期，内阁的作用很纯粹，就是帮皇帝跑腿、干活，但并不干脏活。他们有顾问和拟定旨意的权力，却没有监督执行的权力，因为这帮人并不是国家体制内的一员，只能算作皇帝单独的一个"小幕府"。

在中期，内阁的作用开始变得复杂，他们拥有直接与皇帝对话的权力，又需要直接把皇帝的相关旨意传达到各个部门，在这个过程中，他们自然能轻易看破双方决策的顾虑所在，甚至找出弊端，然后进行劝诫和规范。从积极的角度来看，这有助于提高大明朝廷的办公效率；但从消极的角度来看，这更容易助长内阁的气焰，使得他们不再安心于只做一个传声筒。

在后期，内阁开始变得肆无忌惮，他们频繁影响弱势皇帝的决策，在朝堂上造成一家独大的假象，六部众多高官在面对内阁时也会变得唯唯诺诺。可直到某一天，某个高官"幡然醒悟"：内阁这帮家伙并没有监督、执行的权力，他们凭什么来干涉我们的工作呢？我们凭什么要看他们的脸色行事？这样一来，内阁就会和朝臣形成对立，皇帝则可以躲在幕后操纵官僚互斗，这可不是"拉一派，打一派"的简单权谋手段，而是合理合法地将内阁绑在皇权的战车上。说得再简单点，朱棣打着朱元璋不许擅改祖制的幌子，给内阁的权力并不充分，这使得内阁可以在必要时为皇帝背黑锅，而不会成为皇权的障碍。当皇帝与官僚集团斗争时，内阁无可避免地要被皇帝拿在手里当肉盾。

朱棣不允许内阁直接参与政事，只能为皇帝跑腿、提供意见，但他刻意加强了六部的权力，相当于把内阁不具备的参议权也下放给了他们，皇帝只留下最终的决策权。在随后的数年里，朱棣不断提高进入内阁的门槛，最后甚至发展为"只有从翰林院出来的人才有资格进入内阁"，这话虽然没有明说，但大家默认事实就是如此。

入阁人选的要求越来越高，整日里接触的都是国家的最高机密和最高政策，却偏偏不准这些高素质人才直接参与，那不就是吊着一条鱼天天让猫看，却不让它吃吗？朱棣这样做的用意其实很简单：自己或许用不上内阁这块"肉盾"，但大明的后世子孙肯定用得上，等内阁的馋猫们开始按捺不住准备偷偷吃鱼时，就是他们被皇权绑上战车的时候。私以为这才是朱棣建立内阁最为重要的原因，也是内阁必然会出现的真正原因。

且不说后世的内阁会怎样，至少朱棣时期的内阁还属于初级阶段，没什么搞事的机会，也没有搞事的必要，因为朱棣对南方官僚集团的既得利益在大体上还是尊重的。靖难成功之后造就了一大批靖难功臣，他们才是朝堂上树大招风的存在，南方官僚集团有了新对手，自然也不会没事找朱棣的麻烦。

朱棣在位二十二年，任命过四位内阁首辅，他们分别是黄淮、解缙、胡广和杨荣，其中除了解缙的下场不太好，其他几位在仕途和身后名上都有不错的收获。黄淮历事五朝四代，还曾以七十高龄主持会试；胡广去世后获得了"文穆"的谥号，这也是大明文臣中获得谥号的第一人；杨荣与杨士奇、杨溥并称为"三杨"，去世后获得了"文敏"的谥号，更在清朝康熙时期获得了从祀历代帝王庙的殊荣。

如果我们把范围扩大到整个大明，就会发现内阁首辅的命运基本都还不错。整个明朝（包括南明）共有九十人出任首辅，其中有二十人死于任上，三十九人正常退休，二十七人被罢官、降职，只有四人最终被皇帝所杀，照这个比例来看，可以算是古代官场中危险系数较低的职位了。

⑰ 宦官集团登场

　　朱棣之所以会设立内阁，除了能让他们为皇帝分担工作，还有一个原因是希望后世子孙在权力斗争时，不用像朱允炆那样和官僚集团正面对抗，有内阁从中缓和，可以吸引一部分火力。做完这件事后，朱棣又把宦官集团拉上了政治舞台。

　　朱棣在宫中设立内书堂，并派学识渊博的大学士教年幼的宦官读书、识字，待他们学业有成后，又逐步放权让他们熟悉、处理政务。比如司礼监秉笔太监就可以批阅奏章，因为用的是红墨，所以经秉笔太监批阅的奏章被称为"批红"，掌印太监再在"批红"的奏章上盖上审核通过的印章，该政策就可以直接交由六部正式施行了。

　　内阁设立初期，朝臣们没有反对，当朱棣开始启用宦官时，反对的声音就没有停止过，更有甚者直接对朱棣进行人身攻击，认为他擅改朱元璋定下的制度，不忠不孝、祸国殃民。

　　朱元璋在建立明朝之后，吸取了历朝历代的教训，认为宦官干政祸国殃民，非但不喜欢他们，还设立了一大堆禁令。朱元璋规定：宦官身为内臣，官职品级不能超过四品，月收入不能超过一石米，不能干预政事，也不能兼任朝臣的文武官衔，违者杀无赦。除此之外，朱元璋还禁止宦官读书认字，更不许他们与朝臣建立交情，只能在宫中干活。

众所周知，朱棣起兵的理由就是朱允炆任用奸臣、擅改祖制，所以在继位之后朱棣始终高举"先帝路线不可动摇"的大旗。在设立内阁时，朱棣尚且小心翼翼地避开朱元璋设置的禁区，可他为什么宁愿冒着被人戳脊梁骨的风险，也要在任用宦官的问题上坚持己见呢？

史书给出的说法是报恩。在朱元璋执政期间，宦官的地位非常低，不但没有任何权势，当宫中一些大人物去世后，还会有一批宦官殉葬。广大宦官的日子过得苦不堪言，可面对朱元璋这种强势皇帝，他们就算有再多的怨愤也只能藏在心中。

朱允炆继位后，宦官们本以为有了出头之日，可朱允炆所面临的局面过于复杂，他整天忙着处理官僚、士绅、功臣、藩王之间的争斗，根本顾不上理会宦官的处境，只是简单延续了朱元璋冷遇宦官的做法，这使得宦官们非常不满。反观北平府的宦官，他们始终受到朱棣的赏识与重用，更在靖难过程中为朱棣立下过汗马功劳，其代表人物之一就是郑和。

一方是对宦官爱答不理的朱允炆，另一方是喜欢破格提拔、重用宦官的朱棣，他们会选谁做主子呢？这种选择并不难，朱允炆身边的宦官们在关键时刻选择站到朱棣一边，据说"南京空虚，希望燕王赶紧南下"的消息就是他们传到北平的，他们希望朱棣早点得天下，好改善一下他们的艰难处境。朱棣非常感激那些帮助过他的宦官，这才有了不惜得罪朝臣也要任用宦官的事情。

这种说法自然有一定道理，但肯定不是主因。如果朱棣只是为了报恩，完全可以用赏赐金银或取消殉葬等方式来改善宦官的处境，没必要把他们弄到前台。话又说回来，朱棣并不是道德完人，恩将仇报这种事他干起来同样驾轻就熟。曹国公李景隆就是开城投降二人组之一，朱棣最初给了他高规格的封赏，特进光禄大夫、左柱国、太子太师，增加岁禄，位列群臣之首。仅过了不到两年，周王朱橚上疏揭发李景隆，说他在率军抓捕自己时曾纵兵抢劫百姓，并向自己索取贿赂。与此同时，出身于朱棣幕府的文武群臣一起上奏，弹劾李景隆招收亡命徒，图谋造反。

面对这些黑材料，朱棣却表现得非常宽容，他认为李景隆为国家立有大功，不可能干出谋反这种大逆不道的事，至于其他小错误，就让它随风而去吧。可群臣不依不饶，继续揭发李景隆，并且查出了他和弟弟李增枝密谋造反的切实证据，朱棣这才"勃然大怒"，下令褫夺李景隆的爵位，将他与李增枝及其妻、子数十人一同软禁于家中，并抄没其家产。

这事儿不用分析就知道是朱棣在打击、报复李景隆，为自己的亲弟弟周王出气，也没人敢说他忘恩负义。如果有哪位宦官敢埋怨朱棣，他的下场肯定比李景隆更惨。

既然报恩不是主因，那朱棣为什么要把宦官弄到前台呢？主要是因为朱棣在构建权力格局的过程中遇到了困扰。朱元璋真刀真枪打出一个大明，这是非常了不起的成就，他完全可以不要任何助手，独自面对一切问题，对于白手起家的马上皇帝而言，还有什么能比打天下更难呢？可朱元璋的子孙们并没有这种机会，即使有这种机会，也未必有这种能力。一个长于深宫妇人之手且毫无威望和执政经验的皇帝，他拿什么跟朝堂上那帮官僚斗呢？拿什么和久在边疆的藩王斗呢？

朱元璋禁止宦官干政的举动注定是徒劳的，宦官集团必然会在某个时间节点重登历史舞台。如果有其他选择，我相信没有哪个皇帝会让宦官出来干政，可如果没有其他选择，皇帝不用宦官又能用谁呢？宦官从小陪伴皇帝一起长大，他们天然就有一种亲近的关系，皇帝对他们的信任度更高，他们也最适合成为皇帝手中的刀，帮助皇帝披荆斩棘。

什么样的人才会选择做宦官呢？自然是那些敌对势力的俘虏和平民百姓

的孩子，有钱有势又不曾违法的家庭决不会舍得让自己的宝贝儿子去跳这个火坑。这些俘虏或平民子弟自幼年便已入宫，与宫外的生活早已一刀两断，就算有些宦官在长大之后受到了皇帝的重用，他们的家人因此受惠，这些家人也不会认为那位宦官的出现是光宗耀祖。他毕竟是一个身有残缺的宦官，家里出现这样的人物只会令祖先蒙羞，所以宦官的家人虽然会欲拒还迎地拿好处，心里却依然会鄙夷他们。

宦官身有残缺，皇帝不必担心他们会为后人的荣华富贵而培养势力，有些宦官喜欢收养义子，但这种不以血缘为纽带的势力很容易烟消云散。还有些宦官会接受同族侄子的过继，可他们对这些后人的感情也非常有限，因为宦官大多不是自愿入宫的，而是被亲人送进皇宫的，这对宦官而言，岂不是推他们进火坑？当宦官功成名就之后，又会怎么看待那些当年推他们进火坑的亲人呢？

当宦官出现在朝堂上时，朝臣们或许会在表面上对他们客客气气，但内心深处同样瞧不起他们。朝臣们都是通过科举录取的天之骄子，宦官却是通过净身的方式抄近道，这就像在高考过程中，有人愿意献祭自己二、三十年的寿命获得翻书抄答案的资格一样，通过正规渠道录取的学生怎么可能瞧得起他们呢？

皇帝还在时，他所任用的宦官自然可以权势滔天，可当这位皇帝离世或被人赶下台后，他所任用的宦官就会立刻失势——因为新皇帝也会有自己亲近的宦官，前朝的宦官只得靠边站，甚至还有被清算的风险。基于这种原因，宦官必须忠诚于提拔他们的皇帝，否则祸福难料。当然，唐朝的宦官是个例外，因为唐朝的宦官有调动禁军的权力，这属于特例。

了解完上述客观事实之后，我们完全可以得出一个结论：宦官由于身份特殊，天生就是做"孤臣"的料，他们和皇帝一样，都是地地道道的"孤家寡人"，最适合抱团取暖。官僚集团是怎么摆弄朱允炆的，功臣集团是怎么支持藩王搞分裂的，朱棣对此一清二楚。如果不想办法限制这些利益集团，他可以起兵造反，后世的其他王爷难道就不会有类似的想法吗？基于这种需求，才有了朱棣设立内阁、启用宦官的事。

提起明朝的宦官，大家想到的基本都是王振、汪直、刘瑾和魏忠贤等人，因为他们都是盖棺论定的反面人物，这使得绝大多数人对宦官集团的印象极差。作为大明第一位任用宦官的皇帝，朱棣手下的宦官表现得怎么样呢？

宦官郑和是云南昆阳州人（今云南省昆明市），在上一本书中我讲过，洪武十四年（1381年）九月，朱元璋派傅友德、沐英和蓝玉统帅三十万大军收复云南，郑和就是在那场战斗中被明军所掳，并于洪武十七年（1384年）被送入皇宫服役。这则史实告诉我们，郑和本该是大明的仇人，可他却选择放下仇恨，难能可贵。

洪武十八年（1385年），傅友德和蓝玉奉调镇守北平，郑和也跟着来到北平，并被调入燕王府服侍朱棣，朱棣起兵靖难之后，郑和也跟着军队一起行动。郑和本来不姓郑，因为在靖难过程中（据说是郑村坝之战，存疑）立有战功，被朱棣赐姓为郑，史称"三保太监"。

建文四年（1402年）十一月，郑和以宦官的身份受命祭祀朱棣的乳母冯氏。永乐元年（1403年）八月，郑和刊印《佛说摩利支天经》，并请姚广孝撰写题记，这说明郑和与姚广孝关系密切。再加上郑和下东洋和下西洋，无不表明郑和是朱棣身边的大红人，同时也为大明的外交事业做出了卓越贡献。

宦官王景弘是福建漳平人，他的发家史与郑和大同小异，也是随朱棣一同起兵靖难，在战争中立有功勋，受到朱棣的褒奖后又成为郑和的副手，随郑和一同下西洋。在下西洋的过程中，出面与各国国王交涉，充当好人的一般是郑和，而"下狠手，打黑枪"充当恶人的则是王景弘，两人配合默契，化解了数次危机。

在第一次下西洋途径麻喏巴歇国（今印尼爪哇东部）时，该国分裂成两派正在内战，当大明的船队出现后，西边那派居然暗杀了一位大明的海员，并嫁祸给东边那派。郑、王二人都是宫斗老手，这点鬼把戏哪骗得了他们，经过一番明争暗斗后，西边那派的领袖派使者向郑和请罪，郑和表示自己并未放在心上，王景弘则顺势索要了一部分当地的特产，并要求两派同时向大明称臣。

在第二次下西洋时，大明船队经过古里国（今印度西南部喀拉拉邦一带），郑和代表大明册封当地的一位首领为古里王，王景弘则暗示古里王：我们大明对你这么好，你该怎么报答我们？后来古里王命人竖起一块石碑，在上面刻下了此次事件的全过程，表示愿意永世臣服于大明。

在第三次下西洋时，大明船队途经满剌加（今马来西亚马六甲一带），郑和亲自册立满剌加国王，并震慑了长期与之敌对的暹罗。王景弘则再度化身"搜刮狂魔"，大明船队离岸时，船上几乎载满了沉香等名贵物品。

宦官侯显生于洮州，也是朱棣手下年龄最大的宦官之一，在第二次和第三次下西洋时我们也能看到他的身影，但侯显最大的成就并不在此。

侯显是藏族人，他与郑和一样，做出了相同的选择，那就是帮助大明缓解矛盾，为民族融合做出了极大贡献。

亦失哈是海西女真族人，当朱棣决定在特林设立奴儿干都司时，他被任命为钦差太监，率领官军千余人，乘坐大船二十五艘，护送康旺等奴儿干都司的官员前去赴任并巡视所辖卫所。从永乐十七年（1419年）到宣德八年（1433年），亦失哈每年都会前往奴儿干都司一带巡视，后又先后担任开原镇守使和辽东镇守使，虽然后来因"土木堡之战"而屡遭弹劾，但他长期服务于边疆地区，默默无闻地为稳固大明边疆做着贡献。

宦官刘永诚是直隶大名府人，也是明初著名的宦官战将，曾数次随朱棣北伐，到明宣宗朱瞻基时期，刘永诚又在平定汉王谋反的过程中立有大功。刘永诚历事成祖、仁宗、宣宗、英宗、代宗和宪宗六位皇帝，为大明服务七十余年。明代史学家王世贞对刘永诚赞不绝口，认为他是所有宦官的典范。

上述五位宦官都是朱棣执政期间的社稷栋梁之材，但在朱棣所任用的宦官中，也有一些拖后腿的。宦官马骐也是随朱棣一同起兵靖难的人，朱棣登基之后，认为马骐聪明伶俐，于是任命他为监军并兼任采办使，协助交趾总兵官张辅和交趾布政使黄福一同管理当地。

马骐为人贪婪，总喜欢搜刮民脂民膏，所使用的方法也比较下三烂，张辅看不下去了，于是向朱棣打报告，希望能换个人担任监军。马骐得知此事后立刻反咬一口，说张辅在交趾训练当地土人，有割据交趾、自立为帝的打算。黄福同样看不惯马骐，认为他的行为过于激进，很容易导致当地发生民变，也希望朱棣把他给换了。马骐仗着朱棣的宠信，又污蔑黄福也有造反的打算，此事最终不了了之。

从朱棣时代起，影响大明二百余年的内阁和宦官相继走到前台。至此，由朱元璋定下"数据化"基调，再由朱棣定下执行方法的封建君主专制体系彻底成型，内阁大学士有决策权，太监有否决权，六部有执行权。内阁首辅和宦官的权势越来越大，朱棣之后的皇帝逐渐退居幕后，却依然遥控着局势，虽然他们始终都会受到各大利益集团的掣肘，但没有一个是傀儡皇帝，这个体系的厉害程度出乎所有人的预料。

18 削藩进行时

朱棣为什么能成功呢？按照传统史书的观点，自然是因为朱允炆并非真命天子，而朱棣才是上天选中的真命天子，真假天子相遇，致使朱允炆注定会败给朱棣。这种说法虽然维护了皇权的神圣性，却并不符合客观现实。朱允炆败于没能团结大多数，在角力阶段又急于削藩，高估了自己的实力，也低估了朱棣的实力，更忘记了团结大多数。

朱棣谨记教训，在登基之后立刻恢复了周、齐、代、岷四位藩王的王位，并好言安抚他们。对于自焚而亡的湘王朱柏，朱棣认定他无罪且遭受了不公，于是给了他一个谥号——献，意思是说朱柏聪明、睿智，并设置祠官为他守卫陵园。

对于朱棣的这个举动，后世不少人拍手称快：朱四爷真是个心疼弟弟的好哥哥，不像朱允炆那样瞎折腾，一家人和和美美的不好吗？但也有不少人发出疑问：朱允炆削藩难道真是错误的吗？可为什么教科书总说分封诸侯（或藩王）才是逆施的行为呢？

事实上，任何政策都有利弊，我们看问题不能绝对化，一项政策是否应该被启用或废除，应该具体问题具体分析，而不是生搬硬套某种教条。早在秦始皇统一六国时，李斯就说分封是错误且倒退的行为，我们的教科书也支持这种说法，认为郡县制取代分封制是非常高明的举措，可秦始皇一死，他的二十多个孩子被赵高和李斯杀了个精光。大家可以设想一下，如果秦始皇的二十多个孩子都是诸侯王，赵高和李斯还敢杀他们吗？还杀得了他们吗？

刘邦吸取了秦朝灭亡的教训，于是在灭掉异姓诸侯王之后，分封自己的子侄辈为诸侯王。刘邦去世后，吕后也想学赵高和李斯那样专权，但当她看到地图上密密麻麻的刘姓诸侯王封国时，完全没勇气拿这帮人开刀，吕氏最终被刘姓诸侯王联合功臣集团清理出局。

三国时期的曹植对魏明帝曹叡说："您把权力都交给了世家大族，我们这些亲戚没有权力，如果将来有人要对我们曹家下杀手，谁来保卫皇权呢？"曹叡没有听从曹植的劝说，曹魏江山最终被司马氏所篡。

司马氏篡夺了曹魏的江山后，充分吸取了曹魏灭亡的教训，将权力交给司马氏子弟，一时间姓司马的王爷遍布全国各地。可在西晋第二位皇帝司马衷执政期间，司马氏的王爷们接连起兵挑战皇权，整个天下被他们搅成了一锅粥，这就是著名的"八王之乱"。

看完上述几个事例，你说是分封好还是郡县好呢？如果你认为亲人不可信，难道外人就可信吗？可如果你连外人都能信任，为什么就不能信任亲人呢？这就是权力博弈的尴尬所在，当你选定一种出牌方式后，就会有相应的成效，但弊端同样也无法被忽视，两难。

朱棣本人就是藩王上位，他对藩王的威胁有着更深刻的理解，所以他友善对待藩王的举动只是为了面子上过得去，却绝不是因为自己心慈手软，更不是因为他对弟弟的爱胜过了稳固统治的需求。

在朱棣靖难的过程中，宁王朱权出力不小，他麾下的朵颜三卫能征惯战，不少攻坚硬仗都要指望这支部队。据正史记载，朱棣登基之后，朱权表示自己不想再回北方边疆吃沙子，希望能在南方找一个好地方安享晚年，朱棣就答应让他任选一地。当朱权说想要苏州时，朱棣说苏州在京师范围内，不能封给藩王；当朱权说想要钱塘时，朱棣说老爹曾打算把它封给五弟（周王朱橚），朱允炆曾打算把它封给自己的弟弟，结果这两件事都没办成，可见钱塘这地方邪门儿，然后建议他从建宁、重庆、荆州和东昌这四处选一个当封地。宁王从善如流，选了东昌，可到了次年二月，朱棣又把他改封到了南昌。

我认为这个记载是非常可靠的，但它只是一个表面故事，内里的弯弯绕没有体现出来。在写朱棣挟持宁王起兵时我就分析过，宁王本人对此半推半就，从来没有真正屈服过。可为什么在朱棣事成之后，宁王会表现得如此懦弱呢？那是因为从形势激变到朱棣登基的那段时间里，准确地说就是从建文三年（1401年）到建文四年（1402年），宁王逐渐被朱棣制服，当朱棣登基后，宁王已经没有资格再跟朱棣谈条件了。面对这种失去威胁的对手，朱棣亮出了自己的撒手锏——徙封。

客观地说，这种徙封策略谈不上有多高明，早在建文元年（1399年），户部侍郎卓敬就曾建议朱允炆不要削藩，采用徙封策略即可化解藩王危机，但朱允炆不听，这也从侧面证明了朱允炆就是要逼反朱棣，借此机会大肆集权。把边疆的实权藩王调往内地恩养，这样做不但可以解决藩王威胁皇权的问题，同时也不会背负"残害兄弟"的罪名，对朱棣而言，这应该是最好的解决措施了。

除此之外，朱棣还要求藩王与外界完全隔离，在没有朝廷命令的情况下，藩王府没资格命令任何军民做任何事，也不能从任何渠道获得任何报酬。有一些藩王本就不在边疆，但朱棣同样不放心。从永乐四年（1406年）到永乐十九年（1421年），朱棣分别削去了齐王、岷王、辽王和周王的护卫，让他们安心当富贵闲人。

看过朱棣的上述举动后，或许有人会感到失望："想不到朱棣最终还是对弟弟们下毒手了，这样的人怎么可能得到宗室的拥护呢？"这你可就想错了，朱棣虽然玩了一手徙封，又逐渐削去了藩王的护卫，但他对这些没有威胁的弟弟却非常好。在朱元璋时期，藩王拥有极高的俸禄，可后来由于财政吃紧，于是削减了部分。朱棣登基之后，不但立刻恢复了朱元璋时期藩王的俸禄水准，甚至还调高了标准。

朱棣为什么会这么做呢？不过是他好大喜功、博名望的性格作祟罢了。朱棣始终是通过非法手段上位的，所以他这一生爱惜名声胜于一切。如果有朝臣指责他在执政或私德上有什么问题，朱棣多半会一笑了之；可如果有人敢说他将来必然是盖棺论定的反贼、暴君，那么不好意思，等着全家上刑场吧。

朱棣的选择看起来不错，但就像我之前所说的那样，权力博弈的尴尬就在于，当你选定一种出牌方式之后，成效或许会有，但弊端同样也无法忽视。徙封的确帮朱棣解决了大难题，但也让大明背负了极其沉重的负担。朱元璋之所以会封藩，自然有溺爱儿子的内在原因，但更多的因素还是为了让大明长治久安。

北元已经撤退至沙漠，重新成为游牧民族，这对中原王朝是莫大的威胁。历史上被游牧民族骚扰至灭亡的例子不止一例，大明如何避免重蹈覆辙呢？朱元璋认为在戍守边疆防卫北元这件事上，还是自己人最可靠，这才有了"实权藩王尽在边疆"的现象。朱棣采用徙封策略，自然不用再担忧实权藩王会威胁皇权，但等到边患复起时，又该由谁来为大明尽忠呢？

朱棣在位期间曾五次率军北伐，他本人也死在了北伐回师途中；他的孙子朱瞻基（明宣宗）放弃了安南，他的重孙朱祁镇（明英宗）在北伐过程中被俘……要是边境有实权藩王的存在，他们又何至于如此狼狈呢？

在后金即将崛起时，辽东总兵李成梁在边疆大搞官僚制衡手段，最终玩砸了；袁崇焕夸口五年平辽，他被下狱时，他麾下的关宁军队无视皇命，迅速向关外撤退……要是边境有实权藩王的存在，大明何至于如此凄惨呢？

可如果我们从另一个角度看问题，如果大明边疆依然有许多实权藩王，那么终大明一朝，或许还会有"靖难之役2.0""靖难之役3.0"乃至"靖难之役N.0"。比如李世民通过玄武门之变篡位，李世民的子孙们每隔一段时间就要进行一番"友好切磋"，大唐王朝的内讧基本就没断过。除了边患问题，徙封最大的问题还在于加重了朝廷的开支。在朱元璋时期，藩王满打满算也就二十四个，无论如何都养得起，可再过个几十甚至上百年呢？一个藩王生两个孩子，两个孩子生四个，四个孩子生八个……这种增长方式实在是太可怕了。如果把藩王们弄到边疆去，那他们为国捐躯的概率就大一些，数量也可以得到控制，可朱棣这样操作，直接把边疆的藩王全部调往内地，那不是把他们"圈养"起来了吗？好好的戍边制度变成了圈养制度，朝廷空耗大量财物却没有获得实质性的回报。

到了明朝中后期，藩王主要集中在湖南、湖北、广东、广西和河南，这五个省份的经济压力最大。比如广西的靖江王府，当地官衙每年要为他们拨款五万两白银，而当时的广西年收入折合成白银也才十一万两，这个经济压力有多重，大家可想而知。

与上述五省相比，真正富庶的江浙一带却几乎没有藩王的踪迹，那才叫"富得流油"。最理想的做法是，朝廷从江、浙调拨一笔钱，向经济压力较大的省份输血，可在明朝中后期，官僚集团已经庞大到难以抑制的程度，朝廷或许可以收拾一部分官僚，却拿整个官僚集团完全没办法，所以从江浙一带加收的税也是杯水车薪，最终只能眼睁睁地看着局势糜烂。

如果宗室的存在只是对大明财政收入造成一个固定的影响，那么问题其实还不算大，然而真正可怕的是，朱棣的徙封发展到后来，对整个税务系统造成了难以弥补的损害。关于王朝灭亡的原因，教科书很少会从税收的角度切入，只会含糊其词地告诉大家："封建王朝的灭亡是由于土地兼并加剧，农民没了土地，吃不饱饭，所以才会选择造反。"这个说法自然是有道理的，但并没有把话讲清楚。

元朝为什么会灭亡？因为他们没钱了，所以修黄河的民工集体造反，天下就此大乱。元朝为什么会没钱呢？因为他们的行政体系已经开始瘫痪。老百姓上交一斤米的税赋到了皇帝手里恐怕只剩下不到一两；皇帝以为老百姓遭了灾，于是拿出一两银子赈灾，这笔钱到了老百姓手上，恐怕只剩下不到一钱银子，如此高昂的统治成本，国家焉有不亡之理？

明朝末年和元朝末年很相似，也是有相当一部分税收不上来，勉强收上来的部分还要拿出一部分来养没有任何作用的宗室，国库始终空荡荡的，皇帝哪有安全感呢？于是皇帝只能想办法加税。在初期，加税的方式确实可以让国库多一点存款，但久而久之，上面的政策也会被下面的对策克制，原本愿意交税的行业也迫于税收太重开始逃税。

怎样才能逃税呢？那就是把土地寄存在免税群体的名下。这样一来，农民虽然没有了土地，但也不必缴纳朝廷的重税，只是身份从自耕农变成了佃农，但好歹还能安稳地活着。免税群体是谁呢？自然是宗室、官僚、士绅和地方豪强，钱到了他们口袋里，肯定不会拿出来捐给朝廷，这就造成一个非常讽刺的现象：与上述几个利益集团相比，朝廷是最穷的，但在名义上却是权力最大的，永远要对整个国家负责。可朝廷手里没钱，你让它怎么负责呢？

在这方面，后世的清朝就吸取了教训，他们虽然也养宗室，但不敢像明朝这样肆无忌惮。明朝宗室有封地，清朝宗室没有；明朝宗室由国家恩养，清朝宗室也有，但数额少了许多。明史学会理事唐文基教授在其著作《明代赋役史》中有这样一个观点：明朝的税收分配比例很成问题，朝廷最多只能收五成，剩下五成归地方，朝廷税收大部分还要用来供养宗室。而清朝几乎是七成到八成的税赋归朝廷，剩下两三成归地方，小部分用来养宗室。虽然清朝宗室也有一大堆严重的问题，但在财政税赋的把控上，显然比明朝做得好。

后世不少人整天纠结于朱允炆和朱棣削藩手段的异同，仿佛朱棣做什么都比朱允炆强，可如果从结局来看，朱棣的这种削藩手段又能比朱允炆强到哪里去呢？朱允炆那一锤子买卖没干好，最多也就是把自己给害死；朱棣这一系列操作玩得虽然漂亮，但整个大明都被他拉入了泥淖。

客观地说，宗室在日后变成这副模样，朱棣肯定是难辞其咎，但朱元璋同样也有责任，他不允许后世子孙修改他定下的规章制度，所以很多人明知道这样做不对，最终却两眼一闭，装作什么都看不见，要是谁想说点什么，他们就把朱元璋抬出来："这是太祖爷定下的规矩，你居然想改动？"

外人一看，你老朱家的子孙尚且是这副德行，那咱还操那么多心干吗？你老朱家的子孙可以像蛀虫一样啃食国家财政，我们这些为国家出力的人为什么就不能拿一点呢？官僚集团的确非常讨厌，但大明的宗室同样讨厌，大明最终灭亡，他们也难辞其咎。

⑲ 稀里糊涂的惨败

大明与北元最后一次爆发大规模冲突的时间是在洪武二十一年（1388年），这一年，蓝玉在捕鱼儿海大胜元军，将天元帝脱古思帖木儿赶到了更为遥远的漠北之地。在逃亡过程中，身为忽必烈后裔的天元帝被阿里不哥后裔也速迭儿所杀。

忽必烈一系是蒙古正统，所以也速迭儿代表阿里不哥一系击杀天元帝之后，有部分利益集团并不承认其合法性。在经历过一系列博弈后，北元彻底分裂成两个部分，东边的蒙古本部被称为鞑靼，以和林为中心；西边的卫拉特蒙古被称为瓦剌，他们的先祖是被成吉思汗所征服的"林中百姓"。对大明而言，最好的局面莫过于鞑靼和瓦剌永远相互仇视，双方能定期交战，大明则居中当裁判，偏帮势弱的一方。这样一来，大明北部边疆的安定就有了保障。

最初瓦剌实力较弱，所以他们干脆臣服于大明，争取了大量物资援助，而鞑靼这边内部也不安宁，权臣阿鲁台杀了可汗鬼力赤，拥立二十四岁的本雅失里为新任可汗。本雅失里是一个心比天高的年轻人，他认为自己会像祖先成吉思汗那样伟大，重新统一蒙古草原，所以他对挑拨、分化草原的大明始终怀有敌意。成为可汗之后，本雅失里率大军进攻瓦剌，却被物资充裕的瓦剌大败，连老巢和林都丢了，只得逃往胪驹河一带休养生息。

朱棣在得知这一消息后，觉得瓦剌的实力已经比鞑靼要强了，今后应该主要扶持鞑靼，别让他们被瓦剌给灭了，于是他做了两件事：第一件事是派使者前往胪驹河，承认本雅失里为蒙古新可汗，希望双方能永世友好，朕当中原天子，你当沙漠之王，咱们彼此相安无事；第二件事就是封瓦剌的三个主要首领马哈木、太平和把秃孛罗分别为顺宁王、贤义王和安乐王，目的是在瓦剌内部制造一个"三权分立"的局面，以保证他们无法团结起来对付鞑靼。

去瓦剌册封三王的事情做得还算顺利，马哈木、太平和把秃孛罗虽然都不太满意，但始终不敢得罪大明，只得不情不愿地接受了朱棣的册封。前往胪驹河交好鞑靼这件事却并不顺利，本雅失里刚吃了一场败仗，先是听说瓦剌所用的物资大多是明廷给的，心里本就极不痛快，后来又听说朱棣在瓦剌册封三王，于是勃然大怒。本雅失里认为自己是伟大的黄金家族后裔，朱棣却毫不尊重自己，居然册封反贼瓦剌，现在又跑过来说永世友好，真以为自己是天下共主，所有人都要匍匐在他面前吗？本雅失里年轻气盛，越想越气，于是他决定给朱棣一个教训，直接斩杀了大明派出的使臣，以示决不与大明交好。

永乐七年（1409年）七月，当使臣被杀的消息传回南京后，朱棣怒不可遏，他大骂本雅失里野蛮无知，连"两国交战，不斩来使"的道理都不懂。第二天，朱棣任命淇国公邱福为征虏大将军，武城侯王聪、同安侯火真、靖安侯王忠和安平侯李远为副将，统兵十万征讨鞑靼，临行前朱棣反复叮咛邱福等诸位将领：给本雅失里一点颜色看看，最好是能把他给抓回来，朕要好好收拾他一顿！但是要注意，千万不要急于求成，以免中了敌人的诡计。

邱福是安徽凤阳人，和朱元璋是老乡，后来成为北平三护卫的千户官，是朱棣在燕王潜邸时的心腹之一。靖难之役爆发后，邱福、朱能、张玉等人率军控制北平，后又在真定之战、郑村坝之战、白沟河之战中立有功勋，当朱棣决定渡江突袭南京时，也是邱福作为先锋率先突破了朝廷大军的江淮防线。

在朱棣上位的过程中，谁才是第一功臣呢？明朝史料颇多，说法也不一致。《明史·姚广孝传》认为，姚广孝虽然没有亲临战阵，但朱棣之所以能得天下，是因为老姚出力最大，所以他才是第一功臣。《明名臣琬琰录》中记载了朱棣的一次谈话，在谈话中朱四爷认为张玉才是第一功臣。《明太宗实录》的记载是，朱棣在大封功臣时，认为朱能功劳最大，所以封他为成国公。《明史·邱福传》则说，朱棣上位之后大封功臣，邱福被列为第一。

到底哪个说法是真的呢？至今都没有一个准确的答案，我更倾向于"邱福是第一功臣"这个说法。首先要排除姚广孝，他虽然拥有一大堆显赫的头衔，但这些头衔都是在姚广孝去世后由朱棣追赠的。姚广孝在世时，他的品级和功勋都是不足的，而且文臣不宜与武将较高低，非要拿姚广孝与张、朱、丘三将比功劳，实属没事找事。

在张、朱、丘三位武将中，首先要排除张玉，因为他没能活到朱棣封赏功臣，就算朱棣真说过张玉是第一功臣，那也只是他对张玉为自己尽忠的认可，额外给他更高的赏赐而已。朱能和邱福都有第一功臣的史料记载，但根据《明太宗实录》可知，朱棣在为功臣们定食禄时，给朱能定的是两千二百石，邱福则是两千五百石。从这个角度来看，邱福才是货真价实的第一功臣。就算之前有争议，到朱棣为北伐大军选择统帅时，争议应该已经消失了，因为朱能早在三年前南征安南时因病去世，此时永乐朝名望最高的统帅非邱福莫属。

此时的鞑靼刚刚经受了一场大败，正是最虚弱的时候，而大明则士气旺盛，再由第一功臣邱福统兵出征，朱棣是非常放心的，认为此次战斗十拿九稳。于是在邱福出发之后，朱棣就张罗着怎么为他庆功，同时给他封赏点什么。可仅过了一个月，朱棣就接到了从前线上传来的噩耗：邱福兵败被杀，北伐大军全军覆没。

据正史记载，本雅失里自知实力弱小，所以当他听闻明朝北伐大军已经出动的消息后，立刻将军队分散，打算引诱明军深入草原，自己再伺机打歼灭战。邱福自出塞以后就没遇到过敌军，他以为本雅失里已经躲了起来，心里变得愈发着急，恨不得赶快找到敌军主力。

某日，北伐大军的先锋部队遭遇了一小股鞑靼骑兵，很快就将其击溃，并俘虏了敌军主将。这位主将的名字叫尚书，他对邱福说："本雅失里被瓦剌击败之后已成惊弓之鸟，现在心无斗志，已经率军逃过了胪驹河，决定远遁漠北避开明军。"邱福听到这个消息后立刻把朱棣的叮嘱抛诸脑后，命令大军加速前进，自己则打算带着一支近千人的精锐骑兵朝着胪驹河的方向冲过去，意在截住本雅失里。众位副将都觉得尚书可能在撒谎骗人，于是力劝邱福不可轻举妄动，要时刻记住陛下的教导，但邱福一意孤行，非要率军突袭。最后被逼急了，邱福大喝一声："我意已决，违命者斩！"众位副将这才被迫跟随邱福前往，一路上大家都在偷偷哭泣。

邱福一行骑兵很快就抵达了胪驹河，而且似乎没有惊动敌军。邱福眼看众将士有些疲惫，于是命令大家原地休息一晚，明早再攻击敌军。可就在当天晚上，邱福所率领的这支千人骑兵就被本雅失里所包围，邱福、王聪、火真、王忠、李远全部战死。主将和副将全部死光了，剩下的十万北伐大军群龙无首，于是出现了炸营的现象，本雅失里带兵追杀，最终将这十万人屠戮殆尽。

邱福兵败被杀肯定确有其事，但有两个问题值得商榷。第一个问题是，十万大军真被杀光了吗？这其实是笔糊涂账，史书在各相关人士传记中都提及了此事，给出的答案基本都是"败没""一军皆没""全军皆没""大溃"这样的词汇，乍一看好像十万大军真的全军覆没了，可如果我们仔细一咂摸，却发现事情好像并没有这么简单，因为这些词的前面并没有具体的数字，而在同一人物的传记中，又出现了"士卒死者数万人"这样的记录。

我认为，要说本雅失里将十万北伐大军尽数屠戮，实在是有些不可思议，邱福等人应该只是在率领骑兵突袭时中了埋伏，全军覆没的是那一千多骑兵，剩下的十万北伐大军并未炸营，本雅失里不敢追击，这一仗到此为止。战败的消息传至南京，朱棣大发雷霆，邱福、王忠、火真虽然战死，但朱棣依然剥夺了他们的爵位，并将他们的家人流放至南海，李远和王聪据说曾力劝邱福不得轻举妄动，所以这二人非但没有因战败被追责，反而被追封为公爵。这里面就牵扯到第二个问题，朱棣是因为邱福败得过于丢人才发那么大的火吗？可邱福作为朱棣上位的第一功臣，他的战败过程真如史书所写的那样不堪吗？答案同样是否定的。

使者被杀的消息传回南京后，朱棣第二天就命令邱福率军出征，这就给人一种感觉，似乎朱棣早就知道使者此行会凶多吉少，所以早就集结了一支十万人的大军，只等使者被杀的噩耗传来。史学界的主流观点认为，朱棣此次集结十万大军只用了二十余天，后勤物资各方面都有所欠缺，此次北伐给人的感觉过于急躁。可问题就在这里，朱棣是一个极其善于隐忍的枭雄，他怎么会干出这种头脑发热的事情来呢？

我在上一本书写捕鱼儿海时就分析过，对草原游牧民族而言，六到八月是水草丰美的夏秋时节，这个季节根本就不适合打仗，因为此时的牧民颇为分散，中原大军想找到敌军主力进行决战并不容易。邱福身为长期追随朱棣北伐的宿将，怎么会连这么浅显的道理都不懂，非要在此时带领大军一头扎进草原呢？朱棣的头脑发热，邱福的头脑也跟着发热吗？

小概率事件可能发生一次，却不太可能同时发生两三次。此次北伐失败必然另有隐情，但囿于史料的匮乏，我也只能通过种种蛛丝马迹进行分析，尽量给出一个合理的参考答案。

邱福是燕王府旧臣，他和张玉、朱能等人一样，更喜欢朱棣的次子朱高煦，朱棣登基后立长子朱高炽为太子，对于这个决定，邱福等人都不满意。据史书记载，邱福曾当面向朱棣建议废掉朱高炽，改立朱高煦为太子。朱棣对此颇为犹豫，于是他找来大学士解缙，希望能给自己出个主意。解缙立场坚定地表示不能废长立幼，朱高炽才是最合适的接班人，眼见朱棣不说话，解缙又说出了一个"好圣孙"，意思就是告诉朱棣，朱高炽本人是最合适的接班人，朱高炽的儿子朱瞻基更适合当接班人的接班人，这一下祖孙三代都能安排好，还犹豫什么呢？

朱棣的接班人问题很复杂，其中涉及诸多派系之间的争斗，只言片语根本说不清楚，我会在后文中详细分析，本章就是希望大家能明白一个客观事实：在朱棣接班人的问题上，文武群臣的意见并不统一。文臣以解缙为代表，他们认为朱高炽很像朱标，会是个不错的接班人；武将则以邱福为代表，他们认为朱高煦很像朱棣，这才是大明未来的真命天子。邱福此次北伐惨败，或许就有文武双方党争的因素在内。

如果只是局部战役，那么最重要的就是士兵素质和统帅能力，可如果是关乎全局的会战，当参战人数达到十万乃至数十万，一个局部战场根本铺不开时，最重要的就不再是前面那两个因素，而是钱粮等后援物资的补给线。邱福此次率领十万大军北伐，却只有短短二十余天的准备时间，钱粮后援方面必然是有所短缺的，他最初应该没有在意，因为物资不可能从南京带到塞外，而是通过沿途的各个补给点获得。换言之，解决大军补给问题主要是靠北伐沿线的地方官衙。

面对邱福所率领的十万北伐大军，本雅失里根本不可能在战场上堂堂正正地击败他，所以他趁着夏秋时节水草丰茂，早早地把军队分散开，意在将北伐大军打散，以便自己在局部集中优势兵力，逐一歼灭。

在本雅失里率先出招的情况下，邱福作为经验丰富的宿将本该稳扎稳打，等再过一两个月，草原进入风雪季，本雅失里肯定要集合军队，否则草原九月就下雪的糟糕天气肯定会把鞑靼牧民冻死一大片，而只要本雅失里集合军队，邱福想找到他们就容易得多了。可就在此时，邱福却像神经病发作了一样，不管不顾地带着一支骑兵冲进草原，更何况他还不是一个人，而是把四位副将全都带在了身边，仿佛生怕本雅失里不能把己方全歼。

邱福到底怎么了，史书只是反复地说他轻敌冒进，可又是什么因素导致一位身经百战的宿将无缘无故地轻敌冒进呢？我的判断是明军的补给线出了问题，否则邱福绝不会做出那样疯狂的事情。到底是谁在背后动手脚，拆邱福的台呢？我推测是那些支持朱高炽的文臣们，他们希望能通过这种方式打压一下为朱高煦站台的邱福，可没想到这一下效果太好，直接把邱福给害死了。

邱福是否预料到自己即将全军覆没的下场呢？我推测他心里可能会有一些不太好的预感，以至于对身边的四位副将都产生了怀疑，他认为其中一位或几位与补给问题脱不了干系，所以他才会如此蛮横、霸道地说"违命者斩"，然后把几位副将全部带在身边，一旦被伏击，大家就一起去死。如果这四位副将中真有人在暗中对补给线做了手脚，他就有可能在突袭之前将己方谋划和盘托出，邱福自然可以绝处逢生，带领大军返回，可最终的结果似乎并不是这样，或者说那位有问题的副将还没来得及招认，就已经进入了本雅失里的埋伏圈。

朱棣是否洞悉这一切呢？我认为他可能知道个大概，但并不完全了解，或者说他根本没想到文臣的手段会如此下作。在邱福出征之前，朱棣曾亲口对他说："你不要相信敌人的谣言，按照自己的节奏打就行。"意思就是告诉邱福千万不要急功近利，稳扎稳打即可，然而邱福最终还是选择了冒进。朱棣不得已只得对邱福加以惩戒，否则那帮文臣只会不依不饶，但他同时又感到愤怒和担忧：本以为只是局限于朝堂之上的立储之争，没想到居然祸及北伐的将帅，这是一个非常可怕的信号。

想当初朱允炆在位期间，南方官僚集团一个劲儿地上蹿下跳，今天招惹一下北方官僚集团，明天欺负一下功臣集团，最终惹得天怒人怨，关键时刻又反戈一击，害得朱允炆丢了江山。如今文武群臣分成两派又开始争斗，要不再管管他们，恐怕大明迟早要被折腾得国本动摇。

该怎么管呢？朱元璋当初的做法是杀！杀！杀！只要你们敢出格，无论有多少人，都照杀不误，这种做法看起来很过瘾，但实际效果并不理想，因为根本就杀不完，等朱元璋一死，他们又死灰复燃了。

朱棣设立内阁，启用宦官，就是为了能制衡朝堂上这帮官僚，本以为他们可以安定一段时间了，可一转眼他们又在北方惹出这么大一个烂摊子。张玉在靖难时战死，朱能在南征安南时病逝，眼下邱福又战死了，朱棣再也找不出一位够分量的武将领衔北伐了。思来想去，朱棣只得御驾亲征，为了防止朝堂上的官僚继续搞事情，他决定把内阁部分官员也带在身边。带着重要文臣一同出师北伐是永乐朝的一大奇景，这也从侧面印证了朱棣的无奈。

⑳ 鞑靼臣服

据史书记载，永乐八年（1410年）二月，朱棣因淇国公邱福全军覆没，调集五十万大军再次北伐，意在一雪前耻。这段内容虽出自正史，但据我考证，这个数字靠不住，很可能是记录此事的史官把朱棣号称的军队人数当真了，实际上朱棣此次北伐的军队规模不会超过二十万人。

据《明实录》记载，朱棣带着一部分军队前往北平，按照数次北伐的惯例，从南方带到北方的通常是统帅的直属部队，这支部队的人数不会太多，过去徐达和蓝玉北伐时，带领的直属部队人数通常在一万到五万之间。朱棣虽说是皇帝，但他带领的直属部队人数估计也就在五万左右，太多反而不方便。

当朱棣赶到北平之后，此地已经集结的军队约有十二万到十四万人，简单地做一个加法，此次朱棣北伐的总兵力应该在十七万到十九万人之间，绝不会达到五十万。虽然军队人数不算夸张，但由于是皇帝御驾亲征，大明的各项准备工作还是以最高规格来布置的。据说为了方便押运更多的粮草，朱棣命工部打造了三万辆"武刚车"，这种车据说是由春秋时期的能工巧匠所制，最早的应用可以追溯到西汉初年。

户部为北伐大军筹备了二十万石军粮，这可不是让朱棣带到北边去打仗用的，北方各地已经备好了粮食，这二十万石粮食是准备大军回程时使用的，在北进途中每五里修一个城堡，粮食会分批储存在里面，除了粮食，仓库中还有不少草料，为了对付蒙古骑兵，朱棣还调拨了大量火器。这个阵仗可以说是历年北伐之最，我们转过头来看看大明的敌人——本雅失里，他被瓦剌打得大败而逃，连大本营和林都丢了，只得逃往胪驹河苟延残喘，虽然他击败了邱福，但我在上文中分析过，他击败的应该只是邱福所率领的一支精锐骑兵，如果不是因为大军主帅死在前线，这种程度的败仗根本不值一提。

面对一个如此弱小的敌人，朱棣却兴师动众，给人的感觉是仿佛他要跑到沙漠上另建一个国家。当朱棣把一切规划完毕后，户部尚书夏原吉看到物资清单时只觉一阵天旋地转，在多次请求朱棣缩减规模无果后，他也只得眼泪汪汪地对朱棣说："您可一定要速战速决啊，否则长期按照这个规格来筹备物资，我们在接下来的几年里都要吃糠咽菜了。"

夏原吉这番话说得言辞恳切，可朱棣并没有听进去，自二月离开南京后，直到五月北伐大军才来到邱福当初兵败阵亡的胪胸河。如果按正常行军速度，朱棣本该提前一个月抵达才对。朱棣此次行军为什么会这么慢呢？大多数史料的说法是因为有小股敌军经常袭扰，朱棣担心会重蹈邱福的覆辙，所以才下令大军缓慢前行，但我认为这个说法靠不住。要知道，此次北伐朱棣是从南京走到北平，再从北平走到胪胸河，其间大多数路程都是在大明境内，甚至是大明腹地，鞑靼骑兵哪敢如此嚣张，直接冲进危险地带呢？鞑靼如今那副破落户的模样，在边境上随便打劫一点残羹冷炙就够他们吃一阵子了，而且可以最大限度地保证安全，现在居然有人说鞑靼骑兵冒着被全歼的风险冲进大明腹地，他们这是图什么呢？

朱棣此次亲征带上了部分文官，翰林检讨金幼孜就是其中之一，他主要的工作是记录朱棣在生活起居中说过的话和做过的事，金幼孜后来将相关内容编成了一本《征北录》。从《征北录》中记录的内容来看，朱棣除了与武将进行日常交谈，询问行军情况，谈话对象绝大多数都是文臣，谈话内容则是让大家看看塞外风景，不要总是坐在书斋里臆想社会，野马、狡兔和黄羊都与宫中的不同，站在草原举目四望，大家会不会有一种"天人合一"的空明感呢？来到某座小城后，朱棣还会给他们讲这座城市的建造历史，因为这些城几乎都是他过去北伐时所建造或加固的。

如果《征北录》记载属实，那么朱棣在北伐过程中几乎就没怎么管过军队，每天日常问个话，其他工作全部交给武将们去做，他本人的时间则主要用来给文臣们上课，这哪像是去打仗呀，更像是幼儿园老师带着小朋友们参加郊游。一直到五月初，《征北录》中才出现了第一份军情，某位指挥使抓住了一个俘虏，第二天又抓住了几个俘虏和一群牲畜。这些俘虏是鞑靼士兵吗？我觉得不像，他们很可能只是一些不幸被明军撞见的牧民。

在行军过程中朱棣的举动确实有些儿戏，那么到了胪朐河他是否逐渐认真起来了呢？大多数史书给出的答案是肯定的。据记载，朱棣于五月十三日抵达斡难河（今蒙俄边境），并在此处大败本雅失里，可实际上这条记载的可信度也不高。还是那句话，因为《征北录》是朱棣近臣金幼孜所写，所以在谈及朱棣第一次御驾亲征的具体情况时，应该以这份史料为第一参考书目。自五月初抵达胪朐河之后，朱棣并没有遇到敌军，他将胪朐河更名为饮马河，并令随行大臣王友和刘才在此建城。整个五月，朱棣几乎都待在饮马河乐呵呵地看着他们干活，大军就驻扎在原地。

《征北录》记载的第一次较大规模战役发生于六月九日，朱棣遭遇了一支骑兵部队，这支部队的人数不多，朱棣只是命自己的亲军出战就把敌人给打垮了，还活捉了几个俘虏。大概是觉得这份战绩拿不出手，朱棣的亲军还追了十多里，最终一无所获。

在此次小规模遭遇战之后，朱棣审问俘虏得知鞑靼的大汗本雅失里和权臣阿鲁台因撤退方向产生了分歧，现在两人已经分道扬镳，本雅失里正在朝着斡难河的方向行进。直到此时，朱棣才算是得知了敌军的确切动向。

当朱棣还未赶到斡难河时，提前探知明军动向的本雅失里已经做好了准备，他以为朱棣会像邱福一样，生怕自己跑掉，所以仅率精锐骑兵追击，到时候自己就可以像当初收拾邱福那样，直接把朱棣也给灭了；如果朱棣率大军前来，那么自己再撤也不迟，毕竟从机动性来看，本雅失里所部远胜于朱棣的北伐大军。

应该说本雅失里的如意算盘打得还不错，这也的确是个较为稳妥的办法。果然，朱棣担心本雅失里逃跑，于是命骑兵先锋率先赶到斡难河，这支部队的人数约为两万。当本雅失里发现这支敌军入围后，立刻招呼伏兵杀出，意在一举全歼这股明军，打完再撤也不迟。可出乎本雅失里预料的是，眼前这根硬骨头非常难啃，本雅失里数次带队冲击都未能奏效，明军的骑兵先锋临危不惧，战争始终处于焦灼的态势。

随着时间的推移，本雅失里变得越来越焦急，明军大部队就快到了，再不想办法解决眼前这股敌军，到时候想走都走不了。万般无奈之下，本雅失里只得鼓起勇气再度发起冲锋，可对面那股明军仿佛是遇强则强。当本雅失里打算孤注一掷强杀对手时，明军也爆发出了最强的战斗力，两边硬碰硬，本雅失里完败，最后只能带着七个骑兵随从仓皇逃窜。

这就是朱棣第一次北伐时大名鼎鼎的"斡难河之战"，朱棣大胜本雅失里。可实际上，朱棣连本雅失里的面都没见到，仅仅是两万骑兵先锋出马，就把对方打得大败而逃。这支骑兵先锋的正、副统领名字分别叫刘江、梁福，刘江算是一员战将，但梁福名气不大，这两人在此时也算不上多有名，就是两个普通将领。

战胜本雅失里后，有数百位跟随他撤退的鞑靼贵族被俘，俘虏们被刘、梁二将圈禁在一起，等待朱棣发落。当朱棣赶到战场后，先是表扬了刘、梁二将的出色发挥，后又主动与被俘的鞑靼贵族们交谈。朱棣粗通部分蒙古话，当他了解到这些人并不是本雅失里嫡系时，立刻表现得非常宽仁，他说自己只是为了讨伐残忍杀害大明使者的本雅失里，绝不会加害无辜受牵连的人。接下来，朱棣把他们尽数释放，同时还把缴获的粮草和牲口还给了他们，并严令军队不得骚扰他们。朱棣这么做的目的就是分化、瓦解团结在本雅失里身边的利益集团，从而让本雅失里沦为真正的"孤家寡人"，再结合朱棣之前如同儿戏一般的行军，他真正的用意也就呼之欲出了。

二月份从南京出发准备北伐，这个时间节点倒也不算太尴尬，但五月份才来到饮马河，这就有问题了。草原的夏秋时节即将到来，朱棣很可能抓不住本雅失里的主力部队，那他这次劳师远征岂不是空费人力吗？实际上朱棣就是打算搞一次规模盛大的武装游行，让草原上的两大势力看看大明的力量：朕不打你们是慈悲为怀，绝不是打不过你们；真要是不识好歹，等到冬春风雪季，朕把这支大军撤进草原，等待你们的会是什么呢？大家都是明白人，给你们脸，你们就好好兜着，懂吗？

我这样一个后世读史者都能看懂，当时草原上的各位枭雄肯定也能看懂。阿鲁台为什么不愿意跟本雅失里一起撤退呢？根本就不是因为在撤退方向的问题上谈不拢，而是阿鲁台一开始就明白朱棣的用意，他就是为了收拾不尊重自己的本雅失里，自己要是跟着本雅失里一起撤退，迟早要被连累。本雅失里懂不懂呢？通过他后面的表现来看估计是不懂，或者说他懂了也只能假装不懂，因为他亲手杀了大明使者，朱棣打定主意要拿他的人头立威，在这种时候，懂不懂都是个死，那何不装傻充愣赌一把呢？只有把朱棣渲染成一个丧心病狂的杀人魔头，只有把大明讹传为一个阴暗堕落的邪恶国度，本雅失里才有可能最大限度地把鞑靼残余势力整合起来，甚至有机会把阿鲁台排挤出局，到那时，无论是战是和，都有可操作的空间。可朱棣搞了这样一出武装游行，又把那些非本雅失里嫡系的鞑靼贵族尽数释放并予以优待，这些行为都像钢钉一样，狠狠地扎在了本雅失里的心窝上。

不甘心束手就擒的本雅失里还想放手一搏，他在飞云山一带将自己的所有嫡系部队组织起来，打算真刀真枪地跟朱棣干一场。本雅失里的嫡系部队有多少人？有传言说大约五万，我也不知道这个数字是从哪里得来的，反正我没有发现类似的记载。《明史纪事本末》的说法是拥众数千，《明史》和《明实录》甚至都没提具体数字。事实上此时的本雅失里比丧家之犬强不了多少，他怎么可能还有五万人马呢？我认为"数千人"这个数字才是靠谱的。

除了本雅失里的嫡系部队，阿鲁台似乎也在附近的飞云壑盘旋。本雅失里之所以会前往飞云山集结旧部，并不是说他的旧部都在这里，而是因为他知道阿鲁台也在这里，他的这种做法有点"拉大旗作虎皮"的意思，就是希望阿鲁台能给自己扎扎场子。对于本雅失里的小心思，阿鲁台一清二楚，他难道不知道朱棣大军即将到来吗？自然是知道的，可他为什么不走呢？因为他想趁朱棣收拾本雅失里时捞点好处。阿鲁台自以为已经读懂了朱棣，他消火了本雅失里后，就必须拉拢自己，否则整个鞑靼就会脱离大明的掌控，而瓦剌则可能获得一家独大的机会。

了解到相关情况之后，朱棣并没有特别的表示，只是命令大军继续行进，二十万大军不急不缓地向飞云山方向围拢。鞑靼那边，本雅失里多次约见阿鲁台，希望他能与自己联手抗敌，阿鲁台没有明确表态，只是一再指责本雅失里行为鲁莽，要不是他把大明使者给杀了，何至于惹出这样的祸事呢？眼见阿鲁台打算见死不救，本雅失里也只能愤愤地骂了几句，然后回到己方大营整顿兵马，这一仗关乎他的性命，不得不谨慎。

可事态发展到这一步，本雅失里已无力控制局面了，当他的嫡系部队听说阿鲁台很可能不会参战的消息之后，整个军营顿时就乱了起来，然后不知从哪里传来一个消息：只要把本雅失里的人头送给大明皇帝，咱们就有可能被宽恕！

本雅失里非常警觉，他知道自己已经没机会再与朱棣较量了，因为这个地方已经变得极不安全，很可能会威胁到自己的生命，现在他唯一能做的就是赶紧逃命。于是趁朱棣大军还没赶到飞云山，本雅失里又带着寥寥数位亲随逃之夭夭，前往瓦剌避难去了。

本雅失里逃跑之后，阿鲁台有些不会了：他根本不想和朱棣打仗，现在本雅失里跑了，自己该怎么办呢？相对现实的做法是赶快派人前去联络朱棣，告诉他罪魁祸首本雅失里已经逃跑，请大明军队即刻调转方向，或许还能追得上。这个做法够现实，但也很怂。强硬一点的做法是派一支军队拦住朱棣大军的去路，告诉他们阿鲁台大爷在此地休息，此路不通，烦请绕道。这就更不可能了，阿鲁台要是有这个底气，当初他还逃个什么劲儿呢？

就在阿鲁台左右为难时，突然有消息送到：大明前部先锋部队已经杀过来了！事到如今，想不打也不行了，阿鲁台只得硬着头皮率众迎敌，结果没打几个照面他手下的军队就被冲散了。眼见事不可为，阿鲁台只得朝额尔古纳河北部地区撤退，一边退一边骂朱棣："说好的只打本雅失里呢？说好的东西平衡呢？怎么你下起手来这样没轻没重啊？要不是我跑得快，恐怕现在连尸体都没了！"

好不容易逃脱了明军的追捕，阿鲁台越想越气，自己不就是在旁边看热闹吗？怎么突然又变成明军的重点打击对象了？你朱老四自己没用，抓不住本雅失里，怎么转过头拿我出气呢？于是阿鲁台派出一位使者前往明军大营，想找朱棣讨个说法。在大营中，阿鲁台的使者用一种异常悲愤的语气对朱棣说："太师（阿鲁台）一向敬仰大明，对本雅失里擅杀天朝使节的做法也非常气愤，当他得知大明天兵降临草原准备惩罚本雅失里时还拍手大笑，以为自己的祷告得到了长生天的回应，并打算与贵军一同夹击本雅失里。可万万没想到，您居然如此不辨是非，朝着友军下毒手，真是令人寒心啊！"

朱棣就坐在帅位上静静听着，等阿鲁台的使者把话说完之后，朱棣脸色一沉，用低沉的嗓音对他说："当初就是阿鲁台力推本雅失里上位的，本雅失里无论做了多少错事，阿鲁台都有责任，现在你们还敢推卸责任，是嫌朕的宝剑不够锋利吗？朕不愿意把事情闹大，这次只是小惩大诫，你回去告诉阿鲁台，让他以后乖乖听话，大明不会亏待他的！"

使者回去之后把朱棣的话一五一十地尽数转达，同时告诉阿鲁台："大明皇帝说了，只要您愿意臣服，他就封您为和宁王，与瓦剌的马哈木、太平、把秃孛罗三人享有同等待遇。"阿鲁台听完后阴沉着脸，好半天没有言语。他希望获得与大明对等的身份地位，而不是做大明的臣子，可现在自己刚吃了败仗，也不敢率军回去复仇。想了一会儿，阿鲁台命令大军继续后撤，对朱棣的建议就当没听到。

朱棣没有等来阿鲁台的回复，但他并不着急，眼见草原上已经无戏可唱，于是便命令班师回朝。只用了一个月的时间，北伐大军就回到了北平，大军各归各位，朱棣则带着直属部队走走停停，直到十月份才回到南京。

永乐九年（1411年），投靠瓦剌的本雅失里被瓦剌三王之一的马哈木所杀。人头送到南京，朱棣非常开心，给了马哈木许多赏赐，随后又传下诏令：从即日起加紧备战，一个月后挥师北伐。

得知这一消息后，阿鲁台这回是真的害怕了，他连忙遣使前往南京求见朱棣，表示自己特别喜欢和宁王这个称呼，希望能够得到册封。朱棣根本就没搭理他，北伐大军照常出动，只不过这回没去找阿鲁台的麻烦，而是直接前往擒胡山，据说在此山山顶的东北部有一块巨型白石，朱棣便命人在上面刻下了"瀚海为镡，天山为锷，一扫胡尘，永清沙漠"这十六个大字。

在朱棣第一次北伐获得胜利之后，大明在短期内不用担心鞑靼和瓦剌的问题了：瓦剌那边都是自己册封的王，阿鲁台那边则是战战兢兢、如履薄冰，接下来双方应该会进入一个发展期，草原的局势会趋于平缓，大明也可以抽出空来解决一下边疆其他地区的问题了。

21 东北开疆

　　除了鞑靼和瓦剌，北部草原上其实还有一股蒙古势力，那就是我们之前提到过的朵颜三卫，蒙古人习惯称呼他们为"兀良哈"，他们的活动范围大致在嫩江流域一带，比较著名的部族有科尔沁部、兀良哈部、翁牛特部和乌齐叶特部等。大明建立后，这些部族依托于北元太尉纳哈出，继续在老地方放牧维持生计，可在明洪武二十年（1387年），冯胜率领北伐军追降纳哈出之后，他们失去了依靠和屏障，必须直面明军兵锋。次年，蓝玉在捕鱼儿海大胜天元帝，将北元赶到了更为遥远的西北部地区，这样一来，在嫩江流域放牧的蒙古诸部选择了归顺明朝。

　　嫩江流域各部落归顺之后，朱元璋在此地设置了朵颜、泰宁、福余三卫，我们所说的朵颜三卫，全称应该是以朵颜为首的三卫，他们的驻地则统称为"兀良哈地区"，所以后世有人称他们为"朵颜三卫"，也有人称他们为"兀良哈三卫"，还有人直接叫他们"兀良哈"，为便于阅读和理解，本书会统一使用"朵颜三卫"，大家只要明白这三者指代的是同一对象就行。

　　由于这些人是被迫投降，对大明的忠诚度极其有限，所以朱元璋封自己的十七子朱权为宁王，统帅朵颜三卫，史书的说法是"带甲八万，革车六千，所属朵颜三卫骑兵，皆骁勇善战"。关于这一点，史学界还有一种说法是朵颜三卫并非完全受宁王所统辖，而是受大宁卫节制。不管是哪种说法，都证明朱元璋希望能够很好地拉拢朵颜三卫，为大明戍守边疆，朱棣起兵之后曾拉拢朵颜三卫为自己而战，事成之后他把大宁卫之地赐予了朵颜三卫。

从上述史实来看，朵颜三卫应该是大明体制内的地区军事集团之一，全盘受大明所管辖，可从朱棣继位到击败阿鲁台的这八年多时间里，朵颜三卫应该已经出现了动摇，他们或许已经有了反叛大明的心思。

早在永乐二年（1404年），朱棣就已经在兀良哈地区建立了奴儿干卫所，这个举动断断续续地进行了六、七年，直到永乐九年（1411年），该地区的卫所已经发展到了一百三十多所。

永乐七年（1409年），兀良哈当地官员忽剌修奴建议朱棣将兀良哈地区的卫所连接起来，建立奴儿干都司，便于管理朵颜三卫。对于这个建议，朱棣不但没有答应，还下诏警告忽剌修奴，让他不要没事找事，朵颜三卫忠诚可靠，又在靖难过程中立有大功，这样做会伤害双方的互信关系。

朱棣这就叫空口说瞎话，朵颜三卫靠不住，这一点他早就知道，这帮雇佣兵当初能为了利益协助自己造反，现在自然也可以为了利益暗投鞑靼。对于这种养不熟的白眼狼，一味怀柔是不行的。可当时的朱棣把主要精力都集中在了瓦剌和鞑靼身上，不愿扩大打击面，等到解决完瓦剌和鞑靼的问题后，朵颜三卫的问题再一次被摆在了台面上。

据史书记载，在朱棣第一次御驾亲征回师的途中，朵颜三卫中有不开眼的人想伺机偷袭，结果被朱棣击败，俘虏数百人。我并不太相信这个记载，因为朱棣第一次御驾亲征的史料水分太多，抓住一个牧民居然就能被渲染成第一次大捷，抓住几个牧民就说成是敌军望风而逃。要知道，朱棣带着近二十万大军，朵颜三卫是有多想不开，才会偷袭这样一支军队呢？

可不管我信不信，反正朱棣当时是信了。第二年，朱棣在阿鲁台服软之后依然选择北伐，最终来到了擒胡山，并且在上面搞了一次面子工程，这是做给谁看的？其中自然有朱棣好大喜功的性格因素在内，但同时也是做给朵颜三卫看的，因为擒胡山距离兀良哈地区实在是太近了。

当朱棣回到南京后，忽剌修奴再度上书，他委婉地批评了朝廷，并认为兀良哈地区现在的治安状况不佳，与朝廷长期忽视这一地区有关。在奏折末尾，忽剌修奴旧事重提，认为朝廷应该立刻设立奴儿干都司才能有效解决上述的相关问题。

朱棣听完奏折后非常感动，两年前自己因为这个问题批评过他，现在他居然还敢上奏直言己过，可见他真是一个为国为民殚精竭虑的大忠臣，于是朱棣下令褒奖并重赏了忽剌修奴，并决定正式设立奴儿干都司。

实际上哪有什么大忠臣！忽剌修奴虽然是蒙古人，但他在兀良哈地区的风评极差，贪污腐败这种日常操作就不用多说了，他还喜欢搞派系斗争，而且从来都是拉一派打一派，生怕朵颜三卫拧成一股绳跟自己较劲。除此之外，忽剌修奴还经常打听朝堂上的动向，只要有人说朱棣打算对北方用兵，他就立刻站出来表忠心："我是为大明服务的蒙古人，兀良哈地区的这帮刁民都很坏，他们暗中勾结鞑靼，神圣而伟大的主人啊，请您赶快来收拾他们吧！"

朱棣在擒胡山大搞面子工程的事被忽剌修奴获知后，他敏锐地意识到了讨皇帝欢心的机会，只要操作得当，自己就有升官发财的可能，运气好点说不定还能调到南京当官。

朱棣虽然不太了解忽剌修奴，但此时他特别需要这样的人来为自己破局。

就这样，朱棣任命东宁卫指挥康旺为都指挥同知，千户王肇舟为都指挥佥事，在钦差太监亦失哈的护送下，带着上千官军，乘坐二十五艘巨船前往奴儿干都司的治所特林。

任命官员不难，护送他成功上任也不难，难的是如何维持在当地的统治。

设立奴儿干都司可不是朱棣的创造发明，早在忽必烈建立元朝时就已经在兀良哈地区设立了征东元帅府，因为他准备跨过鞑靼海峡（今鄂霍茨克海峡）攻打日本，兀良哈地区只是其中一个补给站，随着两次东征日本失败，忽必烈也将工作重心转移到了其他地方，作为攻打日本的补给站之一，兀良哈地区逐渐变得无人管理。

从忽必烈设立征东元帅府，到朱棣设立奴儿干都司，其间经过了一百多年，兀良哈地区的土著们早就习惯了"天老大，我老二"的日子，当初虽然投降了大明，但朱元璋也好，朱允炆也罢，他们都不打算在兀良哈地区建立有效的统治，仅将此地当作"羁縻之地"。所谓"羁縻"，就是说中原王朝并不直接参与管理，而是由地方官衙自治。现在朱棣一下子把缰绳套在朵颜三卫的头上，要求他们接受大明朝廷的直接管辖，他们能服气吗？答案显然是否定的。

元朝学士黄缙曾在兀良哈地区游历，他对该地区的描述是这样的："东征元帅府，道路险阻，崖石错立，盛夏水活，乃能行舟，冬则以犬驾耙行冰上，地无禾黍，以鱼代食。"能在这种地方生活的人都彪悍异常，当大明任命的官员抵达之后，借助一千多官军以及大明前不久北伐的威慑力，倒是能勉强站稳脚跟。但明眼人都知道，这种威慑力会随着时间的推移而逐渐消失，到那时，都指挥同知康旺等人的下场会是什么呢？

康旺是蒙古人，朱棣派他到奴儿干都司上任，就是希望他能降低朵颜三卫对大明的抵触情绪，可朱棣忽略了一点，忽刺修奴也是蒙古人，忽刺修奴在当地的名声早已是臭不可闻，现在朵颜三卫对大明派出的蒙古官员都有极深的厌恶感，觉得这帮家伙都是帮着汉人欺压蒙古人民的二鬼子，有机会一定要把他们千刀万剐。

只要洞悉朵颜三卫的这种心理活动，自然就会发现朱棣在为奴儿干都司选派官员时犯下了大错，但也并不是全错，至少亦失哈这个钦差太监的选择就非常正确。亦失哈是海西女真人，在兀良哈地区也有不少女真人居住，所以亦失哈和康旺一样，都有着被当地人看作二鬼子的嫌疑。面对这种局面，亦失哈觉得最初的几个月非常重要，趁着军队的威慑力还在，他赶紧拉拢当地老百姓，只要老百姓能逐渐扭转对大明朝廷的看法，接下来才有机会慢慢破局。

到任之后，亦失哈立刻主动拜访各部族首领，给他们送了不少礼物，同时表示自己代表皇帝陛下来慰问各位，再把大明设立奴儿干都司的构想反复解说，又对各部族首领封官许愿："陛下设立奴儿干都司，绝不是打算对各位不利，而是担心有人会暗中与鞑靼交好，这才派我和康旺等人一同前来做管理工作，可我们毕竟是朝廷的要员，在这里干一段时间，等局势稳定下来之后肯定还会回去，到那时，我们肯定会把手上的工作交接给自己信任的人，现在我对各位都不熟悉，希望在不久的将来，我们可以在工作中越来越熟悉，越来越信任彼此，等我们离开的时候，自然也会把权力交还给各位。"

给各部族首领画完大饼，接下来自然是要想办法与当地的老百姓多交流，今天问问这个幸不幸福，明天问问那个生活如何，后天换个部落把相关问题再问一遍。没过几天，亦失哈几乎就了解了当地大多数百姓的基本需求，接下来的事情就好办了，有问题就解决问题。

亦失哈在给朱棣的奏折中表示，兀良哈地区之所以难以统治，完全是因为交通不便，财富主要集中在各部族首领及其亲属手中，当地百姓无法脱贫，自然只能为他们卖命。我们的当务之急是赶紧修路，只要能增加兀良哈地区与外界交流的机会，当地百姓就有机会富裕起来，各部族首领就再也无法掌控他们的命运了。

朱棣与内阁讨论了一番，觉得亦失哈的这个建议非常好，那时虽然没有"要致富，先修路"这样的口号，但类似的道理他们也懂，于是他们就开始规划，怎样用交通把兀良哈地区串联起来，方便他们融入明王朝的幸福大家庭。

经过反复磋商以及在工部和亦失哈的建议下，朱棣决定在奴儿干都司的辖区内设立八条驿站交通线，其中最著名、最重要的一条就是"海西东水陆城站"，这条线路南起底失卜站（今黑龙江省哈尔滨市双城区），北至满泾站恒滚河口（今俄罗斯哈巴罗夫斯克）。

道路修好后，兀良哈地区与外界的交流逐渐增多，一切似乎都在按照大明朝廷的规划发展，可亦失哈居安思危，他认为随着时间的推移，当各部族首领发现他们对当地百姓的掌控力逐渐减弱时，肯定会想办法抵抗大明，既然已经施了恩，接下来就要想办法立威。亦失哈再度上奏，建议朱棣在奴儿干都司附近修建船厂，由朝廷全权负责管理和建造，同时开通水运路线，如果兀良哈地区的各部族首领胆敢图谋不轨，朝廷完全可以水陆夹攻，这种威慑力非常大，他们绝不敢乱来。

朱棣从善如流，在今天吉林省吉林市修建起了许多船厂，那时候还没有吉林这座城呢，所以当时那个地区的名字就叫"船厂"。大明在此处造船，平时只是运送些许物资，沿着松花江、黑龙江直抵奴儿干都司的核心区域，一旦战事降临，马上就会有源源不断的兵员被运送过来。在今天的吉林市东南部地区，依然还保留着大明当初造船的部分遗迹，那就是著名的阿什哈达摩崖石刻。

物质条件满足了，精神追求也不能落下。永乐十年（1412年），亦失哈在巡视过程中发现，当地百姓的生活虽然好过了许多，但好勇斗狠的性格依然存在，短期内估计改不了。亦失哈左思右想，决定用宗教解决问题，但凡遇到解决不了的纠纷，大家千万不要想着动拳头，而是要想着菩萨，想得多了，心境自然就平和了，世界自然也就美好了，何必打打杀杀的呢？

出于这种考虑，亦失哈在治所特林附近的山上修建了一座永宁寺，里面供奉着观音菩萨，用以为奴儿干都司百姓祈福，同时还留下一部名为"敕修永宁寺记"的石刻碑文，上面记载了大明设立奴儿干都司如何为百姓谋福利，以及修建永宁寺等事迹的详细内容。

设立奴儿干都司一事标志着大明对东北地区拥有了实际控制权，可这段实控时间却非常短暂。明宣宗朱瞻基在临终前下令停止造船，并将奴儿干都司的官员全部调回京城，此时距离朱棣设立奴儿干都司才过了二十五年。

朱棣是一个很爱面子的人，他所做的每项重大决定几乎都有好大喜功的因素在内，但我们也不该就此贬低他的决策，设立奴儿干都司的时间虽然不长，大明对东北地区的管理和经营的确也谈不上好，但这个做法依然是有积极意义的。

22 贵州建省

解决了东北问题之后，朱棣又将目光转向了西南地区。

一提起大西南，大家想到的基本都是三省一市，也就是云南省、贵州省、四川省和重庆市。可是在永乐十一年（1413年）之前，西南地区还只有云南和四川两省，那时重庆还只是四川的一部分，贵州也并未建省，现在属于贵州省的那片土地被分成五块，其中四块被纳入了云南、广西、四川和湖南的管辖范围，剩下的一块则被大大小小的土司头人所占据。贵州土司对当地的掌控力极强，就连军事力量强大的元朝对此地也只能采取羁縻政策，无法直接控制。

早在一百多年前的元朝时期，忽必烈的孙子元成宗就曾派遣著名的"金头将军"刘深征讨一个名为"八百媳妇国"的国家，这个国家的位置大概在今天的泰国北部，想要攻打这个国家，就必须路过顺元（今贵州省贵阳市）的周边地区。

当刘深率军来到顺元之后，他立刻联系当地土司，表示大军即将出发征讨"八百媳妇国"，希望大家能帮忙凑点粮草。土司们不太情愿，但刘深兵多将广，他们也担心会惹出麻烦，最终勉强同意借道，并且反复告诫刘深管好自己的军队，否则大家面子上都不好看。

刘深是一员勇将，在蒙古灭南宋的过程中立有大功，无论是忽必烈还是元成宗，对他也一直是礼敬有加，现在来到这穷乡僻壤，当地土著居然敢威胁他，老刘心里这火"腾"地一下就上来了，他决定暂时不走了，以土司为自己凑的军粮不足为借口，希望他们能帮着再从民间征收一些。

面对如此不知好歹的刘深，土司们也生气了，但他们并未表现出来，反而乖乖地替元军征粮，刘深以为这些土司已经屈服，心里不禁有些飘飘然。可就在他放松警惕时，水东土司宋隆济和水西女土司奢节率军朝元军冲杀过来。面对突如其来的战斗，刘深被打了个措手不及，在数次整合军队无果后，只得率领残兵败将退到山中据险而守，土司大军熟悉地理环境，他们也不进攻，只是把这几座山团团围住，没过几日，刘深的军中就断粮了，史书的记载是："军中乏粮，人自相食。"

没有粮食并且已经开始吃人了，这仗还怎么打呢？没过多久，刘深就带着一些亲随突围而去，原本打算用于征讨"八百媳妇国"的大军有八成以上埋骨顺元。土司们得理不饶人，立刻率军追击，打得勇将刘深弃地千里，他本人最终也因此被处死。

元廷丢了千里领土，自然不能善罢甘休，于是调集精兵强将，准备灭掉顺元一带的土司，可这帮土司战斗力惊人，不但数次打垮元廷大军，还将顺元城给毁了，当地最高军政长官悉数被杀。

两年之后，宋隆济和奢节之间爆发内讧，元军统帅刘国杰趁机进军，这才艰难地击败了土司大军，杀死了宋隆济和奢节。当时有人向刘国杰提议，土司大军新败，不如一鼓作气直接把水东土司和水西土司彻底消灭。刘国杰不但坚决否定了这个提议，还将提议者大骂了一通。刘国杰之所以会这样做，内里固然有元廷内部派系矛盾激化的原因，但也有当地土司力量太强的缘故。最终，刘国杰选择了抬高其他土司地位的做法，用以制衡强大的水西土司和水东土司。可即便是水西土司和水东土司的发展受限，元廷也没捞到好处，终元一朝，他们在贵州所能控制的范围也仅限顺元一带。

在元朝时，贵州的土司们还处于群雄逐鹿的状态；到了明朝，贵州的土司们已经基本划分好了地盘，水西安氏、思州田氏、播州杨氏和水东宋氏成为当地无可争议的巨无霸。朱元璋对此非常担忧，贵州一带虽没有建省，却是他经略西南的重要地区，如果不能把这块地盘牢牢握在掌中，云南、四川、广西和湖南等地都不会有安全感。出于这种顾虑，朱元璋决定不计血本地开发贵州，并于洪武四年（1371年）设立贵州卫（今贵州省贵阳市）和永宁卫（今四川省泸州市叙永县）。当时的永宁不属贵州卫管辖，可朱元璋考虑到开发贵州的重要性，还是将永宁卫放在了贵州卫下面，以便统筹管理。

洪武六年（1373年），播州杨氏接受明朝领导，朱元璋在此地设立宣慰司。洪武十四年（1381年），朱元璋准备出兵攻打云南，打云南要经过贵州，所以在出兵之前，朱元璋设立贵州都司，同时又设立了普安、尾洒、普定、黄平、乌撒、水西、平越七卫，连同之前的贵州卫和永宁卫一起全部划进贵州都司。

如同朱棣设立奴儿干都司，贵州都司也只是一个临时衙门，并不是传统意义上的行政单位，朱元璋深知贵州和中原各省的不同，所以他暂不打算在贵州建省，只是以驻军为形式逐步改善当地对朝廷的印象，加强其与中原各地的联系，改善与中原王朝的关系。

当傅友德的南征大军收复云南后，在建设云南的同时也在建设贵州都司，平溪卫、龙里卫、平越卫和镇西卫等二十余座卫所相继设立，军人及家属的总人数接近六十万，而此时贵州都司的平民总数还不足二十万。

朱元璋整天搞大动作，安、田、杨、宋四大土司感到非常不安，汉人移民与少数民族之间的摩擦、冲突也越来越多。有鉴于此，朱元璋颁布了减免、抵扣、延时和代缴等一系列税收政策，意在拉拢四大土司，希望他们能够与朝廷同心同德，大家齐心协力共同治理好贵州都司。除此之外，朱元璋还将少数民族聚居的地区重点标注，默认四大土司自治，如果遇到饥荒年月，朝廷还会从湖、广地区调集粮草供应贵州都司，搭桥修路等费用统一由贵州都司支出，经费不足时则由内地富庶省份（如江、浙）赞助。

自宋朝之后，盐铁专营一向是朝廷增加收入的不二法宝，朱元璋为了更好地拉拢四大土司，甚至连这项特权都放弃了，他定下政策，只要商人愿意将粮食运往贵州都司，当地官衙可以按市场价以盐引付账。所谓盐引，就是买盐的凭证，商人们按照市价拿到盐引之后，完全可以加价出售，因为盐是非常紧俏的物资。

朱元璋付出这么多，目的是什么？还不是维持贵州都司的和平与稳定。可土司们对此并不买账，他们始终认为朱元璋的目的就是在贵州都司建立有效统治，并不是真心与他们共治。当时的贵州有一位传奇女子名叫奢香，很多人应该都听过这个名字，她是彝族土司宣慰使陇赞·蔼翠（安氏族人）的妻子，丈夫去世之后，奢香得到四大土司的支持，成为新任宣慰使。

与奢香搭班子的明朝都督名叫马烨，此人是马皇后的亲侄子，更是朱元璋的铁杆粉丝，他一直想找机会为大明立功。马烨深知朱元璋为贵州各土司不服王化的事情所烦恼，所以他希望自己能想到办法解决掉这些土司，为朱元璋分忧。奢香身为安氏人，又有四大土司支持，更是一个弱女子，还有比她更合适的突破口吗？于是在奢香上任后没多久，马烨就找了个借口把她给抓了起来，不但脱光她的衣服进行羞辱，还派衙役对她动刑，这就是"裸挞奢香"的由来。

马烨的行为激怒了四大土司，但奢香的好友刘淑贞劝大家冷静，她本人则亲自前往南京求见朱元璋，希望他能惩处肆意妄为的马烨。朱元璋为了稳住四大土司，最终不得不忍痛杀了马烨，全然不顾他是马皇后的亲侄子。虽然有人考证说这个故事靠不住，但我认为这至少可以说明一点，那就是四大土司与大明朝廷始终处于离心离德的状态，双方更像是同床异梦的未婚男女，由于没有婚姻关系的约束，所以只要有一点波折，他们就会陷入相互怀疑、相互指责的境地，并且随时可以分道扬镳。

面对这种难题，朱棣有一种"狗咬刺猬，无处下口"的感觉，他只是默默地在暗中布局，等待解决问题的时机。到了永乐八年（1410年），思州田氏爆发内讧，这让朱棣看到了解决贵州土司问题的希望。

思州（今贵州省铜仁市部分地区）本是田氏的基本盘，朝廷很难介入，但在元末时期，元朝的统治者趁乱对田氏内部进行分化，从而将整个思州分成了两部分，嫡系子孙占据的部分还叫思州，旁系子孙占据的部分则改称为思南。看到这段记载时，我想到了春秋时期晋国的翼城、曲沃之争，大宗占据翼城，小宗占据曲沃，双方你争我夺，展开了一场近七十年的内讧，最后的结果是小宗连杀大宗五位国君，夺了他们的正统地位。

思州被一分为二之后，田氏的嫡系和旁系也像晋国的大宗和小宗那样开始内讧，进而发展至刀兵相见，一家人谁也不服谁，打得天地变色、血流成河。从结果来看，田氏嫡系的战斗力似乎更强一些，旁系被打得节节败退，眼看就要退出历史舞台。为求自保，旁系开始积极地寻找外援，从割据巴蜀的明玉珍到镇守云南的元廷梁王，他们都为思州田氏嫡系站过台。旁系非常精明，他们并没有把自己的地盘割让给外援们，只是向他们承诺："只要您愿意与我携手灭掉思州田氏，我愿意把他们的某某地盘割让给您，咱们两家共占思州。"

面对不知天高地厚的旁系，思州嫡系被激怒了，他们不断下狠手打击思南旁系，思南旁系则始终按照老规矩拉外援，在明玉珍和元廷梁王退出历史舞台之后，他们立刻又抱上了朱元璋的大粗腿，朱元璋去世之后，他们又先后与朱允炆和朱棣建立了联系。也正是因为思南田氏旁系愿意与朝廷打交道，所以朝廷在思南建立了宣慰司，这是一个介于省与州之间的军事机构，但同时也拥有一定的行政职能。

永乐八年（1410年），思南旁系田宗鼎成为思南宣慰使，与他搭班子的朝廷官员是宣慰副使黄禧。据史书记载，田宗鼎狂傲无礼，他认为黄禧水平太差，根本没资格跟自己搭班子，于是他频繁地向朱棣打小报告，希望能把黄禧给换掉。黄禧也是个官场老油条，他在得知此事后也不甘示弱，他也不停地向朱棣上疏弹劾田宗鼎目无尊长、图谋不轨，希望朱棣能够明察秋毫。

这种囫囵官司很难判定，朱棣也有些伤脑筋，经过一番思考之后，朱棣决定将黄禧调任，以安田宗鼎之心，避免与思南田氏产生隔阂。黄禧由思南宣慰副使高升为辰州（今湖南省怀化市）知府，也算是给他一点安慰。

永乐九年（1411年），田宗鼎又与思州宣慰使田琛发生争执，这本来只是田氏嫡系和旁系之间的日常争斗，可由于调任的黄禧怨恨田宗鼎，于是便在背地里支持田琛，双方最初只是打口水仗，后来争斗升级，田琛在黄禧的支持下率军攻打思南，田宗鼎抵挡不住，只得携家眷逃往南京。攻下思南之后，田琛觉得自己已经终结了田氏的嫡系与旁系之争，于是便亲手杀了田宗鼎的弟弟，并挖了旁系的祖坟，还将田宗鼎母亲的尸体挖出来暴尸荒野。

田宗鼎逃到南京之后哭着向朱棣告状，说自己被田琛和黄禧这两个混蛋给害惨了，现在祖坟被挖，有家不能回，晚上睡着了都会哭醒，求朱棣为自己做主。

思南闹出这么大的乱子，朱棣面子上也挂不住，于是他责令田琛和黄禧回京接受质询，田、黄二人大概也知道自己这事做得有些过分，于是对朱棣的命令阳奉阴违，今天说这里有叛乱，平定了就去；明天说自己得了重病，有所好转了再去，反正就是用各种方式拖延时间，暗地里则联络各地土司，希望他们能配合自己一起造反。

永乐十一年（1413年），朱棣以田氏飞扬跋扈、屡屡触犯朝廷禁令为由，派老将顾成领兵五万前往征伐。田琛和黄禧一直在联系其他土司，这帮地头蛇本来答应得好好的，同意一起出兵，可事到临头，这些老滑头一个个都打了退堂鼓。田、黄二人看看自己手里的兵力，再对比一下朝廷的实力，觉得不能拿鸡蛋往石头上碰，最终只得乖乖投降。

田、黄二人被带回南京之后一个劲儿地向朱棣讨饶，表示自己过去是被猪油蒙了心，但从未想过要背叛大明，只是希望自保，现在已经幡然悔悟：希望陛下能给忠臣一个改过自新的机会。

在地方当封疆大吏时都是一副"天老大，我老二"的派头，被抓回朝廷了就说自己是忠臣，这忠臣未免也太随意了。朱棣下令将二人囚禁，然后命令顾成务必要收拾好残局，不要让各方失控。顾成的扫尾工作做得不错，思州和思南逐渐安定下来，朱棣心里也有了底气，于是开始秋后算账。

首先倒霉的是田琛和黄禧，这两人罪孽深重，哪怕被囚禁在南京还不忘与思州暗通消息，以至于顾成在当地扫尾时遇到了一些抵抗，这种行为极其恶劣，必须处死，以儆效尤。田宗鼎是受害者，朱棣并未过分苛责他，同意他回到思南官复原职，但要求他不得报复思州嫡系，田宗鼎不听，认为思南旁系遭受了重大损失，必须从思州嫡系那里找补回来。朱棣屡次相劝，田宗鼎毫不妥协，最后朱棣发火了，他虽然恢复了田宗鼎的官职，却又把他软禁在南京，每月的俸禄照发不误，除非田宗鼎认识到自己的错误，否则决不允许他回思南，当地的日常工作则由田宗鼎的祖母代为处理。

田宗鼎失去了自由，整天在家里骂骂咧咧，说自己的祖母当初与黄禧通奸，朱棣居然信任这种人，真是老糊涂了。当锦衣卫把相关情况上报给朱棣后，朱四爷动了怒，几天之后，田宗鼎的祖母递上了一封奏折，内容是弹劾田宗鼎与亲生母亲乱伦，事败之后又亲手将其缢杀，简直是禽兽不如。朱棣接到奏折之后连审都没审，直接命人将田宗鼎收监，并亲手为他写下了十二字判词："尤为凶鹜，绝灭伦理，罪不可赦。"几天之后，田宗鼎被开刀问斩。

上述内容虽然记录于正史之中，但其中机缘巧合的地方太多，我认为可以按"七分实，三分虚"来对待，田宗鼎、田琛和黄禧自然都不是什么好东西，但事情之所以会发展到这一步，朱棣肯定也一直在背后推波助澜，甚至可能是布局数年，否则哪能这么轻易地就将三个罪魁祸首一起干掉了呢？只用巧合来解释显然无法服众。

思州和思南发生惊天巨变，四大土司中实力排第二的田氏逐渐被边缘化，几年之后就销声匿迹了，这给另外三大土司带来了极大的危机感，他们开始瑟瑟发抖，不知道下一个倒霉蛋会是谁。

拿下思州之后，顾成又借口被田琛和黄禧煽动造反的苗普亮潜逃至水东地区，于是向朱棣举报水东宋氏窝藏反贼、图谋不轨，朱棣接到奏折后勃然大怒，严令宋氏进京请罪。在万般无奈之下，宋氏割让出一大片土地向朝廷请罪，朱棣将其并入顺元。

当顾成把脏活干得差不多的时候，朱棣宣布废除思州宣慰司与思南宣慰司，并设立贵州承宣布政使司，正式建制为省，以"贵州"为省名。水东土司与水西土司得以保留，但名义上归贵州布政司管辖，朝廷有权力安排监察官员。

至此，播州杨氏早降，思州田氏除名，水西安氏和水东宋氏臣服，大明朝廷已经基本控制了整个贵州。在先后设立了都指挥使司和承宣布政使司之后，朱棣又于永乐十四年（1416年）设立提刑按察使司，同时在户部和刑部报备。至此，明朝的三司制度在贵州地区尽数设立，那个完全没有平原、交通极度不便的贵州省完全体就此诞生，能够通过数年布局，最终抓住时机一举击溃土司势力，并在面临诸多困难的情况下促成贵州建省，朱棣功不可没。

23 传奇西域之旅

在忙于贵州建省的同时，朱棣也没有把目光局限于西南，他始终关注着沙漠上的情况，毕竟对大明而言，南方不管怎么乱，程度都是极其有限的，北方的瓦剌和鞑靼才是真正可能对大明造成致命威胁的强敌。

在册封瓦剌三大领袖为王、鞑靼太师阿鲁台臣服之后，朱棣本以为他们会消停一阵，可在永乐十年（1412年），瓦剌顺宁王马哈木派遣使者前往南京，除了照例索要财物，使者还表示瓦剌愿意向大明皇帝进献故元传国玉玺，条件是大明出兵帮助自己灭掉鞑靼的阿鲁台。

面对这种请求，朱棣想都没想就直接拒绝了，他回信警告马哈木："你和阿鲁台都是朕的臣子，有问题好好说，别整天舞刀弄枪的，朕最近心情不太好，谁敢擅动朕就收拾谁，你可要想好了。"

坦白说，朱棣并不喜欢阿鲁台，但他同样也不喜欢马哈木，这帮野蛮人在沙漠上要死要活都无所谓，但不能打绝了根，他们必须时刻保持平衡才行，也不能让他们实现联合，维持现状才是最好的选择。

训斥完马哈木之后，朱棣觉得这事就算过去了，以后找机会再多给阿鲁台一点钱粮，让他找机会收拾马哈木一顿就是了。马哈木非常不满，他最大的要求没能被满足，本想多要点钱粮，可使者带回来的物资和平时也差不多，自己数年来对大明点头哈腰为的是什么？不就是希望他们能帮自己统一沙漠吗？可朱棣这个老滑头害怕自己脱离掌控，居然大搞平衡术，什么玩意儿？

永乐十一年（1413年）七月，朱棣接到阿鲁台传来的消息，他说马哈木、太平、把秃孛罗沆瀣一气，扶立本雅失里的儿子答里巴为傀儡大汗，并准备随时出兵鞑靼。朱棣收到消息后立刻加封阿鲁台为和宁王，算是对他通传消息的感谢，但接下来就没有动作了。永乐十一年（1413年）九月，朱棣接到密报，里面密密麻麻地记载了马哈木的许多不敬言辞，主要内容是朱棣对瓦剌无能为力，是自己从中斡旋，才使得太平、把秃孛罗同意臣服于大明，可姓朱的做人、做事太不讲究，居然把自己当奴仆来对待，不但整日里和阿鲁台那个反贼眉来眼去，还想在钱粮方面卡住自己，既然他这么喜欢阿鲁台，那以后就请他找阿鲁台要贡品吧，爷不伺候了！

看到这份密报之后，再加上阿鲁台传来的消息，朱棣的脸色铁青，朝臣们也是怒不可遏，他们纷纷上疏表示马哈木狼子野心，必须好好收拾他一顿，给他点颜色看看，否则他真以为大明怕了他。

上疏的朝臣以文官为主，按说这帮人轻易不会鼓吹战争，他们之所以如此激动，是因为他们同样感受到了来自北方的威胁。马哈木这个家伙摆明了是想整合草原势力，一旦让他得逞，整个大明又要被拖入战争的泥淖，到那时，武将们又要喜笑颜开了。如果能够在萌芽阶段掐灭这个危险的火种，日后就不会出现大型战争，武将们也不会有太多出头的机会。

话又说回来，想按住马哈木不让他冒头不一定非要使用军事手段，吏部尚书蹇义向朱棣提出建议，他认为如果想要更好地解决边防问题，就必须"西控西域，南隔羌戎，北遮胡虏"：我大明自征虏大将军冯胜自征西凯旋之后在嘉峪关设立了关城，此后对嘉峪关外的玉门、敦煌、哈密和吐鲁番等地都不够上心，现在应当加强对这些地区的重视程度，进而加强与西域各国的联络。如果能从西域找到可靠的盟友，只要大家齐心协力，就完全可以震慑住瓦剌各部，让他们乖乖听话。至于阿鲁台那边，几乎没有威胁，因为鞑靼的核心区域是大明历次北伐的重点照顾对象，阿鲁台或许敢在暗地里悄悄下黑手，但他绝不会像马哈木这样半公开地与大明撕破脸皮。

朱棣认为蹇义的说法很有道理，朝廷的确应该派遣使者出使西域为大明扬威，但同时朱棣也有些担忧，马哈木的话虽然说得比较难听，但他毕竟不是在公开场合说的，同时也没有做过什么出格的事，如果大明急切地联系西域诸国，未免会让人感觉有些小家子气。蹇义胸有成竹，他对朱棣说："自帖木儿帝国皇帝沙哈鲁与我大明交好以来，双方使臣往来频繁，永乐八年（1410年）前来的两位使者逗留至今未归，陛下可派军队护送二人回国，届时让使团随行即可。"

蹇义说的是一件往事，帖木儿帝国位于中亚，一直有向大明纳贡的传统，可朱元璋于洪武三十一年（1398年）驾崩，朱允炆和朱棣又在建文元年（1399年）大打出手，帖木儿帝国的建立者帖木儿认为这是攻打大明的机会，于是调集了四十五万大军，准备远征明朝，可要从帖木儿帝国到大明，中间还隔着不少国家呢，帖木儿只得一个国家一个国家地打过去，中间这些国家还没灭完，帖木儿就病逝了，远征大明的行动也就不了了之。

帖木儿病逝后，他的四儿子沙哈鲁战胜了诸多竞争者，在争议声中继承了汗位，但沙哈鲁的侄子哈里占据了帖木儿帝国的重要城市——撒马尔罕，哈里拥有强大的实力，并且不愿意臣服于沙哈鲁，沙哈鲁想夺回撒马尔罕，哈里则想夺取汗位，双方的争斗逐渐升级，帖木儿帝国眼看就要爆发内战。这时朱棣已经击败了朱允炆，他急于增加自己的威望，于是亲自为沙哈鲁叔侄调停，在经过一系列博弈和谈判之后，沙哈鲁和哈里同意握手言和，双方保证不再刀兵相见。此事过后，朱棣在中亚地区的威望大增，沙哈鲁对朱棣也非常感激，于是重新开始向大明纳贡，并频繁派遣使者前往大明，意在加强双方的交流。

沙哈鲁最近一次派遣使者前往大明是在永乐八年（1410年），在完成使命后，部分使者已经回到了帖木儿帝国，但还有两位使者因故没有回去，而是留在了南京。蹇义认为可以借护送帖木儿帝国使者的名义，把大明西域使团塞进这支队伍，名正言顺地前往西域。

朱棣非常赞同这个提议，于是直接把这事定了下来。定下策略之后，接下来自然要开始物色使者人选，朱棣任命吏部验封司员外郎陈诚为大明西域使团的典书记，作为负责人总揽全局，朝臣们对这一任命也非常认可，在无人反对的情况下，一切很快被敲定。

陈诚这个名字比较大众化，可永乐朝的这位吏部验封司员外郎陈诚，在史学界同样大名鼎鼎，很多学者都称他为"明代最出色的外交使臣"。

陈诚是江西省吉水县阜田镇陈家村人，于洪武二十六年（1393年）考上举人，洪武二十七年（1394年）考上贡士，殿试三甲赐同进士出身，妥妥的学霸一枚，方孝孺对他颇有好感，说他"端方雅重，好学有文章"。可这位"好学有文章"的学霸在进入官场后却展现出了卓越的交际才能以及出色的外语学习能力，洪武二十九年（1396年），陈诚奉命出使撒里畏兀儿（今甘肃、青海和新疆的交界处），重设安定、阿端、曲先、罕东等卫所，西域的相关情况，陈诚是比较了解的。

朱棣继位之后，方孝孺被诛灭十族，陈诚受过方孝孺的赞扬，也因此遭到贬谪流放。陈诚交际水平一流，在他被贬谪流放后，解缙、胡广、金幼孜和杨士奇等许多与他亲善的建文旧臣经常在朱棣面前进言，表示陈诚在入京之后有许多人喜欢与他交往，这不能说明他与方孝孺之间有什么瓜葛，而且陈诚有才华，如果真打算扬威域外，就不能糟蹋陈诚这么一个精明能干的臣子。

朱棣并不了解陈诚，可从最初的一个人给他说情，进而发展到两个人给他说情，后来又发展到几乎所有朝臣都在替他说情，这让朱棣感到非常神奇，这个陈诚到底有什么魔力？怎么大家都这么喜欢他？于是在永乐四年（1406

年），朱棣重新启用陈诚，打算亲自见识一下陈诚的魅力。

陈诚回京之后获得了与朱棣单独谈话的机会，他们具体谈了什么史书并未记载，但陈诚从此以后官运亨通，也获得了更多展露才华的机会，比如参与编修《永乐大典》、进入吏部等。因此在谈及此次出使西域的使者人选时，恐怕不仅是朱棣，几乎所有朝臣都在心中默念着一个名字——陈诚。

在出行前，朱棣拉着陈诚的手一遍又一遍地重复道："你要加紧联系西域诸国，尽可能地与对方交好，大家联手孤立瓦剌三王，尤其要提醒他们警惕马哈木，这小子不是好东西。"陈诚连连点头，表示完全领会了领导的意图，随后，一行人在中官李达的护送下出发，先由南京至北平，再从北平向西行进。

可刚离开北平，陈诚就把李达连同几位副手召集起来开了个小会，大致内容是规划此次西行的路线，一路上除正常休息不作停留，直接前往帖木儿帝国，等在帖木儿帝国把事情办妥了，再挨个拜访西域诸国。

此言一出，大家都愣了，一位副手试探性地问："陛下还等着咱们赶快联系西域诸国，以便压制马哈木呢，咱们这样做是不是有些不妥？"这位副手说得比较含蓄，意思是询问陈诚："陛下虽说要护送两位使者回帖木儿帝国，但那只是个幌子，咱们的工作可不是这个，您怎么突然变卦了？"

陈诚听懂了他的意思，于是耐心地解释道："此时的马哈木已经是'箭在弦上，不得不发'，这一仗早晚要打，哪怕我们现在把皇天上帝拉过来当盟友，马哈木也不会当回事。咱们现在要做的不是避免马哈木立刻起兵，而是要巩固大明在西域诸国的威望，等马哈木此次兵败后，又发现西域诸国已成大明的盟友，他才会乖乖听话。想要做好这件事，就必须从最强大的帖木儿帝国入手，只要帖木儿帝国能对我大明心悦诚服，那么周边的其他国家肯定也不敢再有异议。"

陈诚这招玩得很高明，优秀的外交家都有这种特质，他们永远知道己方的优缺点，也知道该怎么去扬长避短。马哈木居然敢在半公开场合鄙夷朱棣，这种事不难打探，朱棣很快就会知道，但马哈木不在乎，这说明他已经是"王八吃秤砣——铁了心了"，就是要和朱棣较量一番。在这种背景下，如果陈诚急匆匆地前往西域诸国，希望他们能与大明联手压制马哈木，就会给人一种错觉：马哈木刚准备起兵，大明就派使者来了，看来大明对此战毫无把握。当西域诸国有了这样的想法后，陈诚即便再有交际能力和人格魅力，又有什么用呢？七寸被人家捏住了，条件还不是任他们提吗？你要是敢不同意，人家就敢支持马哈木，到时候该怎么办呢？

陈诚对沿途诸国只做礼节性拜访，决不多加停留，终点站只有一个，那就是帖木儿帝国，意思就是告诉这些国家："马哈木这种疥癣之疾，我大明随便挥挥手就能让他烟消云散，犯得着派我出使吗？我奉命前往帖木儿帝国，一是为了护送使者回国，二是代表大明皇帝与帖木儿帝国进行友好交流，别无他意，希望大家不要大惊小怪。"

为了使自己的说辞听起来更有可信度，陈诚对行进速度也是有要求的：咱们不是在赶路，千万不能太快；咱们也不是在郊游，也不能太慢。要做到井井有条，到点就好好吃饭，天黑就好好休息，遇到兵荒马乱就加速前行，见到风景名胜就盘桓几日，大家只需要想着一个任务，那就是安安稳稳地将使者护送回国，注意保持平常心即可。

陈诚一行人从永乐十一年（1413年）九月出发，直到永乐十二年（1414年）九月才抵达帖木儿帝国，历时整整一年，总路程将近一万公里，途经哈密、鲁陈城、火州、盐泽城、崖儿城、吐鲁番、于阗、别失八里、养夷、渴石、卜花儿、达什干、赛兰、沙鲁海牙、迭失迷十五个国家。在这一年的时间里，朱棣那边已经击败了马哈木，可见朱四爷也没指望陈诚能在此次战争中起到多大作用，而陈诚在得知此事后，立刻将马哈木放到一边，更加坚定地实施自己当初制订的计划。

当大明使团抵达帖木儿帝国首都哈烈时，沙哈鲁举行了盛大的欢迎仪式，面对如此高规格款待，陈诚的表情波澜不惊，好像没把这事放在心上，这使得沙哈鲁手下一位名叫阿哈黑的武将非常不满，他当众指责陈诚没礼貌，如此举动是不把帖木儿帝国放在眼里，更是不把国王陛下放在眼里！面对诘责，陈诚不慌不忙，他先是向沙哈鲁行了个礼，然后高声说道："贵国使臣在我们大明就好像回到家中一样，如果他们想见我大明的皇帝陛下，立刻就会有人安排会面时间，从不推诿。我大明国民万万，皇帝陛下日理万机，却对异国使臣如此亲密，可见在他心中，已将贵国视为亲近之邦，想必贵国国王心中也是如此，故此我未对贵国的欢迎礼表示惊讶，也并不是蔑视贵国国王。"

阿哈黑不依不饶，继续指责朱棣无故攻打马哈木，这是打算把蒙古人灭族，帖木儿帝国同样是蒙古人的国家，决不会对大明的霸道行径视而不见。陈诚则"摆事实、讲道理"，把大明册封瓦剌三王与鞑靼阿鲁台的事情都说了一遍，又表示大明知道沙漠生活不易，所以当他们每次朝贡时，大明都会回赠一大笔物资，太平、把秃孛罗、阿鲁台都感念大明的恩德，从来不敢无故兴兵。

与此同时，陈诚还不断地回顾历史，某位故元高官投降我太祖高皇帝之后受到了怎样的优待，鞑靼某位将领投降我永乐皇帝之后，官位在几年之内升了多少级，更把使团内的蒙古人叫出来现身说法，自投降大明之后，他的日子过得有多好。说来说去就一个意思：我大明对朋友和兄弟绝对是讲义气的，马哈木吃里爬外，整天就想着灭掉其他部族一统沙漠，他才是蒙古人民的敌人。

阿哈黑哑口无言，沙哈鲁则在一旁不停地圆场："大家多吃点多喝点，今天这么快乐，一定要不醉不归，国家大事现在都是小事，谁敢再提就要被罚酒！"

欢迎仪式结束，沙哈鲁派人送陈诚等人回去休息，然后将两位刚回国的使者召唤过来，详细询问他们在大明这两年的感想。使者的回复基本都是正面的，他们认为大明在东方有极大的影响力，与这样的超级大国交好，对帖木儿帝国也会非常有帮助：大明皇帝绝不歧视蒙古人，马哈木那是自己找死，我们千万别听阿哈黑这帮从来没去过大明的人胡说八道。

沙哈鲁心里有了底，第二天就请陈诚入宫面谈，因为史书没记载，所以我们也不知道双方到底谈了什么，但在陈诚准备离开王宫回馆驿休息时，沙哈鲁叫来了自己的接班人乌格，并命他以师礼拜见陈诚。上行下效，国王和王子如此对待陈诚，帖木儿帝国的朝臣们自然也不会放过与陈诚套近乎的机会，陈诚自然也乐见此事，他不停地出入各种宴会场所，与各色各样的人谈笑风生，悄无声息地将大明的正面形象根植于帖木儿帝国的各个角落。

一个月后，陈诚告辞了沙哈鲁和各位朝臣，踏上了归国之路，这一次他对沿途诸国的态度发生了改变，不再是礼节性拜访，而是以大明使臣的身份重新册封他们为国王，这就是在向全世界宣告：西域诸国的国王必须由大明皇帝册封，否则就不具备合法性。上面提到的那十五个国家，无一例外地接受了陈诚的册封。

永乐十三年（1415年）十月，阔别中原两年零一个月的西域使团终于回到了南京，朱棣亲自接见了使团的全体成员，并仔细聆听了他们的汇报，汇报结束后，朱棣高度赞扬了使团此次出行的表现，肯定了他们获得的成果，所有人均获得了重赏。

我始终认为，陈诚才是明初最具传奇特色的人物，在这方面，刘伯温和姚广孝都比不上他，原因不仅是这一次出使西域，更在于陈诚之后的人生轨迹。

永乐十四年（1416年）四月，陈诚第三次率队出使西域，与西域各国达成贸易协定，并再次前往帖木儿帝国面见国王沙哈鲁，送上朱棣亲自为他挑选的礼物。永乐十六年（1418年）五月，交趾一带爆发叛乱，不计其数的难民从海路偷渡至广东，陈诚火速被任命为广东布政司参议，到任后他将交趾难民妥善安置，并在东莞一带加紧修建了难民村，同时下狠手打击难民中的不法分子，这一系列手段获得了朱棣的嘉奖，他称赞陈诚"善抚夷事"，意思就是擅长和各类外国人打交道。

永乐十六年（1418年）十月，陈诚第四次率队出使西域，见了不少人，送了不少礼，带回来不少特产，但这一次除了特产，陈诚还带着西域诸国的使节一同返回北京（此时朱棣已迁都至北平，并更其名为北京），这是中国第一次在真正意义上实现了"万国来朝"。

永乐二十二年（1424年）四月，陈诚第五次率队出使西域，行至半道听闻朱棣病逝的消息，于是奉命往回赶。自此，由于大明新一代接班人改变国策，陈诚再也没有获得出使西域的机会，但"陈诚五使西域"的典故会被华夏子孙永世铭记。

你以为陈诚的传奇经历到此为止了？不。宣德三年（1428年），沙哈鲁派使者前往大明，表达了自己对陈诚这位挚友的思念之情，自己的儿子也非常想念他的老师，希望大明皇帝能够再度派陈诚出使，结果被明宣宗朱瞻基婉拒，随后朱瞻基与陈诚有过一次交谈，主要内容是说大明在短期内不打算再派使者出行了，你就在广东好好干吧。此时的陈诚已经六十三岁了，他对朱瞻基说："由于国家一直缺乏外交人员，所以我始终没有辞官，现在既然您已经不打算派使者出行了，那我这把老骨头就没有必要继续待在官场上了。"说完之后不顾朱瞻基的挽留，毅然决定辞官。

辞官之后的陈诚回到老家开始著书立说，他将年轻时写下的日记整理成册，分别冠名为《西域行程记》《西域番国志》，后又与自己的奏折、文章整理汇总，命名为《陈竹山文集》。这些文稿的重要性不言而喻，从诞生之初就一直受到关注，在大明灭亡之后的大清、民国以及现在，这些文稿都发挥过很大的作用，它们不仅能作为研究材料使用，更可以在国际会谈中成为边境划分的证据。

也许是由于陈诚的魅力太大，在他辞官回乡的几十年间，朝堂上还有人惦记着他。明英宗朱祁镇继位后，就有人对他说陈诚德高望重，要不要请他回来继续做官，朱祁镇一听就来劲了，说自己从小就是听着陈诚的故事长大的，没想到这位老爷子还活着，于是亲自派宦官前往陈诚的老家，毕恭毕敬地请他出任正二品光禄寺右通政。陈诚百般推辞，但宦官一脸恭敬，反复表示陛下有旨，务必请他进京，大路乘车，小路抬轿，绝不让他受半点颠簸。陈诚无奈，只得随宦官进京，又当了一段时间的官，然后借口自己年纪太大，请陛下准许自己辞官。这一次辞官声势可不小，朱祁镇亲自领衔，文武百官一个没落下，集体出动，纷纷前来为陈诚送行，所有人执晚辈礼。

陈诚再度回到老家后没多久，朱祁镇就在"土木堡之变"中被俘虏了，景泰帝朱祁钰继位后，这位小哥也是陈诚的忠实支持者，他打算学朱祁镇那样再度请陈诚出来当官，但陈诚这回说什么也不肯答应。再后来，朱祁镇被释放回国，在"夺门之变"中废掉了朱祁钰重新成为皇帝，并将年号改为天顺。到了天顺二年（1458年），陈诚因病去世，享年九十三岁。

我们来细数一下，陈诚是明朝第一位皇帝朱元璋时期的进士，后历仕建文帝朱允炆、明成祖朱棣、明仁宗朱高炽、明宣宗朱瞻基、明英宗朱祁镇和景泰帝朱祁钰，共计七位皇帝，这资历实在是太硬了。可就是这样一位传奇人物，在中国的知名度却一直不高，也不知道是什么原因。在国外，陈诚非常出名，国外网站曾不止一次评选过"知名的中国人"，像朱元璋这样的开国皇帝有时候都进不了榜单，但陈诚却从未缺席。

语言学家和历史学家弗拉基米尔·佐夫是这样评价陈诚的："他是毋庸置疑的杰出外交家，他待人诚恳，拥有永不言弃的可贵精神，世界上最强大的两个国家（指大明和帖木儿帝国）为他着迷，帕米尔高原因他的存在而始终享受着安宁与和平，我认为他是十五世纪最优秀的和平使者。"

什么叫传奇？这就叫传奇。

㉔ 忽兰忽失温之战

永乐十一年（1413年）九月，当陈诚率队离开南京前往西域后，朱棣并没有因此而感到轻松，因为出使西域只能算是后招，并不能起到立竿见影的效果，自己必须先在战场上打出威风，陈诚那边的外交工作才能更好地展开。

同年十月，也就是陈诚离开后的一个月，阿鲁台遣使加强与大明的联系，并将自己的儿子也先孛罗送过来当人质。与此同时，一向与阿鲁台关系密切的朵颜三卫也献上三千骏马，表达了自己对马哈木的担忧，同时告诉朱棣，马哈木三万大军已至胪胸河（今蒙古国克鲁伦河），希望朱棣能帮助他们渡过此次难关。

朱棣对胪胸河并不陌生，当初邱福征讨本雅失里时就是在胪胸河兵败被杀。胪胸河已经接近鞑靼的统治核心区域，双方随时都有可能正式开战，但朱棣并不着急，他还在等着看贤义王太平、安乐王把秃孛罗的反应。

据情报得知，拥立傀儡大汗是瓦剌三位领袖共同决定的，可朱棣对此并不太相信，因为太平和把秃孛罗做事风格比较保守，他们绝不敢像马哈木那样半公开地得罪自己，这事多半是马哈木挑头，太平和把秃孛罗随声附和。对于这样的老滑头，朱棣同样十分重视，如果只是收拾马哈木一个，那么等马哈木战败，太平和把秃孛罗必然会立刻向自己服软，然后联手瓜分马哈木的地盘，这对大明而言是非常不利的。此时马哈木肯定也在鼓动太平和把秃孛罗一起向鞑靼动手，但这两人担心朱棣会出面干涉，如果大明按兵不动，太平和把秃孛罗就没有了推搪的理由，或许会半推半就地跟着马哈木一起行动，到那时，朱棣就可以名正言顺地把瓦剌三王全部给收拾了。

果然，当马哈木发现大明这边没有动静，便立刻对太平和把秃孛罗说："朱棣是个乱臣贼子，大明内部有许多人不服他，东部（倭寇）和南部（安南）也有许多敌对势力，他根本拿不出多少兵马来解决草原的问题，只要我们坚定信念，他很快就会退缩的。"

太平和把秃孛罗你看看我，我看看你，谁也没有说话，能混到这个位置上的人可都不是傻子，什么东南局势不稳，朱棣地位不牢，你马哈木编出这种毫无可信度的谎话不就是想把我们绑上战车，跟你一起攻打鞑靼吗？虽然看穿了马哈木的小花招，但太平和把秃孛罗并未戳穿，否则一旦把话说绝，马哈木不管不顾地独自去攻打阿鲁台怎么办？如果马哈木胜利了，他的实力会成倍增加，太平和把秃孛罗以后肯定不会有丝毫安全感；如果马哈木失败了，瓦剌的实力大减，鞑靼的实力势必大增，届时阿鲁台就是第二个马哈木，太平和把秃孛罗则变成了如今阿鲁台的角色，只能战战兢兢地等着挨打。想通了这些关节，再加上朱棣确实毫无反应，太平和把秃孛罗只得被迫跟着马哈木一起出发，准备找到阿鲁台的主力，然后一击制胜。

瓦剌三王的动向很快被大明斥候得知，朱棣也在第一时间收到了奏报，得知瓦剌三王全部出动，朱棣大喜过望，同年十一月，他带领直属部队离开南京前往北平，与此同时，宁夏、陕西和山西一带的精兵也集结起来前往北平，而北平与河北等地的精兵则集结起来前往辽东，如果阿鲁台抵挡不住，这股力量就可以给他一些支持。

永乐十二年（1414年）二月，阿鲁台再度派出使者前往北平求见朱棣，并向他禀报了瓦剌三王的最新动向，朱棣心中已经有了腹稿，所以对阿鲁台使者送来的情报并不在意。三月上旬，朱棣率领集结完毕的十万精兵（号称五十万）从北平出发，此次随行的还有皇太孙朱瞻基，这也是他第一次上战场。

北伐大军的行军速度并不快，朱棣有过多次北伐经历，他深知在草原上与蒙古人交战，中原军队是绝对抢不到主动权的，只能稳扎稳打等待对方犯错，或者趁冬春风雪季对方集中在一起时寻求主力决战。最重要的一点是：朱棣此次出征并不一定要真正与瓦剌三王交锋，哪怕只是逼迫对方撤军，那么他们也很难再度组织起攻势了，阿鲁台则可以获得喘息之机，草原上的平衡格局又将重现。

出于这种考虑，朱棣将主要精力用于教育皇太孙朱瞻基上，跟他讲解北伐的注意事项，或者聊一聊自己过去数次北伐的成败得失。朱瞻基非常聪明，每当朱棣问话时他总能答得又快又准，这给了朱棣不小的慰藉，于是朱棣笑着对身边的文臣说："瞻基这孩子是我家的'太平天子'。"意思是他不仅能守城，遇到战争也能应对自如。

朱棣的心情极好，可瓦剌三王的心情就不太好了，马哈木从胪朐河一直搜索至兴和（今乌兰察布兴和县）一带，始终没能找到阿鲁台的主力部队，太平和把秃孛罗对此极度不满，加之得到了朱棣率军五十万出征的消息，心里就更郁闷了。

四月中旬的某天夜里，太平和把秃孛罗来到马哈木的大营，敦促他赶快想办法，要么尽快解决来自大明的威胁，要么立刻撤军，总之不能再这样下去了，否则阿鲁台没找到，还要被明军好一顿收拾，这是何苦来哉？

马哈木也是一肚子邪火没地方撒，但他又得罪不起太平和把秃孛罗，只得按下心中不爽，温言安抚二人，表示自己已经有了应对明军的策略，过不了多久就能战胜明军，然后顺势灭掉阿鲁台，光明的未来就在前方。

这种空洞且毫无诚意的说辞根本无法打动太平和把秃孛罗，可现在大家都是一根绳上的蚂蚱，谁也无法置身事外，最后也只得对马哈木表示信任，希望他能言而有信，尽快找到克敌制胜的方法，他们把仅剩的一点家底全带出来了，现在的瓦剌已经经不起任何折腾。

阿鲁台躲在靠近大明边境的地方冷眼旁观，朱棣的某些举动他一直没看明白，马哈木的不臣之心已是昭然若揭，可朱棣却是一副满不在乎的样子，北伐大军四平八稳，看起来根本就不像是来打仗的，倒是与朱棣上一次攻打本雅失里时的举动有些相像，难道他以为瓦剌三王像本雅失里那样好欺负吗？

四月二十九日，当朱棣的军队抵达清水源（今内蒙古苏尼特左旗）时，阿鲁台的使者再次求见，他详细介绍了瓦剌三王目前的情况，希望朱棣能够尽快收拾这帮乱臣贼子，否则草原局势将在瞬间失控。对于阿鲁台的请求，朱棣倒是满口应了下来，但他命令使者回禀阿鲁台，要求他尽快率军前往胪朐河，明军将与他在此处会师，双方一同向瓦剌三王发动攻击。使者回去之后将朱棣的话复述了一遍，阿鲁台也是一口答应，表示自己即日起就将点齐大军前往胪朐河，静待朱棣的前来。话是这样说的，事却不能这样办，阿鲁台答应得挺痛快，可他始终摆出一副"坐山观虎斗"的样子，整日在大明边境线上游走，打定主意要耗到战争结束。

当朱棣来到胪朐河之后，并没有发现阿鲁台的军队，心里非常不高兴，但他也没说什么，只是命令大军原地休整，然后派出探马四处打探。一日之后，北伐大军再度出发，朝着擒胡山方向行进，并于五月初抵达。

从三月上旬到五月上旬，朱棣率领北伐大军东奔西跑，却连敌人的影子也没见到，但朱棣始终是一副云淡风轻的样子，根本不把这些事放在心上，因为他很清楚，对明军而言，无仗可打并不是坏消息，但对瓦剌而言，带着军队在茫茫大草原上四处游荡，可实在不是什么好消息，继续这样耗下去，着急上火的只会是瓦剌三王，自己只要等他们放出信号，然后追过去决战就行。

大草原上依然悄然无声，但战争的气氛却逐渐浓烈起来，因为马哈木始终找不到阿鲁台，他开始变得有些心浮气躁，决定将主力集结起来，好好地与明军打一仗。时间来到五月下旬，瓦剌三王将主力集结于忽兰忽失温（今蒙古国温都尔汗西北），释放出决战的信号，朱棣得知此事后立刻命大军朝忽兰忽失温进发，最终于六月初七赶到了战场。

战场形势不容乐观，因为瓦剌三王已经优先选好了战场，他们将军队驻扎在高山之上，居高临下地俯视明军，似乎随时都会俯冲杀入明军的阵营。当我看到这个记载时，心里想起了诸葛亮第一次北伐时的街亭之战，马谡将军队带到高山之上，只等张郃大军路过，然后一举冲杀而下，结果张郃将高山重重包围，又断掉了水源供应，马谡因此大败，街亭丢失，诸葛亮第一次北伐功败垂成。

朱棣看到这个情景时估计也想到了街亭之战，所以他也趁着瓦剌大军没反应过来，就将几座高山重重围困，然后将神机营放到阵前，朝着从山上冲下的骑兵射击。"砰砰"一阵枪响过后，瓦剌骑兵冲阵失败，不得不退回山上，朱棣也不着急，反正就这样围着，看谁先撑不住。经过一番休整之后，瓦剌骑兵再次冲阵，又被神机营击退。

瓦剌三王在山上看着这一切，气得眼珠子都红了，他们本以为朱棣这种马上皇帝肯定会有武人的骄傲，看见山上有骑兵就会率军对冲，却没想到朱棣如此无赖，根本不与骑兵短兵相接。三人对视一眼，不约而同地下了决心，必须得把明军拖下水，否则这仗没法打。可具体该如何实施呢？三人都没有主意。最后还是只能重复之前的打法，命令骑兵再冲一次，结果不出意料，又没能成功。

仗打到这个份上，瓦剌三王已经有些打不下去了，骑兵冲出去只能给明军当靶子，自己退缩防守，对方还不闻不问，既然朱棣如此"不思进取"，那还是想办法突围吧，可就在这时，朱棣下令攻山。自家人知自家事，朱棣有把握挡住山上骑兵的几次冲锋，可如果他们一门心思想要突围而去，朱棣还真没把握留住他们。虽说朱棣并不打算重创瓦剌，但也不敢下令放行，因为战场上的局势变化太快，对方又是来去如风的骑兵。在双方对峙的情况下，率先后撤的军队最容易出现哗变，所谓的撤退就很容易演变为溃退，朱棣不想冒这个险，所以干脆命令攻山，只盯着一面打，瓦剌三王如果识趣，自然会从另一面突围。

攻山自然会有损耗，但同样也会有更多斩获，明军强攻半日，杀死十多位瓦剌王子，大小头领几十位，己方仅折损了一名蒙古籍将领。这就是朱棣第二次北伐中最著名的忽兰忽失温之战，最终明军大获全胜。

忽兰忽失温之战有两个事件值得注意，第一个事件是神机营的出现，这是中国首次出现火器与骑兵配合的成功案例；第二个事件是皇太孙朱瞻基被宦官忽悠着跑到前线观战，差点被瓦剌骑兵活捉，幸得朱棣搭救才躲过一劫，至于那个忽悠皇太孙跑到前线观战的宦官，在不久之后就畏罪自尽了。

瓦剌三王突围而去，朱棣自然不会下令追赶，他命令大军加速打扫战场，然后启程回国。这次速度非常快，不到两个月的时间就回到了北平。朱棣为何如此着急回国呢？因为他心里还想着阿鲁台，当初说的是双方兵合一处共同对抗瓦剌，可阿鲁台并未出现，现在自己已经击败了瓦剌三王，焉知阿鲁台不会从背后捅自己一刀呢？保险起见，还是赶紧撤军为妙。

平心而论，第二次北伐结束得有些草率，史书在关键处语焉不详，给后世留下了许多谜团。比如，神机营的出现改变了战局，可从明初的火器概况来看，比强弓硬弩也好不了多少，在某些特定时刻甚至更不好用，而在忽兰忽失温之战中火器被吹得神乎其神，而且面对的是蒙古重骑兵，这就很令人怀疑。

再比如，朱瞻基是一个聪明人，更是一个有主见的人，他怎么会被一个宦官忽悠着跑到前线那么危险的地方去呢？真要是被朱棣知道他敢这样自行其是，那必然会留下极其恶劣的印象，朱瞻基是疯了吗？事后还没等朱棣审问，忽悠朱瞻基前往前线观战的宦官就自尽了，这举动看起来倒不像宦官，而更像是死士。

最后，几乎所有史料都说忽兰忽失温是一场大捷，可在提及具体的战功时，几乎所有史料都在含糊其词，得出的结论是"杀敌数千"，学术界也有人认为明军与瓦剌的战损相当，只不过朱棣兵多将广，所以这依然是一场大胜。

上面这三个问题随便拿出一个放到论坛上都会引来五花八门的猜测，可谁也不敢下定论，在洪武和永乐两朝，如此离奇的北伐实在是罕见。不管怎么说，后世的争论都只是细节，无可争议的基本事实是朱棣击退了瓦剌三王，马哈木更是遭受重创，一年后兵败被杀，太平和把秃孛罗则彻底收心，基本放弃了与大明针锋相对的策略，转而安心地做起了生意。但"按下葫芦起了瓢"，瓦剌被削弱，就意味着鞑靼即将开始崛起，草原世界根本就静不下来，朱棣还有的忙呢。

㉕ 迁都风波

在前面的章节中我提到过，朱允炆之所以会失败，定都南京也是一个很重要的原因，这使得整个大明与军政中心远离，长此以往必有祸患，对此，朱元璋也有一定的责任。可实际上，朱元璋也有过迁都的打算，最后之所以没能促成此事，只是因为造化弄人。

洪武二十四年（1391年），朱元璋派太子朱标前往西安和洛阳考察这两处古都是否还能成为国都。朱标考察之后认为可以考虑迁都西安，但没过多久他就病逝了，朱元璋悲痛欲绝，只得将工作重心放在了培养新接班人上，迁都的事情也就不了了之。

为什么在朱标病逝之后就放弃迁都呢？是因为朱元璋精力不足，无法同时做好迁都和培养新接班人这两件大事吗？只能说有一定的关联，但主要原因并不在此。迁都的最大阻力是什么？是那些在南京拥有利益优先分配资格的既得利益集团。所谓的南京既得利益集团是一个笼统的概念，其中包括南北官僚集团和南北功臣集团的部分成员，也包括南京当地的部分地方官和士绅。一旦迁都，南京既得利益集团的利益优先选择权或许将不复存在。

如果朱标还在，朱元璋就没有弱点，他完全不必顾虑这些既得利益集团的大呼小叫，谁敢出格，杀了便是。可朱标不在了，朱元璋要重新选择一个能够服众的接班人，他自然要把选择权下放，结果既得利益集团选出了一个朱允炆，这时朱元璋根本就不敢再对既得利益集团大开杀戒，就连性质极其严重的"南北榜案"，他也只能"高抬手，轻落下"，如果不这样做，朱允炆接班人的位置就有可能坐不稳。这就是"造化弄人"，朱元璋被逼无奈不再提迁都之事，一切皆源于朱标之死。

朱允炆登基之后整天忙着和各大利益集团暗战，想尽一切办法来集权，如果朱允炆集权成功了，他必然也会重提迁都之事，可他永远没有这个机会了。朱棣靖难成功之后，深知定都南京不可取，但他遇到了和朱元璋相似的难题：朱元璋碍于接班人的面子不好得罪既得利益集团，朱棣则是得位不正，必须笼络既得利益集团。就这样，在朱棣登基之后，迁都之事又被无限期延后，但朱棣心里始终想着这件事。随着时日的推移，朱棣觉得自己慢慢坐稳了皇位，于是开始筹备迁都，在此之前，他有大量的准备工作需要完成。

永乐九年（1411年），朱棣命工部尚书宋礼等人疏通会通河，并兼顾黄河的治理工作。永乐十三年（1415年），朱棣命陈瑄等人开凿清江浦，疏通堵塞已久的大运河。自隋炀帝开通大运河以来，长江、淮河、黄河、海河和钱塘江等几大自然水系被连接到一起，组成了一个巨大的水网，交通更为便利，沿线城市也得到了飞速发展的机会。

在宋末元初时，大运河逐渐淤塞，是元世祖忽必烈开启了重修工程，使得大运河不至于断流。忽必烈在位期间也是王朝初期，积累的资金不够，需要用钱的地方却有一大把，根本拿不出太多资金用于某个专项，只能把有限的资金分给各个项目，玩一手"雨露均沾"。在资金有限的前提下，这条重修的大运河能起到多大作用呢？应该就是装点门面的样子货。虽然某些史书竭力证明大运河在忽必烈时期焕发生机，但这种说法并不可信，因为忽必烈不止一次地嫌弃大运河的运输效率，决定以海运取代漕运。

在工业时代到来之前，海运的风险是非常大的，除非像朱棣那样不惜血本造巨船，否则随便一阵风浪都有可能令整个船队全军覆没，尽管如此，忽必烈却依然认为海运比漕运要好，可见当时的大运河有多糟糕，到了朱棣时期，这条糟糕的大运河已经基本无法使用了。

从表面上看，朱棣这两个举动只是普通的惠民政策，可细细深究起来，就能发现其中大有文章，据我分析，其中可能包含三个要素。

第一个要素是，疏通大运河可以讨好一个被众人忽视的利益集团。虽然大运河堵塞已久，但自隋炀帝开通运河以来，沿线城市就多了一个"靠水吃水"的机会，一个依靠大运河维持生计的庞大利益集团就此形成。

大运河堵塞之后，并不是说完全不能用，而是说此时的大运河已经不具备沟通南北和远程运输的能力，但日常生活还是能够满足的，大家可以在运河里捕鱼捞虾，还可以进行短途运输工作，运河两岸的城市交流也能够完成。尽管运河依旧可以使用，但这也使得原本属于全国性的利益集团逐渐蜕变为地方性利益集团。如果朝廷愿意花费重金疏通大运河，沿线城市所能获得的利益和资源自然会大增，那个庞大的利益集团也会因此而感激朱棣，如果朝廷能够再出台一些有利于该利益集团的政策，比如从事漕运的人员有税赋或兵役的减免资格，那么该利益集团自然会站在朝廷一方摇旗呐喊。这样一来，地头蛇就被摆平了，这条贯通南北的生命线将成为大明最可靠的倚仗。

第二个要素是，疏通大运河可以加强大明对南方的控制力。有一句谚语叫"湖广熟，天下足"，意思就是说只要湖、广两地丰收，全天下的人就都不会挨饿。这句民谚虽然出自明朝中后期，但在明初时就已经有了这样的趋势，当初陈友谅坐拥湖北和江西就已经成为南方最强势力，朱元璋在灭掉陈友谅之后，统一南方也只是时间问题，为什么会这样呢？因为如果南方最富庶的地盘都归谁所有，那么谁自然就是南方最强大的利益集团。

对于封建王朝时期的中国而言，北方始终要比南方重要，但那是从政治和军事的角度来说的，如果从经济角度来看，整个北方对南方的依赖性也是毋庸置疑的，一旦南方庄稼歉收，整个中国都要饿肚子。疏通大运河之后，大明就无须依赖不靠谱的海运，而使用相对安全的漕运，这对逐渐趋于内收的大明是好消息。

第三个要素是，疏通大运河很有可能是朱棣对南京既得利益集团的一种妥协。

对朱棣而言，迁都是历史大势，如果谁敢阻拦，那么历史的车轮就会从他身上碾过去。而疏通大运河的做法则是在某个既得利益集团在即将被历史车轮碾压时，朝他身上扔一块防碾压气垫，结果或许依然会死，但至少能留个全尸，运气好的甚至可以留口气以便抢救。摆在台面上说就是：朕知道你们舍不得离开南京，但此次迁都也仅作为一次尝试，如果不行，我们完全可以再把都城迁回南京，现在大运河已经重新疏通了，这一切做起来更为简单、快捷。实在不行，我们还可以搞两个首都，北平是正牌首都，南京是陪都，朕每年必须有一段时间在陪都办公，有什么好处大家均分，谁也不能多吃多占。总而言之，先想尽一切办法把人都忽悠到北平，其他的事情以后再说。

了解完这三个要素之后，我们再来看朱棣疏通大运河的举动，会发现这是一举多得的好事，可朱棣自建文四年（1402年）登基以来，为什么要一直拖到十多年之后才想起来做这件事呢？还是那个答案，新君登基要做的事情太多，朱棣不敢玩多线操作，只能选择一些不太容易引起反抗的事情先做，试探一下各既得利益集团的反应，侵占他人利益这种事必须慢慢来，操之过急容易崩盘。

在经历了设立内阁、任用宦官、平定安南、贵州建省、两次北伐等一系列大事之后，朱棣觉得自己已经有资格搞一些大动作了，所以在永乐十四年（1416年）十一月，他将北平更名为北京，并命姚广孝主持营建北京宫殿群，算是彻底捅破了这层窗户纸。

朱棣打算迁都并不是什么秘密，可当事情真正摆到台面上，既得利益集团当然也要扑腾一下子，否则他们以后还怎么在朝堂上混呢？在这种背景下，建文帝朱允炆未死的小道消息就逐渐流传开来，而且传得像模像样。有人说朱允炆就躲在江西的某个角落，并且已经积蓄起一股不小的势力，准备夺回皇位；也有人说朱允炆就躲在朱棣的眼皮子底下，玩了一手"灯下黑"，只要朱棣敢迁都，南京必然不保；还有人说朱允炆逃到了安南，并且与当地叛军取得了联系，只要时机成熟，他们肯定会立刻出兵攻占大西南，然后与江浙一带的官僚、士绅集团积极建立联系，将整个大明拖回南北朝时期……

朱棣很快就得到了消息，尽管他已经做好了应对既得利益集团反攻的准备，但这一下还是把他给打懵了。朱棣最大的硬伤是什么？就是得位不正啊，如果真有人抬出朱允炆的旗号来反对他，届时除了刀兵相见，不会再有其他选项了。朱允炆到底有没有死于当年的那场大火，其实这个问题并没有被研究的意义，作为失败者，朱允炆唯一的利用价值，就是在必要之时成为某个或某几个既得利益集团的旗帜。

如果南京既得利益集团真想反抗朱棣，他们完全可以弄出一个看上去很像朱允炆的人来为己方站台，实在不行，找一个"毁容版朱允炆"也不是不能接受。如果朱棣不能满足这些既得利益集团的诉求，哪怕朱允炆真被烧死了，他们也会睁着眼说瞎话，在利益争端面前，真相永远都是无足轻重的。

流言越传越广，朱棣根本无从应对，他只能一遍又一遍地强调朱允炆早已被奸臣害死，自己也替他报仇了，可这种说辞显然有些苍白无力，因为朱棣拿不出证据，他也没法跟别人玩辩论赛，只得任由相关流言持续发酵。到后来，事情发展成朱棣派锦衣卫入驻基层是为了在国内寻找朱允炆，派郑和下西洋是为了到海外寻找朱允炆，册封足利义满是为了在日本寻找朱允炆，北伐同样是为了在草原上寻找朱允炆。我为什么始终坚信朱允炆已死呢？就是因为这些传言过于离奇。

这个道理我懂，传播流言的人一定也懂，可他们为什么还会做出如此离奇的事呢？因为他们是在给自己留后路。朱棣是货真价实的皇帝，谁敢没事和他面对面打擂台呢？南京既得利益集团只是通过抱团的方式向朱棣展示力量，却不敢把事做绝，否则一旦惹得朱棣像朱元璋那样大开杀戒，谁能有好下场呢？

朱棣最初不知该如何应对，可随着流言逐渐变得玄而又玄之后，他也品出味道来了：这帮家伙是在变相地朝朕要好处呢。看懂了对方的招数后，自然要想办法接招。此时的朱棣可以选择暴力破局，当众宣布关于朱允炆依然存活于世的小道消息均为谣言，再有胡乱散布谣言者严惩不贷，然后抓住几个平时看不顺眼的官僚，把相关罪名往他们头上一扣，拖出去杀掉完事，再有人敢不服，就直接诛九族。

此时的朱棣也可以选择妥协，当众宣布放弃营建北京宫殿群，同时把黑锅甩给姚广孝："都是你这个妖僧整天吃饱了没事干，总在朕的耳边说北京是故地，以后可以常回去看看，南京是个多好的地方啊，朕干吗要回去呢？"

此时的朱棣还可以选择装傻充愣，无视一切负面消息，你们说朱允炆活着就活着吧，谣言止于智者，朕该怎么干还怎么干，等活着的朱允炆出现以后再想对策，只不过到那时，希望你们这些人还能笑得出来。

朱棣反复权衡利弊，发现这些选项都有不少的优点，同时也有不少的缺点，选哪个都不太好。最后，朱棣牙一咬，心一横，想出了一个邪招，那就是狠狠地收拾太子朱高炽。史书在谈及朱棣的接班人问题时，主要内容是这样的："朱高炽身有残疾、体型肥胖，英姿飒爽的朱棣看不上这个外表肥胖如猪的儿子，反而更喜欢与自己极为相像的次子朱高煦。登基之后，朱棣本打算废掉朱高炽，改立朱高煦为太子，是文臣极力劝谏，解缙甚至说出了'好圣孙'的话来打动朱棣，这才勉强保住了朱高炽的太子之位。朱高煦最终被封为汉王，封地在云南（后改为山东乐安），可朱高煦并不甘心，他迟迟不愿就藩，朱棣也反复犹豫，始终在考虑要不要废掉太子，朱高炽就在这样的环境中战战兢兢地活着，最终导致了他的早逝。"

这个说法自然是有一定道理的，但这只是表面现象。在成为太子之前，朱高炽是燕王世子，这是朱元璋亲封的，可见老朱非常喜欢朱高炽这个孙子，认为他宅心仁厚，很像自己的长子朱标，所以尽管许多人歧视他残疾、肥胖，但朱元璋从不嫌弃他。朱元璋为什么这么喜欢这个孙子呢？因为他头脑清醒，朱棣这种暴虐的性格可以在开国初期震慑边疆，长此以往则必须采用一些怀柔的手段，朱高炽这孩子绝不会穷兵黩武，更不敢威胁朝廷，由他来做燕王世子更为合适。

朱棣同样是个头脑清醒的聪明人，他从内心深处非常认可朱元璋的选择，也认为朱高炽才是自己最完美的接班人。朱棣之所以会在接班人问题上表现得优柔寡断，其中自然有溺爱朱高煦的因素，但更多的还是担忧，毕竟朱高煦太像自己了，如果不传位给他，那么他将来会不会向自己学习，玩一出"靖难之役2.0"呢？不管成与不成，这样的结局都不是他想看到的。可在将朱高煦封为汉王并强令他就藩之后，朱棣就已经坚定了心思，在接班人问题上不再动摇，因为云南既不是军政中心，也不是战略要冲，还有沐王府的掣肘，朱高煦要是真能冲破诸多制约条件造反成功，那只能说明他是天命之子，但这种事情发生的概率微乎其微。但给朱高煦封藩之后又迟迟不让他就藩，这就给人留下了无限的遐想空间。

眼下朱棣正打算破解南京既得利益集团的招数，他决定把自己这两个儿子拉出来利用一番。据说朱棣曾多次斥责朱高炽，并屡次表扬朱高煦，朝臣们见势不妙，于是上疏要求朱高煦就藩，理由是他早已成年，不该继续留在南京。朱棣见到奏折后勃然大怒，立刻命人将上疏的官员拖出去砍了，从那以后，再也没人敢上疏要求朱高煦就藩了。

这其实就是朱棣对南京既得利益集团的回应：如果你们胆敢继续跟朕对着

干，朕就废掉朱高炽，改立朱高煦为太子。朱高煦这孩子非常像朕，等他上位之后，你们以后的日子会更难过。当然了，如果你们识相，愿意老老实实听朕的话，那么朕就继续让高炽当太子，这个孩子你们非常了解，他很喜欢文官，登基之后肯定也很乐意与你们合作。如果将来你们能说服他把首都重新迁回南京，那算你们厉害，但朕现在已经决意迁都北京，这一点绝无更改的可能。

这样一来，朱棣就不用再被动地进行三选一，反而从容地把选择题抛给了南京既得利益集团，然后把刀架在朱高炽的脖子上，等待对方选择。

面对朱棣的这种流氓行径，南京既得利益集团那是恨得牙痒，却又无计可施。因为朱高煦身边也有一帮靖难功臣在支持他，这帮大老粗虽然没什么头脑，但他们毕竟是从龙之臣，联合起来声势也不小，如果南京既得利益集团继续不依不饶地逼迫朱棣，朱棣再把沐王府拉进来给朱高煦站台怎么办呢？

要知道，南京既得利益集团的各成员之间本就有诸多矛盾，只不过朱棣准备迁都损害了他们的共同利益，这才衍生出所谓的南京既得利益集团，说白了，他们只是一个临时组成的松散联盟，而废立太子则涉及所有人的利益，如果南京既得利益集团胆敢执迷不悟，原本在一旁看热闹的人也会出来"主持公道"："为了守住一些坛坛罐罐，你们就硬顶至高无上的皇帝陛下？这吃相未免也太难看了，如果再这样一条道走到黑，就别怪我们代表正义惩罚你们！"

可以设想一下，如果南京既得利益集团真的触犯了众怒，落到人人喊打的境地，未来必然是一片黑暗；可如果不继续争取，那么迁都之事就无可更改，自己的家族也将蒙受巨大的损失。向前一步是深渊，向后一步是沼泽，别人都在努力前行，唯有自己原地踏步，这才是他们对朱棣咬牙切齿的根本原因。

从永乐十四年（1416年）十一月开始，围绕着朱高炽和朱高煦兄弟俩的接班人之争就没停止过，一直到到永乐十八年（1420年）九月，朱棣正式迁都北京之后，除了朱高煦和部分靖难功臣还在上蹿下跳，其他不和谐的声音似乎在一夜之间全都消失了。有人说这是朱棣大搞特务政治所致，实际上这是由多方出手，联合压制了南京既得利益集团，从而稳固了朱高炽的太子之位。

抛开南明不算，整个大明国祚二百七十六年，其中南京只做了五十二年首都，有二百二十四年的时间都是以北京为首都，应该说此次迁都对大明的长治久安起到了重要且积极的作用。凡事都有利有弊，迁都北京自然好处多多，可弊端同样无法避免。

朱棣迁都北京之后将徐达的子孙留下来驻守南京，徐家是大明除皇室外的第一望族，出过一位皇后和两位王妃，还有两个世袭国公爵位。朱棣的本意就是不想把事情做绝，留下徐家这样的巨无霸，就意味着南京依然是大明陪都，依然拥有着举足轻重的地位，可出乎朱棣预料的是，矛盾重重的南京既得利益集团纷纷摒弃前嫌，逐渐团结在徐家身边抱团取暖。

在明朝后期，南京既得利益集团联合南方官僚集团与地方士绅集团，彻底断掉了皇权与南方基层的联系。南方大部分地区虽然在名义上还是大明领土，但朝廷居然连税都收不上来了，北方遭遇天灾之后，皇帝只能可怜巴巴地到处凑钱，江南之地富得流油，官僚们还在朝堂之上大喊皇帝是吝啬鬼，把国库里的银子拿一些出来不就把所有问题都解决了吗？皇帝一脸憋屈地看着大呼小叫的官僚们，心里别提多难受了。

26 酷吏的宿命

　　迁都北京之后，许多头绪都要从头理起，朱棣整天忙得脚不沾地，群臣集体过上了"996"乃至"007"的"幸福"生活。

　　经过三个月的繁忙工作，一切都渐渐走上了正轨，大家终于可以歇口气了。按照常理来判断，在一段时间的高强度工作之后，老板总要发点红包表示感谢，可朱棣倒好，他不但没发红包，反而给了群臣一个大"惊喜"。永乐十八年（1420年）十二月，朱棣设立了一个名为"东缉事厂"的机构，简称"东厂"，职能是"缉访谋逆妖言大奸恶等，与锦衣卫均权势"，由宦官担任首领。消息一出，所有人都是一副生不如死的表情：有个锦衣卫已经够咱们受的了，现在又来个东厂，陛下这是生怕我们活得太简单，太幸福，非得给这平凡、单调的生活加点儿猛料啊。

　　明朝有三厂，分别是东厂、西厂和内厂，其中东厂设立最早，生命力也最为旺盛，最后跟随大明一起消散。主流观点认为东厂是明朝"最为臭名昭著的特务组织"，可明朝皇帝却普遍认为东厂"忠贞可用"，这是为什么呢？我们先来看看东厂的一些具体特质。

东厂是一个垂直机构，他们只对皇帝负责，其他机构无权干涉东厂的行动，这种特权的存在使得他们可以脱离司法机关的掌控，在内部自组一套班子，我称之为"小班子"，与之对应的自然是朝廷的"大班子"，当大、小班子产生冲突时，则需要经由皇帝裁决双方的对错。在谈及东厂时，史学界主流观点认为东厂的存在严重干扰了朝廷的运转，但不可否认的是，东厂的存在使皇权获得了扩张。后世读者在谈及东厂时，都会习惯性地从官僚、士绅集团的角度来看问题，认为东厂才是真正的奸臣和害虫，大明就是被他们祸害亡的，可在我看来，东厂虽然颇多奸邪之辈，但他们的斗争目标几乎都只局限于朝堂，大明灭亡的黑锅不能甩给他们。

当皇权与官僚、士绅集团发生冲突时，很多人都会习惯性地认为皇权只代表一家一姓，而官僚、士绅集团才是社会的代表，所以他们会习惯性地站在官僚、士绅集团一边，可这种看法同样是错误的。我们假设一个场景：某地经济发展比较缓慢，当地老百姓都很贫穷，但这里有一个湖泊，里面渔产颇丰，大家都以捕鱼为业，彼此相互约定，只捕大鱼，不捕小鱼，以保证子孙后代都可以靠这个湖泊的产出生存下去。这种日子过得虽然清苦了点，但好歹可以活下去，客观地说，在生产力并不发达的封建时代，能过上这样的生活也算不错了。可如果某个官僚、士绅盯上了这个湖泊后会怎么样呢？他们自然会想办法通过层层关系从官衙层面开始立法，然后在当地设置一个专管部门，进而逐渐增加该部门的管理者人数，同时对渔民们说："官衙为了让你们过上好日子可谓费心劳力，你们看，有这么多国之栋梁不惜屈尊来这个小地方为你们服务，所以相关税赋要增加一些。"渔民们能怎么办？他们是不敢得罪官老爷的，因为在他们看来，整个湖泊都是皇帝的，现在皇帝派了这么多官员来，要求多收点税似乎也没问题。

可大家要明白，之前捕的鱼也只够维持生计，再加税怎么办？自然只能加大捕捞量，否则就会饿肚子，渔民加大了捕捞量，获得的鱼的数量却并未增加，其中有一定数量的小鱼也会被捕捞上来，久而久之就会造成恶性循环，大家能从湖里捕捞的鱼将越来越少，到那时，某些危机感十足的渔民就会日夜捕捞，管他将来还有没有鱼呢，先保证自己的老婆孩子不被饿死要紧。到后来大家都这么干，这个本就发展缓慢的地方最终损失了唯一的财源，它的未来会怎样，还用我多说吗？

对于这种现象，美国社会学家詹姆斯·科尔曼有过一个极为精辟的论断，他认为政府支持的活动与社会资本处于一种零和博弈关系，政府的干预有时会破坏本来对发展有利的社会网络，削弱社会资本。约翰斯·霍普金斯大学教授弗朗西斯·福山则认为，社会资本就像一个车轮，它容易朝一个方向转动，如果政府处理不当，非但不会使它转向，反而会加速它的行进，乃至消亡。

这只是一个例子，实际情况必然更加复杂，掺和进来的利益集团也会更多。朝廷当初之所以会颁布相关法令，同意在当地设置专管部门，必然是因为皇帝接到上疏："某地百姓谋生艰难，仅凭捕鱼维持生计。"皇帝心有所感，周围一帮"贤臣"拼命鼓动："陛下，要帮助当地百姓脱贫啊，这才是圣主该干的事。"等到事情办砸之后，你说这是皇帝的错还是官僚、士绅集团的错呢？如果事情办好了，你说这是皇帝的功绩还是官僚、士绅集团的功绩呢？如果事情办砸了，他们自然会纷纷指责对方，让对方代表朝廷；如果事情办好了，他们自然又会纷纷揽功，表示自己才能代表朝廷。

当然了，我也不是要求大家站在皇权的角度来思考问题，而是告诉大家一个事实：皇权和官僚、士绅集团的斗争就是狼狈之争，无论谁胜谁负，老百姓的日子大概率都不会好过，对于给皇权当打手的东厂，大家应该理智且冷静地看待，没必要在主观上进行感情投注。

在前文谈及宦官出身时我就分析过，宦官天生就是"孤臣"，最适合与皇权抱团取暖，今天我来分析一下，宦官必须具备哪些特质才能脱颖而出，成为皇权的得力助手。

第一，伶俐。宦官的主要工作就是伺候主人，干这种事的人或许未必聪明，但必须伶俐，用大白话来讲就是得"有眼力见"，不能给人一种"站着像木桩，跪着像踏板"的感觉，人看到木桩总会习惯性地来上一拳，看到踏板也会习惯性地踩上一脚，这种宦官固然会被皇帝当作忠诚的体己人，但皇帝绝不敢把重要的事务交给他们，因为这种人看上去就不像能把事情办好的样子。

第二，聪明。伶俐的宦官会被赏识，只有聪明、伶俐合而为一的宦官才有被重用的资格。单以明朝论，皇帝都是日理万机，想给这样一位大忙人当助手，那可不是只会端茶送水就行，必要时，你还要能在政务上为皇帝分忧，虽然皇帝未必需要你来做这件事，但你必须要有能做好这件事的底气。

第三，勤奋。聪明伶俐的人往往自视甚高，认为自己比周围的人都要强，这使得他们往往不够努力。之前我分析过宦官的出身，他们往往出身穷苦，这类人并没有良好的家庭教育环境，如果在最应该接受知识的年龄不够努力，那么他们的天赋往往会被挥霍一空，最终只落得一个"小时了了，大未必佳"的评语。

第四，勇敢。很多人受影视剧和商业小说的影响，总喜欢把宦官理解成鬼鬼祟祟的奸诈小人，这属于刻板印象。官僚、士绅集团有多强大，我一个后世读者都能通过史书感受到，作为当事人，宦官对官僚、士绅集团的强大肯定有着更为深刻的体会。朱元璋杀了那么多人，他去世之后立刻就有人站出来蛊惑朱允炆，大家都说朱元璋非常可怕，但当我看到这些事件之后，觉得官僚、士绅集团才是真正可怕的存在。如果某个宦官敢站在皇帝一边公然朝着这样的巨无霸动手，你敢说他没勇气吗？那真是把脑袋别在裤腰带上为皇帝效劳呀。

第五，贪婪。如果一个人同时兼具伶俐、聪明、勤奋和勇敢这四种特质，那么他在任何一个领域都能成为成功人士，而且绝对拥有"炒老板鱿鱼"的资格。如果同时兼具以上四种特质的宦官不够贪婪，那皇帝敢用他吗？要知道，皇权与官僚、士绅集团的博弈是利益之争，其中的污糟事那可多了去了，宦官必须主动帮皇帝干脏活，这等于皇帝最见不得人的一面都被他们看见了，不主动送点把柄给领导，这宦官还有活路吗？恐怕全都要成为消耗品，干一次脏活杀一批宦官，而且杀的还是同时兼具伶俐、聪明、勤奋和勇敢这四种特质的宦官。再者，如果连这么浅显的道理都不懂，那他们自然也谈不上伶俐和聪明。

一群伶俐、聪明、勤奋、勇敢的宦官围绕在皇帝身边，帮他搞定各种危机，开展各种公关，必要时甚至还会扩大业务范围，把政务、军务也给揽下来，这帮宦官的个人素质到底如何，他们在皇帝心目中的形象如何，大家可以自行想象。

或许有人会问："你所写的宦官为什么与史书所写的宦官差别这么大呢？"答案很简单，因为史书都是宦官的死对头写的，你能指望他们把宦官写得有多好呢？开国君主总会习惯性地美化自己的先祖，大家对此习以为常，可在三国时期，当曹丕逼迫汉献帝禅位，自己堂而皇之地成为大魏开国皇帝之后，他应该怎样美化自己的先祖呢？史官们非常犯难。曹丕的父亲是曹操，曹操的父亲是曹嵩，曹嵩则是大宦官曹腾的养子，换言之，大魏开国皇帝是大宦官养子的孙子，曹丕还追尊曹腾为高皇帝。

对于这样一位大宦官，史官们自然不敢抹黑他，只能不情不愿地想好话，于是在《后汉书》和《三国志》中我们看到了一位伟大的宦官曹腾。可在曹操的对手袁绍看来，曹腾和其他宦官并没有什么区别，在官渡之战中，著名文学家陈琳写了一篇《讨贼檄文》痛斥曹腾与当时的几位大宦官"并作妖孽，饕餮放横，伤化虐民"，这段话都不用我翻译，大家光看字眼就知道不是什么好话。

以小见大，就连曹腾这位"曹魏帝国高皇帝"的形象都会出现如此戏剧性的差别，其他宦官的形象无论有多恶劣，我们其实都应该在心里打个问号，他们虽然未必有多么伟大、光明，但也绝不像史书所写的那样恶劣，或者说，他们所有的恶劣只是针对官僚、士绅集团，很少会针对性地去祸害老百姓，因为皇帝实在没理由去祸害百姓，毕竟他们还想着"万世一系"呢。

东厂所拥有的特权锦衣卫也同样具备，但东厂自成立以后却有着凌驾于锦衣卫之上的资格，因为他们有权监察锦衣卫，而锦衣卫却无权监察东厂。正因为东厂有这个特性，所以后世在提及朱棣设立东厂时，都说是锦衣卫的存在令朱棣深感威胁，这才有了东厂的诞生。对于这种说辞，我认为是靠不住的。锦衣卫也好，东厂也罢，他们都不是朝堂的下辖机构，而是皇帝乾纲独断的产物，如果皇帝想削弱他们，只要说句话就行，朝臣们对这两个机构早就看不顺眼了，现在皇帝居然愿意自断臂膀，他们巴不得上前帮忙呢。在这种"墙倒众人推"的大背景下，锦衣卫也好，东厂也罢，他们又能坚持几个回合呢？所以东厂的主要作用绝不是监察锦衣卫，这点首先要确定。

既然不是这个原因，那么朱棣为什么还要在锦衣卫之外弄出一个东厂呢？主要是因为朱棣当时缺人手，朝堂上也找不到合适的酷吏人选了。朱棣通过起兵造反的方式修成正果，这就注定了反对他的人肯定不少，只不过大多数人敢怒不敢言。对于这种局面，朱棣自然是心知肚明，他的应对措施有三招：一是到处撒钱为自己扬名，二是想方设法拉拢反对派，三是在拉拢不成之后大开杀戒。

第一招我在前文中说过，朱棣到处刷存在感，除了解决大明的外交问题，最重要的原因就是为自己增加威望；第二招我也说过，他极早确立朱高炽为太子，并为他安排了大量文臣辅佐，就是隐晦地表达了自己终将与官僚、士绅集团达成和解的意思；第三招我还没讲，但朱棣既然有大开杀戒的行为，就必然对合格乃至优秀的酷吏有着极大的需求。

永乐朝有一位都察院（御史台更名）左都御史名叫陈瑛，此人虽然在后世名气不大，但在永乐朝可是凶威赫赫的狠人。在朱元璋时期，陈瑛以国子监学生的身份被提拔为御史；在朱允炆时期，朱允炆将陈瑛转调至北平担任按察佥事，专门找朱棣的毛病，可陈瑛这个家伙比较贪财，很快就在朱棣的钱财攻势下沦陷了，专心致志地给朱四爷当起了卧底。朱棣起兵之后有人告发陈瑛收受贿赂，朱允炆念他是个读书人，可能只是一时行差踏错，所以仅把他贬谪到广西以观后效。陈瑛被贬之后根本没反思自己的过错，只是一味地诅咒朱允炆，同时祈祷朱棣赶快获得胜利，然后来营救自己这个忠臣。

朱棣登基之后先是大开杀戒，把围绕在朱允炆身边的所谓"奸臣"杀了个七七八八，然后立刻派信使前往广西任命陈瑛为左都御史，并要求他立刻赶回南京。据说陈瑛是朱棣第一个从外地召回南京的臣子，而且直接升任三品大员，可见朱棣对他十分看重，这是什么原因呢？史书给出的答案是，朱棣之所以能辨认出朱允炆身边的"奸臣"，是因为陈瑛给了他一份名单，上面详细罗列了一百二十余位"奸臣"的姓名。

我对这条记载表示怀疑，这很有可能是朱棣滥杀无辜后想找人背黑锅，这时他想起了在北平遇到的陈瑛，此人贪恋财物且十分听话，正是合适的人选，于是他立刻派人前往广西火速提拔陈瑛，老陈知情识趣，立刻将一切黑锅尽数背在了自己身上："陛下所杀的人都是经我反复核查的奸臣，一个没错！"

陈瑛的这种表现令朱棣十分满意，当他回京之后，朱棣把整个都察院的工作都交给了他，并明确表示都察院由陈瑛一人说了算。要知道，都察院的前身御史台可是"三大府"之一，与中书省和大都督府平级，朱元璋时期第一位掌管御史台的官员可是大名鼎鼎的刘伯温，陈瑛作为一个不久前还在广西闭门思过的犯官，居然能一跃获得这样的破格提拔，可见朱棣对他的期望有多高。

御史台改制为都察院后，部门职能有所增加，它与刑部和大理寺合成"三法司"，专门负责处理重大案件，三法司联合审案，就是著名的"三司会审"，在审案过程中谁占据主导地位呢？从理论上来说自然是刑部，可此时的陈瑛正当红，刑部自然也不敢和他争这个权力，所以在陈瑛活着的时候，"三司会审"基本可以算是他的一言堂。

除了那些死在他名下的建文旧臣，陈瑛的手上同样沾满鲜血。朝廷大军第一任主帅耿炳文、第二任主帅李景隆及其弟李增枝、第三任主帅盛庸、军中宿将何福、刑部尚书雒佥、驸马都尉梅殷、胡观等一大批人，要么被他整死，要么被终身监禁。

身边有这样一位心狠手辣又听话的酷吏，朱棣自然用得颇为顺手，可在永乐九年（1411年）二月，陈瑛被朱棣亲自下狱，并于同月被处死，灭三族。陈瑛的死因是什么呢？史书的说法是他害死了太多忠臣，以至于朱棣忍无可忍，于是亲手干掉了他。这个说法显然不可信，陈瑛的任务就是收拾朝臣，他本人又如此听话，朱棣一个暗示他就主动把残杀建文旧臣的黑锅背上了，如果想让陈瑛停手，也就是朱棣一句话的事，朱棣又怎么会对他忍无可忍呢？

最为可信的说法是朱棣刻薄寡恩，他眼见陈瑛已经将建文旧臣杀得差不多了，于是立刻以诛杀陈瑛的方式与文武百官和解。对于这个结局，陈瑛或许有所预见，他曾向朱棣建议："跟着朱允炆祸乱天下的反贼死不足惜，但直接给他们一刀似乎不太划算，倒不如让他们服劳役，去边疆地区帮着屯田。"这种事朱元璋做过，但后来朱允炆登基之后善待读书人，认为他们即使犯罪也不应该服劳役，于是把这个政策给闲置了。现在陈瑛又把这事拿出来说，显然是极力向朱棣证明，自己除了害人，在其他方面也可以起到作用。

可惜陈瑛的挣扎并没有起到什么效果，朱棣笑眯眯地采纳了他的建议，最后还是把他给杀了。陈瑛被杀之后，朱棣开始重用第二位酷吏，那就是大名鼎鼎的锦衣卫指挥使——纪纲。

锦衣卫这个机构大家都不陌生，论起著名的锦衣卫指挥使，排名第一的肯定是纪纲，因为他的一生实在是过于传奇。

纪纲是山东临邑人（今德州），年轻时也是一位饱读诗书的学子。朱棣当初起兵靖难时曾多次与朝廷大军在山东激战，有一次朱棣率军路过临邑，纪纲前去投军，燕军将领看纪纲一副文弱书生的样子，根本就不搭理他，此时朱棣恰好纵马路过，纪纲眼明手快，一把拉住朱棣坐骑的缰绳，希望他能收留自己，朱棣觉得此人虽然胆识过人，但过于文弱，对自己也没什么用处，便不想收留他，可纪纲似乎是看穿了朱棣的想法，于是大声对他说："我虽瘦弱，乃是因为家境贫寒，可我自幼弓马娴熟，绝对能够为殿下的大业做出贡献！"朱棣觉得此人颇为有趣，于是就把他收为亲兵。

实际上，纪纲说自己弓马娴熟那是在吹牛，他哪有那个本事啊，可纪纲是真狠，当天夜里他就求见朱棣，表示自己白天撒了谎，主要是因为自己过于仰慕燕王的威仪，希望能够留在朱棣身边效力，只要不嫌弃，自己从今天开始练习弓马！

朱棣没有怪罪纪纲，也不打算让他练习弓马，可纪纲愣劲儿上来了，他认真、严谨地干好自己的本职工作，然后把所有业余时间都用于练习弓马，一段时间后，瘦弱的书生纪纲消失了，取而代之的是一个浑身肌肉的壮汉纪纲。

朱棣非常喜欢纪纲这种坚韧不拔的性格，同时也很欣赏他对自己的忠诚，于是在登基之后立刻将锦衣卫交给了他，并授意他与陈瑛一起收拾建文旧臣。最初，纪纲与陈瑛合作愉快，双方联手杀得建文旧臣哭爹喊娘，毫无抵抗之力，可在经过一段时间的杀戮之后，反对派几乎都转入地下，朱棣也不希望他们把人全给杀光了，所以这两人渐渐地就没什么事情可做了。当初的杨宪不愿意长期给朱元璋当酷吏，现在的陈瑛和纪纲也想找机会转型，陈瑛的做法在上文已经说了，就是不断展现自己的能力，希望朱棣能给自己一个转型的机会，可惜朱棣最终还是选择了翻脸无情。

看到陈瑛的悲惨下场后，纪纲认为不能万事都依靠朱棣，这位皇帝刻薄寡恩，杀自己就像杀条狗一样简单，必须想办法往自己身上多贴几道护身符才行。基于这种想法，纪纲积极地经营人脉关系，最终，他将目光定格在汉王朱高煦的身上，他决定与靖难功臣站在一起，联手把朱高煦推上太子宝座。为此，他开始朝支持太子朱高炽的文臣下狠手。

纪纲的这种做法显然触及了朱棣的底线，汉王朱高煦只是他手中的"工具人"，也是用来和文臣讨价还价的筹码，纪纲身为锦衣卫指挥使，居然敢自作主张地给朱高煦站台，这更容易给文武群臣造成一种错觉：朱棣真的想更换太子，你看纪纲都开始行动了。

纪纲显然认为自己的做法非常完美，如果朱棣问起来，他完全可以推说这是配合陛下的行动，给那些文臣一点颜色看看。可纪纲忽略了一点，朱高煦性格狂傲，如果他当真了怎么办？朱棣的确需要有人配合自己的行动，但这个人绝不是他。锦衣卫出手向来没轻没重，一不留神就会开启血腥惨案，朱棣与文臣的博弈始终是微妙的，而且点到即止，纪纲居然敢插手其中，这就注定了他和陈瑛的结局必然一样。

永乐十四年（1416年），当朱棣打算正式将朱高煦推到前台和文臣博弈时，为防止纪纲再度破坏自己的战略部署，朱棣率先动手把他给杀了，罪名是"谋大逆"。在此后的四年中，朱棣在靖难功臣的帮助下与文臣们玩起了"回合制游戏"，你出一招、我出一招地进行文明争斗，最终成功团结了大多数，彻底孤立了南京既得利益集团。

陈瑛和纪纲先后被杀，使得朱棣一时半会儿找不到合适的酷吏人选，于是他将目光转向内廷，这才是朱棣最终选择信任宦官并设立东厂的主要原因。从此时起，锦衣卫开始逐渐失势，而宦官集团则逐渐得势，最终成为皇权手中最为锋利的刀，大明朝堂上也再无一日宁静。

㉗ 盛世背后的隐忧

大多数史料在谈及永乐十八年（1420年）时，都会把目光放到迁都北京和设立东厂这两件事情上。可实际上这年二月还发生了一件大事，那就是白莲教在益都卸石棚寨（今山东青州市境内）发动叛乱。很多对历史不太了解的读者都会有一个刻板印象，认为底层叛乱这种事只会在王朝末期发生，而叛乱一旦发生，该王朝被灭亡的结局就已经注定，实际上这种观点是不对的。朱棣在位时期被称为"永乐盛世"，但这只是后世史学家下的定义，意思是说对比大明王朝的其他时期，朱棣在位期间的大多数百姓过得都还算不错，但这并不代表所有百姓都过得很好，也不代表没人造反。

一个王朝从建立到灭亡，从强大到衰落，始终都有底层叛乱的影子伴随，它们之间的关系就好像一对孪生兄弟，哥哥出生了，弟弟自然也会在不久后出生。就拿明朝来说，从1368年朱元璋建立大明，一直到1424年朱棣去世，在这短短五十六年的时间里，大明就有过一百一十多次底层叛乱的记载，如果算上没被统计在册的，这个数字还会更多。之所以没人大肆宣传这些底层叛乱，是因为这些叛乱大多不成规模，而且朱元璋和朱棣在位期间，整个大明还算是稳中有升，所以大家都把功绩放在了第一位。

此次白莲教叛乱的持续时间并不长，两个多月之后就被完全镇压，但我依然认为应该专门拿出一个小节来讲解这件事，主要有两个原因，浅层原因是话题性和传奇性，深层原因则是国策导致的经济问题。

此次白莲教叛乱之所以会有更高的知名度，完全是因为他们拥有一位名叫唐赛儿的女性领袖。在底层叛乱中男性领袖屡见不鲜，但女性领袖就十分罕见了，简单数一下，也只有西汉迟昭平和唐朝陈硕真等寥寥数人，现在又冒出来一个唐赛儿，自然值得大书特书。在唐赛儿叛乱失败之后，立刻就有人把她的故事搬上了戏曲舞台，后来还有人将唐赛儿的生平事迹写进小说，近代甚至还出现了相关的电视剧和电影，你说这知名度能不高吗？

其中还有一个大家没有说出口的原因，那就是在我国传统中（尤其是宋之后），女性给人的印象总是"大门不出，二门不迈"，你朱老四真是太有"本事"了，居然能把温顺娴熟的女人都逼得造反，可见真是不得民心啊。

唐赛儿是山东滨州蒲台县人，生于建文元年（1399年），史书说她自幼贫苦，经常饱一顿饥一顿，但又说她十五岁便拥有了超群的武艺，这两条记载其实是冲突的，穷文富武，如果唐赛儿连饭都吃不饱，她哪来的力气和资金去练武呢？这条史料说明她肯定不是从小练武，可唐赛儿在十五岁时便拥有了超群的武艺，如果不是从小练武，她又怎么会如此厉害呢？

据我揣测，唐赛儿应该是出身于一个中等以上的富户之家，家中有大量的金钱供她自幼练武，但没过几年唐赛儿的家族就败落了，她自然也失去了练武的机会，所谓的"武艺超群"显然不是事实，毕竟女人和男人的身体素质差距太大。

唐赛儿的家族是如何败落的，史书没有给出明确的答案，我认为与靖难之役有极大的关联，朱棣和朝廷大军多次在山东交战，把好端端的齐鲁大地祸害得不成样子。战争结束后，朱棣大概是对山东人民也有些嫉恨，因为在整个靖难之役过程中，山东人民始终站在朝廷一方和他作对，所以当朱棣开始筹划迁都时，先是挖运河，又是修宫殿，据说从山东征调了数十万民夫。

山东固然是北方大省，可再大它也只是一个省，哪经得起朱棣这样折腾呢？而且山东人民的运气也不太好，那段时间的山东接连发生水灾、旱灾，唐赛儿的家族应该就是在这一系列事件中逐渐败落。

当唐赛儿十八岁时，她嫁给了一个名叫林三的人，林三是什么身份，史书尚无记载，只记载了林三的死因，据说是因为唐赛儿的父亲被官府抓去服役，唐赛儿觉得自己的父亲年事已高，不应该再服役，于是和丈夫林三冲进官府找人理论，结果被官差所杀，罪名是林三冲击官府，抢劫官粮，可见林三家里也没什么势力，要么和唐赛儿一样是个破落户，要么就是彻头彻尾的穷苦百姓。

林三去世后，唐赛儿的父母没过多久也去世了，无依无靠的唐赛儿为了活下去，被迫加入了白莲教，之所以说被迫，是因为自大明建国以来，白莲教始终都背负着污名。朱元璋很可能早在做游方僧时就已经加入了白莲教，即便当时没有加入，也会在投靠郭子兴后加入，因为郭子兴就是白莲教中人，如果朱元璋没有加入白莲教，他绝不会把养女马氏嫁给朱元璋。

正因为朱元璋是白莲教中人，所以他对这类底层宗教非常了解，与白莲教相似的还有摩尼教和明教，他们对底层民众的影响力极大。在底层拥有了极大的群众基础之后，宗教高层就会想方设法地将影响力往官衙和朝堂进行渗透，一旦渗透成功，他们必然会像其他修成正果的宗教那样登堂入室；如果渗透失败，他们就会找机会推翻该朝政权，再造天下。

当朱元璋还是一名造反者的时候，他巴不得天下多出几个类似于白莲教这样的势力，因为这有助于推翻元朝，可当朱元璋成为一名执政者之后，他的态度就转变了，并且开始对这类底层宗教严防死守，甚至不惜下狠手打压。就这样，白莲教在大明的官方宣传中变成了万恶之首，唐赛儿加入这样的组织，在当时多少有点良家妇女进入黑社会的意思。

在谈及唐赛儿起兵叛乱的原因时，史书绘声绘色地给我们讲了一个故事，大意是说唐赛儿在加入白莲教之后偶然捡到了一个石匣子，里面装着兵书和宝剑，唐赛儿因此武功大进，同时学会了排兵布阵，更拥有一身神鬼莫测的法术，她对着剪出来的纸人轻轻一吹，就可以将其变成真正的战士。正因为拥有了这些本事，所以唐赛儿开始积极、主动地拉拢蒲台县当地的底层百姓，后又把目标群体扩大到整个滨州，进而扩张至整个山东，唐赛儿向他们讲述朱棣的残暴与邪恶，希望大家能够团结起来，推翻这个无道的王朝。

这种说辞一望可知是假的，首先，这世界上并没有剪纸成兵的法术；其次，此次白莲教叛乱虽然由唐赛儿领衔，但她并不是唯一的主角。根据《明实录》记载，在唐赛儿起兵之后，山东各地有十余位白莲教信徒先后赶往蒲台县接受唐赛儿的领导，其中有一个名叫宾鸿的领袖，他曾在安丘一带起兵攻打县城；还有一个名叫董彦杲的领袖，他曾在莒州率众攻打县城，可见这帮人在当地都是赫赫有名的地头蛇，此次叛乱几乎席卷了整个山东。

大家想想，如此规模的叛乱，怎么可能仅仅是为了给唐赛儿的丈夫和父母报仇呢？只能说这是导火索之一，但不能把这事说成是目的。唐赛儿等人虽然最终拉拢了不少人参与叛乱，但这并不是百姓受了她的蛊惑，而是他们真的活不下去了。从靖难之役到准备迁都，就连唐赛儿那种较为富足的家庭都顶不住了，普通百姓的生活应该会是什么样子？恐怕饥荒、逃难早已成为普遍现象，在这种背景下，百姓为求活命，自然会想尽一切办法，还用得着唐赛儿去蛊惑吗？这只不过是传统史书对唐赛儿这样一位底层叛乱领袖的习惯性抹黑罢了。

山东百姓为什么会活不下去呢？按照前面的说法自然是因为朱棣厌恶他们，可大家别忘了，山东不稳，整个华东甚至华北都有可能出问题，朱棣是皇帝，他绝不会因为个人的好恶而置大明安危于不顾。山东百姓谋生艰难，固然有朱棣个人的好恶在内，但同样也是当时大明财政危机的一个缩影。

据说朱棣登基之后在国库内发现了不少金银，所以他心安理得地大搞"撒钱行动"。为了造出一支超级舰队，朱棣从全国各地调集能工巧匠，更是在福建大搞专项建筑；为了编纂《永乐大典》，朱棣也从全国各地收集书籍，甚至不惜重金购买孤本；再加上大量赏赐日本等友好邻国，同时又用巨额赏赐分化鞑靼和瓦剌，后来又兴兵北伐，在维持越南治理方面也支出甚多，迁都北京又要建造宫殿群……大家可以算算，这一桩桩、一件件地累积起来，朱元璋和朱允炆就是留座金山也不够他折腾啊。

大明的经济逐渐下行，这一点并不是秘密，户部尚书夏原吉就曾频繁上疏希望朱棣能躬行节俭，否则民变难以抑制，结果遭到朱棣当场斥责，让他不要危言耸听。骂过之后没几天，朱棣又找到夏原吉，说在哪里哪里要搞个大工程，让他拨点款，夏原吉当场顶撞，表示国家早就没钱了，再这样下去只能加税，朱棣无可奈何，只得骂骂咧咧地结束对话。

朝廷钱不多，但朱棣的想法很多，怎么解决这个问题呢？内阁学士杨士奇建议朱棣加大宝钞的发行力度，这样或许可以渡过难关。这一做法带来的影响极其恶劣，后世不少人痛骂杨士奇是奸臣，竟然用这种方法吸食民脂民膏，但在我看来，杨士奇顶多就是个从犯，要不是朱棣"上有所好"，哪会有官员做出这种荒唐事呢？

当唐赛儿叛乱的消息传至北京后，朱棣勃然大怒，严令山东各地方官率军镇压，务必在最短时间内解决一切问题。最初平叛大军打得并不好，唐赛儿率军左闪右躲，搞得朝廷很没有面子。朱棣在北京巴巴地等着捷报传来，可过了一个月都没传来好消息。怒不可遏的朱棣立刻让平叛大军主帅柳升从边军调遣精兵强将进入山东，两个多月后，山东各地叛乱均被镇压，捷报传至北京，朱棣下令斩杀所有俘虏，家眷没官为奴。

山东地方军队为何会如此无能呢？其实这是普遍现象，只不过山东这回抓住了唐赛儿这个"大奖"，所以提前把问题全部暴露出来了。在明朝时期，由于受元朝影响较深，所以部分军制问题并没有得到改善，其中影响最大的就是军警不分家，地方军队不但要负责打仗，还要管理地方治安，这样做最大的坏处就是难以保证军队的纯洁性。

除了地方军队腐化，唐赛儿最终不知去向的事也令朱棣感到十分愤怒，他认为山东各地官员无能，才导致局面糜烂至此，于是将山东各地的参议、按察使、布政使以及出现起义的各县官吏全部处死。后来不知从哪里传来一个小道消息，说唐赛儿已经出家为尼，可能逃到了河北，朱棣便立刻下令逮捕山东与河北地区的尼姑，据说抓了五万多尼姑，结果也没能找到唐赛儿。

朱棣花费巨资用以扬威，其主要目的是淡化靖难夺位的影响，同时尽可能地孤立朝臣，减少他们结党营私的可能性，但此次白莲教起兵叛乱使得朱棣"捂盖子"的做法成为后世的笑柄，这也是朱棣如此痛恨唐赛儿的主要原因，除了痛恨，自然还有些许恐惧。朱棣虽然没有亲身经历波澜壮阔的元末群雄并起时代，但他也不是太平天子，类似于白莲教这样的底层宗教，对统治秩序的破坏力极其惊人，今天只是出了一个不怎么起眼的唐赛儿，谁敢保证明天不会出现一位类似于韩山童、刘福通这样的人物呢？

朱棣很想解决这个问题，但他根本无能为力，只能不断采用高压政策，一旦发现压不住，就立刻采取怀柔政策。朱棣于是亲自编纂了一本名为《孝顺事实》的书，并将它下发给文武群臣以及全天下的学生，书里记载着二百多位孝子的故事。朱棣一边发书一边告诫天下臣民："汉朝为什么能够得国四百年？因为汉朝人恪守孝道，自上而下井井有条，天下自然大治。孝是百行之本，万善之源，只有孝顺的人才能'动天地，感鬼神'，大家要好好学习，争取也做个孝顺的人。"

朱棣这是在讲孝吗？不是，他是在给天下臣民洗脑，要求大家凡事以国家为重，皇帝应该做的是孝敬天，群臣和百姓应该做的是孝敬父母和皇帝，大家规规矩矩做事，别整天想东想西，造反这种事情属于大逆不道，老天绝不会保佑反贼。

应该说朱棣的做法确实收到了一些效果，但鸡汤代替不了粮食，如果不想办法解决吃饭问题，像白莲教那样的底层宗教必然会"春风吹又生"，一个唐赛儿倒下去，必然会有千万个唐赛儿站起来，到那时，大明该怎么办呢？朱棣刻意避开了这些问题，他还是想干回自己的老本行，也就是出兵打仗，至于民生问题，留给后人去解决吧。

28 倒霉的朵颜三卫

从表面上看，朱棣迁都是因为北京令他感到安心，现在年纪大了，想回到这里养老，除此之外并没有特殊的用意。可只要是智力正常的人，就不会被他的这套说辞所蒙骗，首都北迁可不是小事，这意味着整个大明的工作重心也开始向北偏移，所以在朱棣迁都北京之后，草原上鞑靼和瓦剌的心都悬了起来。

在前两次北伐中，朱棣把鞑靼和瓦剌挨个收拾了一遍，等他在北京安定下来之后，是否会继续北伐呢？如果继续北伐，目标到底是鞑靼还是瓦剌呢？谁的心里都没有答案，包括朱棣本人。说起来也好笑，朱棣最喜欢通过搞大动作来转移国内民众的视线，前两次北伐尽管在军事上都没有太大的收获，但在政治上却极有意义，所以朱棣坚持认为前两次北伐都是大获全胜。迁都前后遇到一大堆烦心事，朱棣希望能够通过北伐的方式来转转运，可此时的鞑靼和瓦剌都很乖，大明没理由出兵，所以他也不知道该打谁。但就在朱棣为找不到对手而烦心时，鞑靼首领和宁王阿鲁台主动跳出来惹事了。

据史书记载，瓦剌在第二次北伐兵败后，阿鲁台趁机壮大，几年后觉得自己实力强盛了，又准备改变对大明的依附政策，朱棣派使者规劝他好自为之，他却扣住使者不放，并一再派兵袭扰大明北部边境，并于永乐十九年（1421年）冬率军围攻大明北方重镇兴和，杀死了明军指挥官王祥，并宣称兴和是大元中都，应该被划为蒙古领地。

这条史料写得绘声绘色，但我不太相信，这很像是朱棣自己想攻打阿鲁台，于是七拼八凑了一些理由，否则以阿鲁台的资本，根本不会没事招惹大明。当然还有一种可能，阿鲁台认为朱棣已经被国内诸多事务捆住手脚，所以才出兵攻打兴和作为试探，阿鲁台如此嚣张的原因究竟是什么，史学界并无定论。

史学界虽然没定论，但朱棣可有定论，他一口咬定这是阿鲁台忘恩负义，才乖了没几年又旧病复发，果然还是欠收拾，于是他准备点齐五十万大军北伐鞑靼，好好教训一下阿鲁台。看到五十万这个数字，相信许多读者已经会心一笑。朱棣对这个数字真是情有独钟，每次都要号称五十万，也不怕被别人识破。前两次北伐的总人数我们可以给出一个大致范围，但第三次北伐则要难得多，有人说十来万，也有人说二十来万，还有人说三十七万或接近四十万。

总之，这次北伐的人数对后世读者而言是个谜，但对当时的人却不是谜，兵部尚书方宾认为从征人数太多，后方粮草不足；户部尚书夏原吉认为朱棣每次都带一大堆人北伐，结果啥好处都没捞到，还赔了不少钱，为什么就不能消停一会儿呢？国内到处都是旱灾、水灾，把钱用来赈灾不好吗？刑部尚书吕中则认为朱棣最近过于操劳，据说身体也不太好，北伐的事还是缓一缓吧；礼部尚书吕震则建议朱棣先考虑外交手段，如果真要北伐鞑靼，至少也要先把瓦剌给拉下水，否则削弱一个养肥另一个，这仗打到哪年是个头呢？

四位大臣你一言我一语，把朱棣吵得头昏脑涨，他几次参与争论，又很快被顶了回来，毕竟他不占理。会开到最后，朱棣强行终止了讨论，他命令夏原吉前往开平（今内蒙古多伦）视察储备粮的情况，同时斥责另外三人，说他们对国家不忠，整天就知道钱钱钱，如果不解决北部边患，无论存多少钱最后都要赔出去，想想弱小的北宋是怎么被别人欺负的，再想想先帝是怎么欺负北元的！

朱棣这话其实就是强词夺理，北部是有边患，但并没有严重到必须带几十万人出征的地步，北宋弱小主要是在北方没有屏障，朱元璋能欺负北元，是因为当时的北元并未完全收缩。可现在情况完全不同，方宾等人的顾虑很有道理，但朱棣在前两次北伐中占了便宜，自然不会轻易妥协。

数日之后，朱棣又问在朝的三人对此次北伐是什么看法。在之前讨论的四位大臣之中，夏原吉的口才不算最好，轻易也不说话，可每次开口总能切中要害，现在他已经被支走了，朱棣觉得自己这次应该能够压服剩余三人。可没想到这三位似乎是早就商量好了，还是反复强调手里没钱，粮食不够，应该对北方采用更为柔和的态度。这下真把朱棣给惹火了，他下令将方宾、吕中则、吕震则三人投入大牢，并派锦衣卫快马加鞭赶到开平，把夏原吉抓回来一起下狱，再不给他们点颜色看看，还以为这天下不姓朱了！

四位大臣被关进监狱后虽说也没吃什么苦，但朱棣已经放出话了，等此次得胜归来再处置他们，得知这一消息后，胆小的方宾畏罪自尽。当朱棣得知这一消息后，他怒不可遏地下令开棺戮尸：在大军出征前你玩这一出，摆明了是不把朕放在眼里，这是赤裸裸的诅咒！朱棣一边收拾朝堂上的官员，一边在辽宁、河北、河南、山东、山西和陕西等地调兵遣将，同时也像第二次北伐那样，命令全国总动员，为北征事业出钱出力，巨大的战争机器又一次开动了起来。永乐二十年（1422年）三月，朱棣命皇太子朱高炽监国，自己率领大军从北京出发，目标直指阿鲁台！

一个月后，北伐大军抵达宣府（今河北省宣化）东南部的鸡鸣山时，大军动向被鞑靼斥候侦知，阿鲁台立刻命令大军火速撤退，决不能被明军主力抓住，否则死路一条。朱棣对此并不知情，但他明白一点，如此兴师动众地进入草原，必然抓不住阿鲁台，而且现在是四月份，草原的夏秋时节即将到来，牧民们会分散放牧，到时候草原上恐怕连个人影都见不到。

面对此情此景，北伐众将士都很着急，他们纷纷建议朱棣，是不是尽快赶往兴和，那里刚被阿鲁台攻破，也许还会遇到一些敌军，就算遇不到，咱们也可以先把兴和重建起来，不至于整天赶路。朱棣从善如流，大军按正常速度向兴和行进，抵达兴和之后，朱棣开始了重建兴和的工作，似乎又不急于寻找阿鲁台了。

朱棣这边四平八稳地行动着，阿鲁台那边不断派出斥候打探，当他得知明军的动向之后，便采用了一种更为谨慎的态度部署撤退路线，生怕朱棣派出小股精锐突袭自己。可随着时间的推移，阿鲁台怯意尽去，他认为朱棣不过如此，只会摆开阵势打阵地战，玩运动战、突袭战、游击战却远不是自己的对手，既然如此，那不如抽空偷袭他一下。

在一次军事会议上，阿鲁台将自己的想法分享给在场的诸位大佬，希望他们能够支持自己打一仗，结果遭到了众人的否决，大家都觉得阿鲁台纯属多事，朱棣现在摆明了就是来草原上耀武扬威，你乖乖躲着他不就行了吗？为什么非要去招惹他呢？把大明惹急了，自己又能有什么好处？

阿鲁台被怼得一肚子气，回到自己的营帐后就开始大发牢骚，他老婆听到后不但没有劝慰，还责怪他老是派骑兵袭扰大明边城，惹得明军大举进入草原，这是何苦来哉？两口子正说着，阿鲁台的母亲也来了，她和儿媳妇联合起来一起数落他忘恩负义，阿鲁台被她们烦得没办法，只得选择和自己的亲兵们住在一起。

从表面上看，这是阿鲁台不知好歹，无缘无故招惹大明，引得部族内众多大佬一致反对，他的母亲和妻子忠于大明，也看不惯这种行为。可如果我们从利益角度分析，会发现事情的真相绝非如此简单。鞑靼是典型的部落联盟，阿鲁台之所以能成为领袖，是因为他懂得把大家的利益摆在首位，众位大佬认为阿鲁台完全可以带领鞑靼走上正轨，于是纷纷支持他，双方本就是利益结合体。如果袭扰大明边境的行为侵犯了鞑靼众位大佬的利益，就算阿鲁台不怕死，敢豁出命去干，众位大佬也不会放任他挑衅大明。换言之，袭扰大明边境如果不是朱棣找的借口，那就必然是鞑靼众位大佬默许或首肯的行动，阿鲁台只是执行者，最多再加上个提议者，罪魁祸首应该是一群人，而不是他一个人。

如今阿鲁台遭到了大家的鄙夷和排斥，回到自己的住处还要被母亲和妻子嫌弃，这其实是一个危险的信号，想想鞑靼前首领本雅失里的下场吧，他就是因为得罪了大明，结果被朱棣追着打，只得在众叛亲离中仓皇逃窜，最终死于瓦剌首领马哈木之手。如果朱棣故技重施，到处宣扬阿鲁台的恶行，并且声明"只杀首恶，胁从不问"，那么阿鲁台很有可能被众位大佬联合自己的母亲、妻子孤立，然后重蹈本雅失里的覆辙，这也是阿鲁台始终和亲兵们住在一起的原因，他害怕自己一觉睡下去就再也醒不过来了。

千万别说阿鲁台的母亲和妻子冷血，她们也有自己的母族，如果朱棣不依不饶地非要抓一只替罪羊，为了保全母族，她们也只能牺牲阿鲁台了。这不是她们愿不愿意的事，而是她们只能这样做，执迷不悟地跟着阿鲁台，下场或许就是大家一起共赴黄泉；大义灭亲交出阿鲁台，没准自己还能依托母族的保护活下来。

阿鲁台那边惶惶不可终日，始作俑者朱棣却似乎一无所知，他专心致志地在草原上巡游，抽空还会大搞军事演习。这种演习可不是走个过场就行了，而是会加入考核评定的，靖难功臣孙岩的儿子孙亨就因为在演习中表现糟糕，官职被朱棣一撸到底，从统兵将领变成了随军参议。宠臣张信曾冒死向朱棣报信，坚定了他起兵靖难的决心，但这位老兄的军事水平也不怎么样，朱棣搞演习时他称病不至，结果也被撤销职务闲置了起来。

朱棣对演习的看重令众将士无所适从，大家私下里都在窃窃私语："陛下来草原上到底是打仗还是练兵，咱们出来这么久，连个蒙古兵的影子都没看见，这叫什么事儿？"久而久之，整支北伐大军的士气变得越来越低迷，朱棣一再提高演习胜利的赏赐，大家也还是有些打不起精神。

转眼来到了六月，朱棣接到了来自河北的奏报：阿鲁台率军袭击万全（今河北省张家口市万全区），远远看上去兵力不少，不过对方并未攻城。此时的北伐大军已经抵达应昌（今内蒙古克什克腾旗西北部），正朝着锡林浩特方向行进。现在能回去救援万全吗？朱棣认为不行。阿鲁台此举意在调动北伐大军，如果跟着他的节奏走，北伐大军就无法掌握主动权了，而北伐大军人多势众，在机动性方面本就处于劣势，如果再不掌控节奏，这仗还怎么打？

想通这一关节后，朱棣回信给万全守将，命他们务必坚守，自己很快会回师救援，同时命令大军加速前往锡林浩特，阿鲁台大军肯定就在此处。军令一出，军中士气大振，以为这次总算可以光明正大地和蒙古人打一场了，可当大军赶到锡林浩特后，却连个人影也没发现，好不容易提上来的那股气又泄了。与此同时，朱棣也接到了万全送来的军情，阿鲁台大军已经撤退，去向不明。

结合诸多情报，朱棣认为自己之所以找不到阿鲁台，完全是因为有内奸作祟，如果不把这个内奸抓出来，大明以后就永无宁日。在次日的军事会议中，当朱棣抛出自己的论断后，众皆哗然，大家纷纷交头接耳，探讨谁会是内奸。眼见已经成功掌控了局势，朱棣站起身来斩钉截铁地说道："屡次出卖我大明军情、暗通阿鲁台的就是朵颜三卫！朕此次北伐名为攻打鞑靼，实际上是为了麻痹朵颜三卫，以便找到合适的机会把他们全部歼灭！"

此言一出，先是一片冷场，随后不知道是谁带的头，大家纷纷开始吹捧朱棣："陛下您真是胸怀韬略，能人所不能，有了这样一番布置，反贼朵颜三卫肯定逃不出咱们的手掌心，这回一定要灭了这群吃里爬外的家伙！"

朵颜三卫当真暗通阿鲁台吗？史学界的主流观点认为这是事实；朱棣真的是假借北伐阿鲁台之名找机会消灭朵颜三卫吗？这个说法恐怕不可信。朵颜三卫暗通鞑靼已有二十多年，朱棣真想消灭他们，肯定有大把的机会，为什么此时才行动呢？我认为，这应该是朱棣找不到阿鲁台，又不愿空手而归，所以干脆把朵颜三卫给灭了，这样也算没有白来草原一趟。

比起鞑靼，朵颜三卫的力量弱小得多，但朱棣这回却是"狮子搏兔，亦用全力"，他将大军分成八路，从各个方位包围了朵颜三卫的驻地，同时还在战场外围设置了第二战场和第三战场，一旦有人突围，还可以迅速组织二次打击、三次打击。

七月中旬，北伐大军来到黑龙江洮儿河一带，朵颜三卫的精锐大多驻扎于此，他们早就得知明军的动向，却并未加以防备，以为大军还在四处寻找阿鲁台的踪迹。朱棣趁势突袭，一支人数约为两万的骑兵部队率先出动，打了朵颜三卫一个措手不及。在一阵慌乱之后，朵颜三卫的高层也明白了，这就是冲咱们来的，现在说什么也没用，还是手底下见真章吧！

一阵交锋过后，仓促应战的朵颜三卫抛尸数千具，剩余人马向西部逃窜，刚好撞上了朱棣亲自率领的中军，双方旋即爆发大战，朵颜三卫再度战败，朝着正北方逃去。朱棣率军追赶，朵颜三卫眼看逃不掉了，只得找到一座高山据险扼守，只是他们的运气不太好，这片高山的背后是一片沼泽地。朱棣在探明周边地形之后，立刻率军从正面猛攻，朵颜三卫抵挡不住，于是打算从山后撤退，结果集体退进了沼泽地，顿时死伤惨重。慌乱之中，部分蒙古兵跌跌撞撞地逃出了沼泽地，横在他们面前的却是一条大河，河对面也有明军把守，想渡河就要做好被对岸明军射成刺猬的准备。万般无奈之下，朵颜三卫残部只得分散突围，将大量牛羊牲畜留在当地，这才逃出生天。

这一仗朱棣大胜朵颜三卫，但具体歼敌数目不详，只知道北伐大军将整个朵颜三卫的驻地翻了个底朝天，然后带着十多万牲畜凯旋了。说起来也是朵颜三卫倒霉，如果他们认真防范朱棣，必然不会落得如此下场，可朱棣作为战胜一方，他真的赢了吗？其实也没有。要知道，朵颜三卫可是名义上的大明臣子，朱棣攻打朵颜三卫，无论战果多么丰硕，都改变不了这是一场"平定内乱"的战争。没有朵颜三卫相助，阿鲁台的确会变得更加弱小，但朱棣毕竟也没能真正伤到阿鲁台。更重要的是，朱棣此前设立奴儿干都司就是为了制约朵颜三卫，可现在这样一通乱砍乱杀，奴儿干都司官员们这么多年的努力就等于白费了，朝廷每年大额的抚边粮饷也等于扔进了大海。你可以说这是"长痛不如短痛"，也可以说"削亦反，不削亦反"，可现实就是，朱棣这一通神鬼莫测的操作直接导致北部草原局势失控。

登基之后的朱棣确实做了许多值得称赞的事，但自迁都北京之后，朱棣也做了许多令人瞠目结舌的事，而且一件比一件荒唐，一件比一件让人费解。比如放弃制衡策略，我们可以理解为北京距离鞑靼太近，朱棣担心后世子孙不争气，重演当年北宋的"靖康耻"，所以转而盯着阿鲁台下狠手，可最终的事实证明，哪怕没有阿鲁台，哪怕东蒙古没有威胁，后世子孙该出事还是会出事。

29 赵王弑君大案

当朱棣和文臣集团斗得不亦乐乎时，他的长子朱高炽和次子朱高煦被频繁拉出来充当工具人，双方你来我往好不热闹，但有一个客观事实似乎被所有人忽略了，那就是朱棣一共有三个活到成年的儿子，其中最小的儿子叫朱高燧。

据史书记载，由于朱高燧是小儿子，所以最受朱棣和徐皇后的宠爱，从小养成了骄横的性格。永乐五年（1407年）徐皇后病逝，朱高燧哭着找朱棣要妈妈，朱棣受到影响，爷俩抱在一起痛哭流涕。事后朱棣认为朱高燧至孝，给了他许多赏赐，朱高燧为此自鸣得意，觉得老爹最喜欢自己，最后肯定也会把皇位传给自己，两个哥哥迟早要靠边站。

有了想法，自然就要准备行动，在接下来的一段时间里，朱高燧频繁约见朝臣，希望能获得更多的支持，可朝臣们又不是傻子，你一个藩王要和咱们密谈，这是想干吗，真当锦衣卫是摆设啊？于是被朱高燧约见的官员都会在第一时间找到朱棣，把相关情况禀报给他，以示自己与赵王毫无瓜葛。

很多人都说朱棣最喜欢次子朱高煦，其实这只是表象，因为朱高煦在战场上出力最多，也是掣肘太子的最佳人选，所以朱棣总喜欢表现出一副非常喜欢朱高煦的样子，可实际上，朱棣最喜欢的还是小儿子朱高燧，所以他最初没把这当回事，只是让官员们注意尺度。

朱棣的纵容成功麻痹了朝臣们，以为他是在刻意培养朱高燧，将来用以制衡太子，所以大家逐渐与朱高燧有了一些往来。这样一来二去，双方的关系自然也会越来越亲密。经过一段时间的经营之后，朱高燧觉得自己虽然已经拥有了不小的势力，但大多数高官依然站在太子朱高炽一方，这令他有些不爽，但他也没办法，朱高炽仁慈宽厚，高官们都很喜欢他，现在不可能直接分化、拉拢他们。

朱高燧想了一下，决定改变策略，他想先从宗室当中找一个能与高官们说得上话的人，努力刷点印象分，将来有机会了再请他邀约各位高官，大家坐在一起谈谈，说不定就能达成共识。基于这种想法，朱高燧将目标锁定在了谷王朱橞身上。想当初，朱棣杀向南京时，是谷王和李景隆代表宗室和南方官僚集团打开金川门迎接朱棣入城的，这表明谷王与南方官僚集团有很深的交集，只要能获得谷王的认可，自己或许就有更进一步的机会。

面对朱高燧的示好，谷王非常开心，他知道这是朱棣最喜欢的小儿子，和他搞好关系，自己在南京就有了一个可以帮忙说话的人，于是他经常主动联系朱高燧，希望朱高燧能在朱棣面前多多进言，给自己争取一些前往南京面圣的机会。

眼见谷王上道，朱高燧大喜过望，拿着各种高帽子往谷王的头上戴，什么您是靖难第一功臣，当初要不是您震慑住李景隆，我爹肯定还进不了南京城；您是最受先帝宠爱的儿子，我们小时候都听先帝说过这些事儿，他老人家夸您识大体，将来必能为我大明建立不世功勋……

藩王和皇子交往甚厚，按说这是不合规矩的，但朱棣或许是不知道，也可能是知道了但没说，这更助长了朱高燧的野心。据野史记载，朱高燧甚至在信中对谷王说："将来我当了皇帝，肯定要找一位德高望重的宗室辅助我治理朝政，除了您，没人能当得起这个重任了，希望您能日日锻炼身体，以便将来为国效劳。"这个说辞我认为不太可信，但朱高燧与谷王之间应该确有一些过火的言辞，因为在永乐七年（1409年），这事引起了建文旧臣茹瑺的注意。

茹瑺是衡山藻江人（今湖南省衡阳市），他性格耿直，脾气很差，不但和同僚搞不好关系，和家人的关系也有些紧张。朱棣登基之后认为茹瑺是个忠臣，所以封他为忠诚伯，并任命他为兵部尚书兼太子少保，可茹瑺没干多久就因为一个莫须有的罪名被遣返回乡了，回到家乡之后又被家人检举行为不端，于是又被抓回了南京。朱棣觉得茹瑺虽然忠诚，但能力和情商都不行，不适合在朝堂上混，将来还是找机会外放为地方官比较好，于是在一番审查之后，命他回乡单独居住，等待朝廷的任命。

在回乡途中，茹瑺路过谷王的封地长沙，当地有一个官员是他儿时的同伴，于是留他小住几日。在这几天的时间里，这位同伴经常唉声叹气，茹瑺就问他怎么了，同伴说："我现在待的这位置就是个火山口，没准哪天就会被烧死。"茹瑺赶忙追问缘由，同伴就把谷王与朱高燧密信往来，意图谋反的事告诉了他。茹瑺一听这还得了？谷王身为藩王，居然秘密与皇子往来，不行，我要去骂醒他！茹瑺愣劲儿上来，同伴拉都拉不住，只得眼睁睁地看着他进了谷王府。

谷王早就听说茹瑺的大名，知道这位爷脾气臭，所以摆出一副礼贤下士的样子，打算说几句客套话就把他打发走，可茹瑺一见到谷王，立刻说了一通"忠孝仁义"的大道理，同时义正词严地斥责谷王："再不回头，当心永坠深渊！"谷王被茹瑺骂得一愣一愣的，回过神来后立刻勃然大怒："你是个什么东西，也敢教训我？不知道从哪听到了几句谣言，就敢来构陷藩王，谁给你的勇气？"于是他立刻命令左右将茹瑺拿下，然后上疏朱棣，弹劾茹瑺不尊重藩王，这是乱政之举！

朱棣很了解茹瑺，他知道茹瑺就是单纯的脾气不好，这一次没准又是被谁给当枪使了，但不管怎么说，茹瑺的把柄被谷王抓住了，朱棣也不好为他说情，于是就将茹瑺交给了锦衣卫指挥使纪纲，罪名是违祖制。

被关进锦衣卫诏狱之后，茹瑺悲愤欲绝，他认为自己对大明忠心耿耿，却得到这样一个下场，真是老天爷瞎了眼。纪纲是个屠夫，他可不管茹瑺有什么来头，既然已经关了进来，那该怎么收拾就怎么收拾，就这样，茹瑺在诏狱中吃尽了苦头。要说茹瑺这脾气是真愣，他不但没有屈服，反而吩咐自己的儿子茹铨去街上买了毒药，最终服毒自尽。

当朱棣得知茹瑺的死讯后非常难过，茹瑺这个人虽然不聪明，也不能委以重任，但朱棣非常欣赏他的耿直和忠诚，还曾为他写过诗，赐给过他免死铁券，现在茹瑺死了，到底是谁的责任？朱棣下令锦衣卫严查。经过一番查探之后，纪纲向朱棣禀告说茹瑺得知谷王与朱高燧密谋造反，所以才冲到谷王府去怒斥谷王，朱棣闻言勃然大怒。

在朱棣看来，朱高燧做事虽然有些荒唐，但他应该还是识大体的，可没想到，这个宝贝儿子居然在私底下干出这种事，要是再不管管他，恐怕将来就管不住了！可当朱棣冷静下来才发现自己根本下不去手，毕竟是小儿子，再不争气也是亲生的，得想个办法为他开脱一番。

茹瑺死后没几天，朱棣便召见朱高燧，并将锦衣卫查到的情报扔到了他的脸上，朱高燧看到这份情报后，当场就吓白了脸，连忙表示没有这回事，自己只是喝醉了酒与十九叔（谷王）开玩笑，绝不敢窥伺神器，自己也不是那块料。朱棣见他还敢狡辩，先是痛骂，后是痛打，把个英俊、帅气的朱高燧打得鼻青脸肿。出过气之后，朱棣褫夺了他的冠服，命令他回府闭门思过，没有自己的命令不得出府，同时又命人将赵王府长史顾晟抓了起来，批评他对赵王平日的言行全无管束，深负皇恩，于是没经过审讯，直接判了个斩立决。对于谷王，朱棣并没有当场发作，而是暂且忍耐，在数年之后找了一个不怎么样的借口，直接把他废为了庶人。

在得知顾晟被杀、朱高燧被褫夺冠服且勒令闭门思过之后，南京当地的许多官员开始纷纷上疏弹劾朱高燧平日里的一些不法行为。其实这是大家在努力与朱高燧划清界限，但这下朱棣就有些难办了，他觉得自己对朱高燧的处罚已经到位，并不想继续追究此事。太子朱高炽敏锐地察觉到朱棣内心的纠结，于是果断出面替三弟说好话，朱棣就坡下驴，决定宽恕朱高燧。就这样，"思过"还不足十日的朱高燧成功渡过难关，但冠服被夺，长史被杀，也彻底熄灭了他争夺太子的希望，朱棣派了两个朱高炽的铁杆做他的新长史，两位新长史不断给朱高燧灌输"立嫡以长"和"天命难违"的大道理。受父母溺爱的小儿子们通常都有个特点，就是没经历过磨难，看起来张狂得不可一世，可真遇到挫折就很容易变得敏感、脆弱，朱高燧就是这样。经过此事之后，朱高燧开始处处小心谨慎，始终夹着尾巴做人。

朱高燧转变想法，决定只当个富贵闲人，不再掺和朝堂上那些乱七八糟的事，可树欲静而风不止，当时间来到永乐十四年（1416年），朱棣把朱高炽和朱高煦兄弟俩抬出来打擂台时，朱高煦知道自己只是朱棣与南京既得利益集团博弈的工具人，但他并不满足于现状，认为只要自己能够在这场风波中超水平发挥，说不定真有逆天改命的机会。基于这种想法，朱高煦开始积极地寻找外援，并把目光对准了弟弟朱高燧。

在朱高煦看来，三弟之前或许有过一些天真的想法，但他最近这几年明显乖巧了不少，相信他现在不会有什么妄想，自己只要许下一些诺言，就有机会把他拉到自己身边助威，自己的胜算必然会大增。

朱高煦是一个果决的行动派，想好之后便立刻开始付诸行动，他每天闲着没事就往朱高燧府上跑，今天说说大哥的坏话，明天谈谈兄弟俩的战场情谊，后天聊聊国家的未来，话里话外都透着一个意思：好兄弟，帮我夺位，将来少不了你的好处！

面对朱高煦的请求，朱高燧感到很为难，从感情上讲，朱高燧更喜欢二哥朱高煦，因为两人一起上过靖难战场，有着血与火的交情，而在朱高燧看来，大哥朱高炽表面上看起来宽厚仁慈，其实不过是他为保住太子之位而做出的伪装罢了。父皇一向不喜欢大哥，如果自己站在二哥身边摇旗呐喊，的确有可能加重二哥在父皇心中的分量，废掉太子的可能性也更大。可问题就在于，朱高燧是"一朝被蛇咬，十年怕井绳"，长史顾晟的死一直在他心中挥之不去，上一次是自己运气好，顾晟被抓起来当了替死鬼，这一次如果再押错宝，结局恐怕更为不妙，父皇会再一次宽恕自己吗？放着好好的太平王爷不当，反而冒着一无所有的风险帮二哥站台，这样做真的值得吗？

朱高煦很清楚，自己这个弟弟做事优柔寡断，有时候就是要用强硬的手段逼迫他一下，造成难以改变的既定事实，到那时，无论他心里有多别扭，也不得不站到自己这边，于是他没等朱高燧回话便立刻起身告辞，然后将消息分享给各位靖难功臣："我和三弟已经说好了，真要是争起来，他会站在我这边，你们就放心吧，二对一，我们能赢！"

经过四年的博弈，朱棣最终压服了南京既得利益集团，自然也把废太子一事抛诸脑后，可朱高煦不服，他觉得自己还有戏，因为靖难功臣们并没有转投朱高炽的门下，反而一直在给自己加油鼓气。朱高煦是典型的军人脾气，他绝不会轻易放弃，于是关起门来跟自己的心腹复盘，总结失败经验，找机会重头来过。

这种"根据结果推过程"的事后总结做起来非常简单，朱高煦及其心腹们很快就发现了一些问题，其中之一就是朱高燧支援不利，以致朱高煦总是在关键时刻差一口气，要是朱高燧能给力一点，恐怕事情早就成了。面对这种结果，朱高煦自然是一肚子火，他认为自己已经把该做的事都做好了，没想到朱高燧比自己想的还要不堪，这次没能成功，还会有下一次吗？朱高煦完全没有头绪，他的心已经乱了。

朱高煦的智囊王斌皱眉思索了一阵，然后对朱高煦说："赵王之所以不够积极，恐怕是因为觉得自己获利太少而风险太大，咱们干脆推他一把，造成既定事实，不怕他不就范。"朱高煦听懂了王斌的话，他是在婉转地批评自己，认为自己给朱高燧的压迫力不够强。朱高煦想了一下，决定放权给王斌，如果他有好办法能够把朱高燧牢牢地绑在自己这一边，就放手去做吧。

获得授权的王斌立刻找到了自己的好友孟贤，孟贤是朱高燧的老部下，此时的官职是常山护卫指挥，王斌希望孟贤可以做一下朱高燧的思想工作，必要时甚至可以替他交一份"投名状"，逼着朱高燧为朱高煦卖命，同时王斌还对孟贤做了担保："只要你愿意站在汉王一边，将来的荣华富贵肯定少不了，你们孟家完全有机会像留守南京的徐家那样'一门双国公'，与大明同休共戚。"

王斌之所以会选择找孟贤来帮忙，除了因为他与朱高燧有交情，还在于他格外了解这个朋友，更了解孟家的情况。孟贤的父亲叫孟善，是儒家亚圣孟子的第五十五世孙，是元廷派遣至山东的官员，徐达第一次北伐攻下山东之后，孟善选择了投降，由于此时的明朝还未建立，所以孟善也算勉强混了一个"开国功臣"的名头。

洪武十四年（1381年），孟善随傅友德、蓝玉、沐英一同南征云南，后来又随傅友德、蓝玉一同被调往北平，再后来就成了朱棣三护卫中的一名千户。在靖难之役中孟善屡次建功，朱棣登基之后封他为保定侯，永乐十年（1412年）六月，孟善病逝，朱棣追赠其为滕国公。据说孟善有十一个儿子，孟贤是长子，可最终承袭保定侯爵位的却是孟善的另一个儿子孟瑛，原因很简单，孟贤虽是长子，但他是庶出，因而没有资格承袭父亲的爵位，孟瑛才是货真价实的嫡长子。对于这个结果，孟贤没有多说什么，但他心中一直耿耿于怀，只是因为自己母亲的身份不高，所以爵位只能给弟弟，凭什么？

一次机缘巧合中，孟贤与王斌相识，经过一段时间的观察，王斌对孟贤有了初步的认识。此人胆大心细，身份又是极为尴尬的庶长子，只要利用得当，此人必然能为汉王所用，于是在王斌的曲意奉承下，两人越走越近。此次与孟贤见面，王斌开出的价码极高："只要你愿意帮助汉王，等他将来登基之后，追赠给你们孟家的滕国公直接给孟瑛，然后再给你封个公，你说好不好？"

如此丰厚的条件，利欲熏心的人很难拒绝，所以孟贤几乎是不假思索地答应了下来，他和孟瑛的感情一般，"一门双国公"有没有无所谓，最重要的是给自己弄个国公的头衔，让天下人都明白：我孟贤不需要承袭父辈的荣耀，凭自己的本事也能做到。

得到保证的孟贤立刻整理出一套话术，然后就去求见朱高燧，他把所有利益关系掰开揉碎给朱高燧分析了一遍，得出的结论是必须帮汉王，否则前途渺茫："太子是个伪君子，登基之后肯定会找机会收拾您，虽然未必会有性命之忧，但也只能像猪一样被关一辈子，您喜欢过这样的生活吗？"朱高燧当然不喜欢这样的生活，但他心中始终有阴影，他不想掺和立储这件事。孟贤眼见此路不通，于是又换了一套说辞，他请朱高燧务必与宫中的宦官搞好关系：现在陛下的年纪大了，他老人家的脾气又不好，还老喜欢出兵打仗，这么个折腾法，未来还不知道是什么样呢，您现在应该做的是未雨绸缪，哪怕两不相帮，至少也要有自保的能力，宦官们耳目灵通，他们只要略微透露出一点细枝末节，就足以让您占据先机。

这些话朱高燧听进去了，他现在想的就是如何保住自己的王爷身份，并且在将来继续保持下去，与宦官搞好关系虽然有些不妥，但只要自己注意保密，即使朱棣知道了，也未必会加罪于他。就这样，朱高燧开始行动，宦官黄俨、江保、杨庆先后被他"拿下"，双方过从甚密，孟贤得知此事后立刻告诉王斌："赵王已经与内宦建立了联系，只要找机会再逼他一下就大功告成了。"王斌对此非常开心，遂将此事告诉朱高煦，大家摩拳擦掌，等待着下一次决战之日的到来。

永乐二十一年（1423年）二月上旬，广西柳州爆发民变，在随后的几天时间里，洛容、柳城、宜山、天河等县的百姓相继起事，广西都指挥使鹿荣奉命平乱，结果被一帮农民耍得团团转，大军东奔西走一直在赶路，根本没能与义军打上照面。

鹿荣如此无能，立刻就遭到了言官的弹劾，说他玩忽职守，应该对此次民变的爆发负全责。朱棣认为现在最重要的事情是平息民变，不管鹿荣是否有罪，现在都不能动他，于是朱棣派镇远候顾兴祖奔赴广西督战，强令鹿荣改变战法，务必在最短时间内解决此事。两个多月后，鹿荣总算在顾兴祖的帮助下平定了此次民变，义军首领尽数被俘，后被押解至北京斩首示众。

从二月初到四月中旬，朱棣始终关注着广西的局势发展，一个多月都没能好好休息，广西事毕，朱棣立刻病倒，据说是夜染风寒。朱棣最初没把这事放在心上，以为只是小毛病，很快就能好，可此时的朱棣已经六十三岁了，免疫力大不如前，所以这点小病变得越来越重，慢慢变成了大病，几天之后病情越来越重，眼看就要不行了。

朱高炽得知这一消息后立刻命令后宫封锁消息，自己则衣不解带地陪在朱棣身边，生怕老爹就此一命呜呼。可对黄俨等人而言，如此千载难逢的大好时机，他们又怎么会错过呢？于是乎，"陛下病重，即将离世"的消息从某个微小的缝隙中悄然传出，满朝皆惊。

王斌得知这一消息后立刻找到孟贤，并希望他赶快联系朱高燧，让朱高燧联系宦官做好内应，汉王那边也会联系支持自己的靖难功臣，咱们里应外合，不给文臣反应的时间，用"快打慢"的方式干掉太子朱高炽，然后推汉王上位！

孟贤答应得好好的，可在送走王斌之后，他并没有去找朱高燧，而是找到了常山左护卫马恕、兴州后屯卫高正、通州右卫镇抚陈凯等几位同僚，并言明自己早已与宫中的黄俨等实权宦官有联系，现在准备了一份毒药，打算放到朱棣每天喝的汤药之中，帮助他早日解除痛苦。在座的诸位身负要职，应顺天应人，事成之后共推赵王朱高燧上位，每人都弄个国公来当当。孟贤生怕大家不相信，于是从怀里掏出一份诏书，告诉大家这是遗诏，是宫里各位大宦官联手伪造的，只要大家齐心协力，这事就能成。

就这样，一个临时的造反团伙由孟贤领衔成立，大家开始群策群力，逐步完善着整个计划，随后各自分领任务。谋划妥当之后，孟贤和高正一起出发前往赵王府，找到了赵王府的总旗王瑜，他是高正的外甥，孟贤和高正认为他是自己人，于是将己方的谋划和盘托出，希望王瑜到时能"带"着朱高燧前往皇宫准备继位。王瑜得知此事后大惊失色，说这是谋反，败露之后全族都要遭殃，怎么能为了自己的功名利禄干出这种大逆不道的事呢？于是他苦劝孟贤和高正。孟、高二人不听，只是一再嘱咐王瑜，事已至此，说什么也没用，并让他记住自己的职责，到时候别拖后腿。

王瑜思来想去，觉得不能跟这帮乱臣贼子一起干，于是连夜进宫求见了朱棣，并将孟贤等人的勾当和盘托出。朱棣此前确实病重，但现在已经有所好转，当他得知此事之后不禁怒火冲天，于是立刻调兵遣将，按照王瑜提供的反贼名单将孟贤一干人等尽数捉拿，并缴获了伪造的遗诏。

被捕之后，孟贤等人对自己的罪名供认不讳，根据孟贤的供词来看，朱高燧对此事一无所知，因为这位王爷为人至孝，根本做不出这种事，是自己被功名利禄蒙住了双眼，打算造成既定事实之后再强行推朱高燧上位。朱棣对孟贤的说辞表示怀疑，于是当面询问朱高燧："这事到底是不是你干的？"朱高燧吓得浑身发抖，连话都说不出来，只是一个劲地摇头，眼泪直往下掉。朱高炽则在一旁竭力劝阻，说三弟是个老实孩子，又非常孝顺，绝做不出这种事情来，这必然是下面的人利欲熏心，与他无关，朱棣也觉得朱高燧不至于如此丧尽天良，于是免除了对他的责罚。

五月初，朱棣在病情有所好转后立刻宣告孟贤等人勾结宦官，密送毒药进宫，意欲谋害天子。贼臣对自己的罪名供认不讳，朱棣将他们尽数处死，家产没收充公，这就是永乐年间著名的"指挥孟贤谋反案"。

这起弑君大案的过程基本就是如此，但其中疑点颇多。比如，王斌与孟贤有过约定，可孟贤为什么没有守约？史书并没有给出答案，我认为有两种可能。第一种可能是孟贤本人的野心过大，他认为从利益的角度来看，与其辅佐朱高煦上位，还不如辅佐朱高燧上位。朱高煦和朱棣一样，都是说翻脸就能翻脸的人，而且王斌此人过于油滑，孟贤并不敢完全信任他，朱高燧就不一样了，孟贤长期与他打交道，知道这位王爷虽然有些不知天高地厚，但骨子里却胆小怯懦，这种人通常干不出卸磨杀驴的勾当。

唯一需要担忧的是，矫诏扶朱高燧上位之后，朱高煦可能会不服，但孟贤认为这种情况完全可以避免。说起来朱高煦的确得到了不少靖难功臣的支持，但那并不代表靖难功臣们喜欢朱高煦，而是他们没得选，太子朱高炽身患残疾，从未上过战场，和靖难功臣们本就不算亲近，而他又喜欢结交文臣，东宫也是清一色的文臣班底，所以靖难功臣注定不会去巴结朱高炽，这属于吃力不讨好，可如果朱高燧也能被靖难功臣列为可投靠对象的备选后，孟贤相信他们肯定也会选择朱高燧，因为朱高燧胆小怯懦，这样的人当了皇帝之后更容易掌控，等他继位之后，靖难功臣完全有机会联手把持朝政，从而将自己的利益最大化。

第二种可能是孟贤并不是主使，他背后还有黑手，当王斌与孟贤立约之后，背后的黑手立刻给孟贤下达了扶朱高燧上位的全新指令。这种可能性也不小，因为孟贤是常山护卫指挥，这个职位虽然没有亲军卫那么重要，但由于距离北京过近，朱棣肯定不会让一个不知根底的人坐在这个位置上。孟贤是朱高燧的老部下，跟朱棣并没有直接交集，可他却能稳坐常山护卫指挥之职，足见其背后应该有一把足够分量的保护伞，这把保护伞到底是谁撑起来的？我推测应该是某些靖难功臣，他们认为朱高煦已经不可辅佐，于是打算将朱高燧推到前台。

在孟贤失败之后，朱棣或许对这把保护伞已经有所察觉，于是在生命的最后一年里，朱棣做出了一些极为重要的改变，这些改变并非一蹴而就，而是潜移默化，在一系列事件的共同作用下，最终在朱棣的重孙明英宗朱祁镇时期得以完全落实。我个人认为第二种可能性更大，这起弑君大案背后或许还有更多的细节，只不过史书对此事的记载都很模糊，所以我们也只能进行推测。

对于孟贤谋反这件事，朱高燧应该不知情，但无论是主动还是被动，朱高燧都被卷入了此次案件，朱棣虽然没有追究他的责任，但总要做出相应的惩罚吧？可结果令人大跌眼镜，朱棣对朱高燧没有任何惩罚，依然允许他保留完整的亲王三护卫，同时可以继续住在南京，不用到封地就藩。有人说这是因为太子朱高炽为他说情，可当初朱高煦受到朱棣责罚时朱高炽同样也有从旁说情，朱棣却不管不顾，一再勒令朱高煦就藩，并将从属于他的亲王三护卫削掉了两个，只允许他带着一个护卫前往封地。两厢对照，朱棣更喜欢哪个儿子，还有疑问吗？可无论朱棣有多喜欢朱高燧，他都不可能把皇位传给朱高燧，因为太子朱高炽没有任何过错，朱棣并没有理由废掉他。

事实上，就算朱高炽真有过错，此时的朱棣恐怕也顾不上了，因为此次患病让朱棣感受到了死亡的临近，趁现在还能动，他要赶紧布局，收拾一个又一个烂摊子，因为留给他的时间已经不多了。

㉚ 仙路缥缈

对朱棣而言，永乐二十一年（1423年）的上半年真是霉运连连，先是柳州民变，随后自己大病一场，在病中又遇到了"指挥孟贤谋反"这样的恶性案件，虽说朱棣先后渡过了这些难关，但他的心情极度抑郁，这时谁再敢触霉头，肯定要倒大霉，但就在同年六月，一个人的出现令朱棣心情大好，忽然觉得上半年的倒霉事都不算什么。

此人名叫胡濙，江苏武进人，他一生历仕建文、永乐、洪熙、宣德、正统、景泰、天顺七朝，并在礼部尚书的职位上干了三十二年，是一个名副其实的"官场不倒翁"，他对明朝中期的政治格局影响极大，可后世在说起胡濙时经常会对他辉煌的从政经历视而不见，反而津津乐道于一些不太可信的小道消息。

比如，胡濙于永乐二十一年（1423年）六月回京，他带回了什么消息让朱四爷心情大好呢？很多人都说胡濙是朱棣派出去寻找朱允炆的重要官员，经过十多年的明察暗访，胡濙这一次给朱棣带来了有关朱允炆的确切消息，所以朱棣心情大好，为了佐证这一观点，还编造了许多轶事典故，什么胡濙见过朱允炆，朱允炆还托胡濙给朱棣带话："从今以后你好好当皇帝吧，我安心当个老百姓，以后不再做复国梦了。"于是叔侄二人隔空和解，朱棣放下了心头大石。

编出这种段子的人既不了解朱棣，更不了解皇权，如果朱允炆确实还活着，朱棣真的派胡濙外出寻找朱允炆十多年，可见他对朱允炆的下落极其在意。假设胡濙的确见到了朱允炆，最终却只是带了几句话回北京，朱棣又会怎么看待胡濙呢？就算表面上不动声色，心里肯定也会大骂："好你个胡濙，我让你'寻找'朱允炆，你真就只是找到他然后给我带个话？朱允炆的脑袋在哪里？就算脑袋不好带，那他的贴身信物又在哪里？你就这样轻巧地放过了他？朱允炆说不复国就不复国？你是三岁小孩吗？怎么这么好骗呢？"到那时，胡濙最好的下场就是交出自己的脑袋顶罪，否则就是全家老小一起上刑场。

如果朱允炆确实还活着，胡濙给朱棣的回复是"朱允炆余党甚多，实在不好下手"，那么朱棣必然会考虑如何解决这一问题，在诸事没有理出头绪时，朱棣的喜又是从何而来呢？胡濙受朱棣密令，花了十多年时间寻找朱允炆的事迹之所以会广泛流传，是因为该记录出自二十四史之一的《明史》，但史学界对于这一记录的可信度普遍表示怀疑，因为根据一些当事人的记录来看，《明史》关于胡濙游历的记载错误颇多。

根据《明史》记载，胡濙曾两次外出寻找朱允炆的下落，第一次是从永乐五年（1407年）十一月到永乐十四年（1416年）九月，第二次是从永乐十五年（1417年）正月到永乐二十一年（1423年）六月，在此期间，胡濙并未回到南京或北京，可事实显然不是如此，有一个名叫王绂的人与胡濙是同乡好友，他在自己的诗作《赠胡都给事中》中说自己在北京遇到了胡濙，听他说起游历经过了哪些地方，都发生了哪些有趣的事。王绂是什么时间写的这首诗呢？答案是永乐十一年（1413年）二月到永乐十四年（1416年）二月之间，在这段时间里朱棣并没有待在南京，而是将政务工作交给了太子朱高炽，自己则带着一些随从在北方各省巡视，王绂就是随行人员之一，《赠胡都给事中》这首诗也是在这个时期创作的，这也说明王绂在这段时间见过胡濙，他第一次寻找朱允炆结束后回京的时间肯定不是永乐十四年九月。

或许有人会问，朱棣此次北巡结束的时间是永乐十四年九月，你却说这首诗的成诗时间最晚是永乐十四年二月，是不是搞错了？也许《明史》的时间线没有问题，胡濙于永乐十四年九月回来之后与王绂见面，王绂写诗留念。

事实上，这是绝对不可能的，我说这首诗的成诗时间最晚是永乐十四年二月，并不是根据朱棣北巡的结束时间来判定的，因为王绂病逝于永乐十四年二月，如果胡濙真是在永乐十四年九月之后才回到北平或南京，他又怎么可能见到王绂呢？唯一的答案就是：胡濙曾于永乐十一年二月到永乐十四年二月之间到过北平，这与《明史》给出的时间线相冲突，考虑到王绂写诗只是为了纪念一件确切发生的事，他没有理由去伪造"在北平见过胡濙"这一事件，否则他完全可以不写这首诗，故此，我认为王绂的诗作可信度更高。

王绂在诗里说胡濙给他讲了许多外面发生的事，同时还在序言里表示，这个"外面"指的是"自大江而上岷蜀，由关陕而至于中原"，也就是从四川到关中，再从关中到河南一带。如果胡濙的任务真是寻找朱允炆，他为什么会走这条线路呢？四川也就罢了，关中、河南一带可都是北方地界，朱允炆之所以会失天下，与他不善团结北方利益集团和南方功臣集团有很大的关系，朱允炆就算要避难，也应该藏在江南一带，又怎么会跑到其他地方去呢？他在那边又没有根基。

除了王绂的诗作，我们再来看胡濙长子的出生时间。胡濙的长子叫胡长宁，出生于永乐八年（1410年）正月初八，按照出生日期来推算，胡夫人怀孕的时间应该是永乐七年（1409年）三月左右，可按照《明史》的记载，此时的胡濙应该还在四处寻找朱允炆的下落，胡夫人是怎么怀孕的呢？她总不会跟着丈夫一起在外寻找朱允炆吧？大明立国近三百年，就没听说过有带着老婆一起出差的官员，而且执行的还是寻找朱允炆这样私密的任务。

《明史》关于胡濙游历时间线的记录尚且错漏百出，相关的其他内容又有多少可信度呢？这也是史学界对"胡濙寻找朱允炆"一事始终持怀疑态度的主要原因，我也认为史学界的怀疑有道理，胡濙这两次间断性的出行应该别有目的。胡濙到底干什么去了？除了疑点颇多的"寻找朱允炆"，还有"观风问俗""体察民情""寻仙访道"这三种说法。

第一种说法出自后世明宣宗时期老臣金幼孜的一番言论，他说："在太宗文皇帝时期，胡濙周游天下，他很懂得太宗文皇帝的心思，所以对山川风物和民生习俗非常关注，所以我们现在才能根据相关情况制订符合国情的政策。"这个记载一看就是老官油子站在朝堂上打官腔，所以我认为胡濙"观风问俗"的可能性不大，顶多就是在执行主要任务时顺手而为，朱棣应该不会专门为了"观风问俗"而把胡濙派出去。

第二种说法出自明英宗时期，在胡濙病逝之后，继任的礼部尚书姚夔为其撰写墓志铭，在总结胡濙一生功绩时，姚夔说胡濙的一生是光辉、伟大的，他曾奉命巡行天下，非常了解官员品行和百姓疾苦。我认为这个记载的可信度和第一个说法差不多，显然有些"为尊者讳"的意思，从姚夔撰写的墓志铭来看，大概是说朱棣担心自己篡位夺天下人心不稳，于是派胡濙四处游历进行安抚。可问题在于，朱棣要安抚的是朝堂上那帮官僚，只要能做好这件事，民间的士绅自有官僚们去摆平，难道朱棣是打算派胡濙去民间分化拉拢士绅吗？这显然不可能，官僚、士绅之所以会成为联合体，是因为他们有太多重合的利益点，这种关系可不是说拆散就能拆散的，必须付出更大的代价才行。如果说朱棣能摆平士绅，并将他们与官僚集团彻底分化，我估计没多少人会相信，因为自官僚、士绅诞生之日起，就没人能把他们拆开，连朱元璋都做不到。如果朱棣真有这种本事，后世皇帝为什么不积极学习、效仿呢？如果真能有效解决官僚、士绅联合起来与皇权争利这样的疑难杂症，那天底下还有什么事情是做不好的呢？故此，我认为第二种说法也不可信，顶多就是胡濙在执行主要任务时想办法与当地士绅搞好关系，以确保自己的主要任务可以顺利完成，并不存在分化、拉拢一说。

第三种说法是"寻仙访道"，同样出自明宣宗时期老臣杨荣的一番言论，他说："太宗文皇帝曾命礼部侍郎胡濙遍访名山，这才有了《性理大全》《为善阴骘》《孝顺事实》等书的问世，在此过程中他还见识到了许多奇人异事，甚至在东海得知了两位仙人的消息，其中一位就是大名鼎鼎的张三丰。"

我认为这种说法的可信度最高，因为史书在提及"寻找朱允炆""观风问俗""体察民情"时总喜欢顾左右而言他，或者只能拿出一些似是而非、怎么解读都有道理的证据，唯独在提及"寻仙访道"时给出了大量干货，与前三个说法形成鲜明对比。

按照史书记载，朱棣于永乐五年（1407年）十一月派胡濙外出时，摆在明面上的任务就是寻访张三丰。永乐年间有位著名的道士叫任自垣，他自幼于茅山学道，后入朝随姚广孝等一同编纂《永乐大典》，在胡濙受命寻访张三丰的同时，朱棣也命任自垣做好准备，从另一个方向寻访张三丰。除了任自垣，武当山道士孙碧云、龙虎山道士张宇初、上清宫道士吴伯理等人也在几年内先后接到了寻访张三丰的任务，我不认为他们是在给胡濙打掩护，而是朱棣早就对张三丰的传说心驰神往。

胡濙第一次外出找到张三丰了吗？没有，但此次外出成果斐然。上面我们所提及的《性理大全》《为善阴骘》《孝顺事实》，其成书时间都是在永乐二十一年（1423年）六月之前，而此时的胡濙还在进行第二次外出任务，并没有回京。最可靠的推测是：胡濙通过第一次外出寻访，虽然没有见到传说中的仙人张三丰，却也有不少收获，朱棣对胡濙此次外出的成果非常满意，所以破格将他从都给事中连升数级，成为手握实权的礼部左侍郎。随后朱棣命人将胡濙第一次寻访所得的收获整理、编纂成书，以便自己随时阅读，在经过数月的休整之后，朱棣命令胡濙做好准备，开始他的第二次外出寻访，同时给了他更多的自主权。

第二次出行很快就收到了成效，永乐十五年（1417年）下半年，当时胡濙正在福建，他发现当地人特别喜欢祭祀南唐时期的风云人物徐知诲和徐知谔兄弟，于是他便和当地主持祭祀的士绅协商，在未来的新国都北京修建一座神宫，然后请所有德高望重的士绅一起将徐氏兄弟的画像迎入北京。一切谈妥之后，胡濙命礼部祭祀郎中周讷火速回京禀报朱棣，得知这一消息后朱棣大喜过望，立刻在北京修建了一座灵济宫。

上文提及的那位任自垣继续受到朱棣的信任和重用，他参加并主持了灵济宫的落成大典，朱棣非常开心，给了任自垣极其丰富的赏赐和极高规格的待遇。朱棣本就是一个喜欢寻仙访道、求长生的皇帝，他经常会弄来一些看上去很不错，但吃下去非但无益，反而有害的"仙丹"，朝臣们的劝谏声从没断过。这回有了灵济宫，朱棣开始变本加厉，只要身体稍有不适，就立刻派人前往灵济宫领取他的"专属仙丹"。话说到这一步，大家应该也知道任自垣是什么角色了，说他是妖道或许有些过火，但朱棣的身体状态每况愈下，以他为首的一大批所谓"方外之士"都有不可推卸的责任。

朱棣身边有一位名叫袁忠彻的相士，他对炼丹制药等手段知之甚详，眼见朱棣每次从灵济宫取来的都是热性药物，这种药吃得越多，就越容易引起各类呼吸道疾病，于是他就劝朱棣少吃丹药，还说太医比那些方外之士更懂得如何调理您的身体。朱棣听完勃然大怒，当场斥责袁忠彻："我现在终于有仙药吃了，你怎么还让我回头去吃凡药呢？"于是袁忠彻哭跪在地，祈求朱棣的谅解。通过这件事，我们完全可以了解朱棣对长生不老的渴求，也完全可以了解在永乐二十一年（1423年）六月，胡濙结束寻访回到北京之后，朱棣的心情之所以会大好的原因，大概是胡濙又给他带来了大量关于成仙的内容吧。

据说，胡濙回京之后已是深夜，但他不愿等到第二天，于是连夜求见朱棣，当时朱棣已经入睡，但当朱棣听说胡濙回来之后，立刻起床，并在寝宫召见了胡濙，君臣两人开始密谈，直到四更天谈完，胡濙才告退离宫。此时的朱棣已经做了二十二年皇帝，除非是朱元璋复生，否则绝对没有人能威胁到他的皇位，如果胡濙真是和朱棣聊朱允炆，又怎么会如此急切呢？

以上是我对胡濙这十多年外出寻访的一点看法，"寻找朱允炆"的说法不可信，"观风问俗"和"体察民情"则不可能是主要任务。随着时间的推移，朱棣的身体状况越来越糟，他对"仙丹"的渴求也越来越高，最后发展到"有事没事嗑两粒"的阶段。要知道，此时的朱棣已经是一位六十三岁的老人了，在这种状态下，朱棣还能活多久呢？朝臣们的心里一点谱都没有。

31 再起征尘

　　永乐二十年（1422年）三月，朱棣第三次率军北伐，结果没找到阿鲁台，却转头重创了朵颜三卫，把一场外战生生打成了内战，这自然无法令朱棣感到满意。永乐二十一年（1423年）七月，朱棣的身体基本痊愈，也完成了对"指挥孟贤谋反案"的收尾工作，就在此时，朱棣接到奏报，鞑靼正在与瓦剌交战，阿鲁台被马哈木的儿子脱欢打得捉襟见肘，眼看就要失败。

　　如果按照制衡草原双方实力的原则，此时的朱棣应该帮助鞑靼，避免他们被瓦剌所灭，可朱棣为了能在最大程度上保证北京的安全，不得不暂时放弃平衡战略，决定趁着阿鲁台势弱，难以首尾兼顾，先想办法把他给灭了。于是在经过一个月的准备之后，朱棣命皇太子朱高炽监国，自己则带着一支十万人左右，对外号称三十万的军队挥师北伐，誓要彻底击溃阿鲁台。

　　此次出征名义上虽然还是北伐，但表现形式与之前几次还不太一样，当时的前提是阿鲁台在与脱欢的交战过程中处于下风，如果朱棣贸然率军进入草原，或许会吓得阿鲁台不战而逃，届时万一脱欢率军追赶，大明和瓦剌就有可能碰面，到那时，朱棣是打还是不打呢？从个人感情的角度来讲，朱棣肯定也不喜欢瓦剌，但他既然已经决定彻底解决阿鲁台的威胁，就必然要暂时放过瓦剌，将主要精力用在收拾鞑靼这件事情上。更何况瓦剌坐镇主场，又能挟大胜阿鲁台之威，明军真能打得过他们吗？从纸面实力来判断自然是胜算极高，但这种硬碰硬的战争谁胜谁负都不算多大的事。想明白这个问题之后，朱棣指挥北伐大军来到了边境重镇宣府一带，然后命令大军原地休整，自己则做起了另一件事。

我在前文中说过，朱棣有带着文臣上战场的习惯，最初朱棣是担心他们在后方搞出什么幺蛾子，可随着自己的年纪越来越大，朱棣或许是认为某些靖难功臣已经蜕化为一股针对自己和太子的黑恶势力，并在弑君大案中充当孟贤的保护伞，所以开始有了更多的想法，文臣是太子朱高炽的基本盘，是时候给他们加点担子历练一番了，万一自己有个三长两短，他们也能在短时间内稳定住国家。

大学士杨荣随同朱棣一同北伐，但与此前不同的是，此次杨荣获得了掌管军中事务的资格。这并不是杨荣第一次随军北伐，朱棣每次御驾亲征都会带上他，用杨士奇的话来说就是，杨荣这个人懂军事，他的军事水平是文臣之中最强的，朱棣这次对军事能力最强的杨荣委以重任，史学界的主流观点是朱棣有意放权，他打算冷遇一干靖难功臣，将文臣培养起来独当一面。

杨荣感受到了朱棣的信任，精神变得格外振奋，每天都保持着极其旺盛的工作热情，遇到不懂的问题便立刻向朱棣请教。面对热情洋溢的杨荣，朱棣毫不藏私，基本是有问必答，而且还花了许多时间给他讲解细节方面的问题。时间就这样过去了十来天，杨荣变得有些心急了，他认为此时的瓦剌已经回师，我军完全可以继续追击阿鲁台，于是就向朱棣请示，是不是该出塞了。

朱棣不置可否，只是淡淡地对杨荣说："朕也觉得应该出塞了，但咱们现在应该往哪里走呢？希望你能给我一些意见。我需要的是一套大致详细且完整的行军计划，而不是几句空泛的指点。"杨荣接到任务后立刻回营，花了一夜的时间做出了一个像模像样的行军计划，然后像学生交作业那样，把自己的心血交给了朱棣。朱四爷拿过来一看，计划做得中规中矩，没什么亮点，但也没什么漏洞，勉强可以用，于是就表扬了杨荣一番，然后命令他传令全军，三日后准备出塞。

出塞之后，朱棣按照惯例稳健行军，并举行了声势浩大的阅兵式和军事演习，然后为胜利者举办庆功宴，这种极具特色的行为大家已经见怪不怪了。八月底，朱棣接到大同传来的消息，说阿鲁台将军队集结在胪朐河（今蒙古国克鲁伦河）一带，正准备闪击大同，有部分明军俘虏趁势逃了回来，希望朱棣赶快想办法。

此时朱棣的大军已经远在塞外，他能有什么办法呢？更何况，上一次北伐时阿鲁台也玩过这种花招，他装模作样地准备袭击万全，朱棣并不搭理，只是按照既定的方针行事，阿鲁台最后不也撤军了吗？

有了上次的经验，朱棣依葫芦画瓢，他命令大同守军严阵以待，避免与阿鲁台大军在野外相遇，做好固守待援的工作，同时命令就藩宁夏的庆王朱㮵做好准备，如果敌军攻不下大同，就很有可能转进至宁夏，大家要提高警惕，以便随时应对突发情况。这次果然和上次一样，当北伐大军行进至万全时，大同那边传来情报，鞑靼军队在大同周边耀武扬威了一番之后就撤回了草原。

没有了后顾之忧的朱棣并没有继续向前行进，而是在各个卫所之间巡视，不时发出一些指示，比如哪个地方应该多建要塞，粮食应该囤积在哪，军事主力应该部署在哪，遇到鞑靼军队寇边应该如何迎敌，等等。杨荣对朱棣的举动感到十分奇怪，于是就问："边军做事是有一套固定流程的，陛下如果不满意，可以直接改流程，没必要盯着具体的执行层面，那是我们应该做的事。现在鞑靼正在与瓦剌血战，既然我们已经决定灭掉鞑靼，为什么不加速行军，和瓦剌东西夹攻呢？"

朱棣笑了笑，然后肯定了杨荣的好学精神，却也没有多说什么，而是让他静观局势的变化。儿天后，北伐大军继续前进，还是没有遇到敌军，但后方却有好消息传来，不少鞑靼高官对阿鲁台感到失望，决定投靠大明，他们来到边境各城镇，希望大明能够接纳他们。

当初朱棣没有指点杨荣，但通过后续的发展，我们完全可以得出一些结论：此时的鞑靼、瓦剌与当初的北元残部完全不同，北元是体制完整的国家。与国家交战必须时刻给予对方压迫力，耗到弹尽粮绝才能从根本上解决问题，这也是朱元璋一再追逐北元残部的主要原因，如果不趁对方落魄时下狠手，他们就随时可能会复起，捕鱼儿海大战之后天元帝被杀，大明才算彻底灭掉了北元这个国家。

如今朱棣面对的不是一个国家，而是鞑靼和瓦剌这两个由草原游牧民族组成的部落。与部落交战时，赶尽杀绝只是万不得已的下下策，因为部落的组织形式更为松散，它们本来就没太大的凝聚力，这时候攻心策略才是最管用的。朱棣只要能率大军压境，自然会使得鞑靼的各大利益集团心惊胆战，在这种环境下，阿鲁台根本没办法将他们捏合成一个整体，面对脱欢又岂能不败？当阿鲁台战败之后，那些本就与他不同心的大佬自然会做出对自己更为有利的选择，但这个更为有利的选择显然不包括陪着阿鲁台一起逃亡。

想当初，诸葛亮南征孟获时，马谡就对他说："孟获等人倚仗地利，在南中一带已经称王称霸很久了，想着用大军将他们强行击溃根本就无济于事，他们随时可以'春风吹又生'，我们应该攻心为上。"对于组织形式松散的部落，从古至今的决策者几乎都采用了同一种方法，可见这套方法非常管用，这也是朱棣数次北伐都不急于交战的主要原因，因为面对这种对手，最好的选择就是"以势压人"，让旁观者看清双方的实力差距，从而做出更为明智的选择。

但我必须说明，朱棣的策略没错，但效果并不算很好，因为对于鞑靼的各位大佬而言，朱棣并不是他们的唯一选项，那个刚刚击败鞑靼的瓦剌顺宁王脱欢同样值得他们选择，脱欢和他们一样都是蒙古人，加入瓦剌也不会有"二等公民"的顾虑，在考虑到一年前被朱棣屠戮的朵颜三卫的下场，大多数蒙古人对大明始终心怀抵触，所以鞑靼的大人物基本都投靠了瓦剌，据《明实录》记载，只有知院阿失帖木儿和古纳台选择了投靠大明，最后朱棣封他们为千户官。

本以为是一场可以满载而归的"捕捞"行动，结果入网的却只有这么两条小鱼，朱棣心中郁郁，于是询问阿失帖木儿和古纳台，阿鲁台跑到哪去了，得到的答案是阿鲁台经过此次惨败，部属几乎全部走散，牲畜几乎全部丢失，他得知大明天兵已至，于是逃到了漠北戈壁滩，他现在具体在哪，没人知道。

朱棣不甘心，于是派出一支约三千人的骑兵部队向北行进，希望能追击并活捉阿鲁台，这支骑兵部队在塞外游荡了半天，连个人影都没见到，只得垂头丧气地回程向朱棣复命，可没想到在回程途中他们遇到了一支鞑靼骑兵，领头之人看起来很有身份。明军将领们都没见过阿鲁台，以为这支鞑靼骑兵的将领就是阿鲁台，于是二话不说就想着指挥军队冲锋，可还没冲到近前就发现那个鞑靼将领带着属下集体跪倒，嘴里叽里咕噜地说着蒙古话，似乎在向明军乞降。明军将领们接受了这支鞑靼骑兵的投降，并带着他们前去拜见朱棣。

经过数天的追赶，他们追上了北伐大军，通过翻译得知，这位骑兵将领并不是阿鲁台，他叫也先土干，是一位鞑靼王子，因为不满阿鲁台频繁招惹大明的举动，所以在鞑靼大军溃败之时脱离了阿鲁台的掌控，选择投降大明。朱棣对此非常开心，他认为也先土干忠勇可嘉，于是封他为忠勇王，同时赐给他一个汉名——金忠。有意思的是，朱棣手下有两个叫金忠的人，一个是这位鞑靼王子，另一个则是曾随朱棣起兵靖难的燕王府长史，但此人已经于永乐十三年（1415年）去世了。

相关内容虽出自正史，但史学界一直对这个鞑靼王子的身份表示怀疑，最具代表性的是日本学者和田清，他被称为"日本现代研究中国满蒙史第一人"，在其著作《明代蒙古史论集》中，和田清认为也先土干只是鞑靼军队中的一个小头目，因为朱棣觉得投降大明的鞑靼高官不够多，于是给他编造了一个鞑靼王子的身份填充门面。内蒙古大学教授王雄则认为，也先土干可能是被阿鲁台扶立的傀儡阿台汗，他趁着鞑靼惨败之际脱离了阿鲁台的掌控，带着一部分心腹南下投靠了大明。

不管也先土干的身份是真是假，但朱棣说是真的，那咱们姑且就相信他。有了鞑靼王子前来投靠的意外之喜，朱棣觉得此次北伐已经把面子和里子都挣足了，于是便下令班师回朝，并于永乐二十一年（公元1423年）十月回到北京。

朱棣那边撤军了，远遁漠北戈壁滩的阿鲁台可不知道，当他感觉自己安全之后，立刻派出几名探马回去侦察情况。探马回到距离原驻地不远的地方驻足远望，发现前方风沙漫天，显然是一支有着相当规模的骑兵部队正在那边搞大扫荡，探马不敢久留，于是快马加鞭赶回阿鲁台的大营把情况如实向他禀报。

阿鲁台这下可有点发愁了，他倒不担心自己被抓住，只是朱棣这种展露肌肉的玩法让他着实有些难受。草原人慕强，如果再不想出个办法来证明自己的能力，恐怕再过几年，自己就会变成真正的"孤家寡人"。念及于此，阿鲁台本有心回师偷袭朱棣，但他又不清楚敌军动向，最终只得暗气暗恼，先想办法活下来再说。又过了大约十天的时间，阿鲁台再次通过奏报得知明军已经撤退，但原来的驻地已经被他们祸害得不成样子，牲畜全部被带走，带不走的则被杀光，一路上连个人影都见不到。

面对如此结局，阿鲁台也只能一边愤愤不平地咒骂朱棣，一边率领军队往回赶，在一片纷纷扰扰之后，草原再度恢复了宁静。

㉜ 曲终人未散

从草原回来之后，朱棣又病了，这一次病得也不轻，紫禁城的太医们好一阵忙乱才算逐渐稳定住了老皇帝的病情。随后，太医们告诉朱棣："要静养，千万不能再折腾了，您现在的身体状况可不比二十年前了。"

据说有一位曾为朱元璋看过病的老太医还对朱棣说过这样一段话："先帝幼年多磨砺，成年之后多风雨，尚且寿七十一而终。陛下得天心眷顾，只要静思少动，长命百岁不在话下。"这等于明明白白地告诉了朱棣，你爹小时候饭都吃不饱，十七岁就被迫出门干活，打天下的时候更是腥风血雨，经过这么多挫折，他最终还活到了七十一岁。你从小到大基本没吃过苦，所谓的靖难之役也谈不上多么险恶，朱允炆比起当初的陈友谅和北元更是差得远，你现在只要安心地待在北京城调理身体，别到处乱跑瞎折腾，将来肯定能比你老爹更长寿。灵济宫的方士们也送来不少灵药，表示大家每日都在灵济宫为他祈福，希望他保重龙体，不要过于操劳。

朱棣很惜命，在多方劝说下决定暂时放权，让太子朱高炽监国，内阁和六部协助他一同处理朝政，自己只是偶尔看看军务，除非有重大突发事件，否则决不插手。这样的日子过了一个多月，朱棣感觉身体越来越好，面色也逐渐红润，只要长期坚持下去，似乎就能远离病痛。

时间来到永乐二十一年（1423年）十二月，大同和开平等地接连传来阿鲁台寇边的消息，似乎随时有大举进犯的意图。消息传到北京后，朱棣还没发表意见，投降没多久的鞑靼王子也先土干率先表态，他频繁上疏，在朱棣面前揭发了阿鲁台大量的黑材料，还说自己已经与鞑靼部落的部分高官取得了联系，只要朱棣点头，他愿意率军北伐，为大明扫清边患，干掉阿鲁台这个白眼狼。

自投降大明之后，也先土干始终表现得极为活跃，很快就与以靖难功臣为主的武将们打成一片，也在文臣集团中结交了不少朋友，所以当他提出这个建议后，朝堂上几乎是叫好声一片，大家都支持北伐，只不过在北伐主帅的人选上，文臣和武将的看法不太一致。

文臣们认为，也先土干忠勇可嘉，但他毕竟年轻，只适合做北伐大军的先锋，不适合做大军统帅，面对如此凶顽的强敌，还是陛下御驾亲征最好；武将们则认为，也先土干更了解阿鲁台，可以省却很多试探工作，由他担任主帅更为合适。在这段时间里，朱棣的心情一直都不错，因为他的身体正在逐渐好转，可当他看到文武群臣的表态后，原本不错的心情立刻又变得极为烦躁。

文臣们为什么支持北伐，且希望由朱棣御驾亲征呢？因为这样做对他们最有利。在朱棣因病调理身体时，太子朱高炽自然会获得暂理国政的资格，老皇帝的年龄越来越大，正是需要安心调理，可这也会增加他与朱高炽见面的机会，朱棣和朱高炽是两种性格差距很大的人，他们对朝政和时局的看法都不一样，如果两人频繁见面，自然难免会谈论起时政，这样一来，双方发生摩擦的概率就会增大。

皇帝年轻时，有充沛的精力应对朝堂内外的诸多事宜，所以会适当放宽对太子的管束，而当皇帝年老体弱，如果他认为太子与自己的治国理念相左，或者产生了提前接班的想法，届时肯定会对太子下死手。这就类似于父母年轻时忙于工作，平时也就查查你学习成绩怎么样，有没有打架，有没有早恋，其他细节他们管不了，也不想管。可等他们退休之后，如果子女依然与父母住在一起，那么噩梦也就随之而来。你晚睡几分钟要被骂，多赖床几分钟要被骂，多吃点零食要被骂，少吃几口菜要被骂，没有谈恋爱要被骂，谈了恋爱可能还要被骂。这是为什么呢？因为他们退休了，除了折腾子女，没有其他事情可做。这时最好的办法就是赶紧给他们找点事做，比如跳广场舞、外出旅游、返聘再就业，或者生个孙子、孙女给他们带，这样一来，他们就能找回年轻时工作的状态，有了他们认为更重要的事情要做，自然就没工夫再折腾子女了。

朱棣将大多数政务放下，整天待在后宫调养身体，就像已经退休的父母一样，他的精力虽然有限，但他可以全部用来审视朱高炽这个接班人，到那时，朱高炽的日子可就难过了，他的日子一难过，支持他的文臣们的日子只会更难过，这时就应该想办法给朱棣找点事做。

应该给他找什么事呢？难道把政务还给他吗？那肯定不行，还回去之后朱高炽怎么办？朱棣现在已经六十三岁了，如果朱高炽再不抓紧时间巩固自己的基本盘，将来靠谁来执政呢？所以也先土干一说北伐，文臣们立刻表态支持，但必须由朱棣御驾亲征，目的就是给他找点事做，别整天待在后宫，拿着放大镜找朱高炽的麻烦。

武将们为什么支持北伐，却希望由也先土干担任大军统帅呢？因为这样做对他们而言最为有利。朱棣的年龄越来越大，太子朱高炽又一味地亲近文臣，这令武将们非常没有安全感，这也是汉王朱高煦和赵王朱高燧始终被频繁提起的主要原因，他们本人是否有野心倒在其次，最重要的是武将们希望他们有野心，否则等朱高炽上台之后，武将们担心自己的境遇恐怕会不太妙。只有尽可能地获得更多的战绩，才能攫取更多的利益，将来在支持两位王爷夺位时也能有更多底气。

既然要捞战绩，自然就不能由朱棣御驾亲征，因为经过了前几次北伐，朱棣的战略已经被大家所熟知，那就是攻心为上。这种战略对大明而言是最好的，可武将们无仗可打，又该怎么立功呢？

能对大明造成最大威胁的敌人一直都在北方，北伐军也是大明最为精锐的军队，朱棣绝不可能把率领北伐大军出征的重任交给投降仅几个月的也先土干，这一点大家都很清楚，可武将们依然集体要求也先土干挂帅，意思就是对朱棣说："您老人家就知道带着大军去塞外搞武装游行，这样的仗打得一点都不过瘾，还是换帅吧！"

如果由也先土干挂帅，武将们自然会趁机撺掇他："多找陛下要点兵，咱们先把阿鲁台给灭了，然后找机会把瓦剌三王也给灭了。这样一来，您就是我大明最优秀的统帅之一，有资格与中山王徐达和开平王常遇春相提并论了！"

大家可以想想，凭也先土干对草原各部的了解，打出大捷会很难吗？估计不难，毕竟叛徒最清楚己方的优、缺点。如果也先土干真能联合武将们，在草原上打出一个又一个漂亮的大胜仗，年老体弱的朱棣届时还能压得住他们吗？如果也先土干与武将们合流，双方联手把朱高煦捧起来，朱棣真有把握除掉这个全新的利益集团吗？我们恐怕要画一个大大的问号。

大家千万不要高估一个年迈帝王的控制力，哪怕是汉武帝或唐玄宗那样公认的雄主和英主，他们所在的朝代都发生过皇帝年老体弱，朝局失控以致酿成大祸的事情。就拿朱元璋执政期间的例子来说，蓝玉为什么会死？是因为他功绩太大吗？不是的。若论功绩，徐达比蓝玉大得多，他活着的时候不照样被朱元璋收拾得服服帖帖，最关键的原因是太子朱标意外身亡，朱元璋必须重新培养接班人朱允炆，已经没工夫再去打压蓝玉了，所以最后不得不再度掀起大案。如果蓝玉警醒，率先与某位打算夺位的藩王联合起来，年老体弱的朱元璋真能除掉这个全新的利益集团吗？他真的不会重蹈汉武帝和唐玄宗的覆辙吗？我们恐怕也要画一个问号。

一把年纪了还要和文武群臣玩心眼儿，朱棣也真不容易，他首先肯定了也先土干的忠心，随后又肯定了文武百官的忠心，认为大明有这样一群栋梁之材，绝对可以渡过任何难关。阿鲁台早有不臣之心，但在鞑靼内部还有不少像也先土干这样的潜在忠臣，所以大明必须坚定地采取攻心策略，才能逐渐孤立阿鲁台，又不会对鞑靼人民造成伤害。想要做好这样一件事，就必须率先建立起信任关系，所以自己必须亲自出马，否则鞑靼人民心中就会有犹豫和猜疑，这不利于搞好团结工作。

朱棣把话说到这一步，文臣们集体拍手称快，表示陛下真是英明神武，看问题的角度如此高远，臣等皆不及也；武将们不善言辞，吭哧半天一句话也说不出来，于是这事就这么定了。朱棣开始调兵遣将，并于永乐二十二年（1424年）正月正式宣布出师北伐，北伐大军号称三十万，具体人数不详，估计和第四次差不多，大约在十万人左右，杨荣等人随行，国内还是老规矩，太子朱高炽监国。

北伐大军一路走一路建设补给线，三个月后才走出国门，担任前部先锋的也先土干了解鞑靼各部族牧区的大致位置，很快就抓到了一些货真价实的俘虏。经朱棣亲自审讯之后，俘虏透露了阿鲁台的最新情况：由于连续数年引来明朝大军的征伐，阿鲁台在鞑靼已经沦为人人避之不及的灾星，去年又下了一场大雪，阿鲁台所属部族冻死了不少人和牲畜，大家都纷纷离开了他。现在的阿鲁台只能带着部分人马四处逃窜，他听说大明又派出了一支北伐大军，于是只能灰溜溜地朝着答兰纳木儿河（今大兴安岭西坡的哈拉哈河）一带逃去。

朱棣得知这一消息后，立刻命大军前往答兰纳木儿河。这段路程的直线距离超过一千五百公里，想当初朱元璋进行第四次北伐时，沐英率领轻骑兵从全宁赶到呼伦湖，直线距离差不多也是这个数，他用了十天时间，而朱棣率领北伐大军赶路，则用了两个多月的时间。

在这两个多月的时间里，朱棣与杨荣、金幼孜等文臣联手弄出来一套话术，大意是说阿鲁台屡次辜负大明的信任，所以才惹来杀身之祸，可鞑靼子民都是无辜的，大明皇帝好生恶杀、体天爱人，绝不会迁怒于百姓，还请大家不要害怕，有任何与阿鲁台相关的情报，都可以前往军中进献，大明皇帝会用重赏酬谢。

在行军过程中，朱棣专门派人四处喊话，草原毕竟地势开阔，北伐大军齐声呐喊，声音自然能够传得很远，但没人敢来出售情报，朱棣也不管，反正自己把宣传工作做到位就行，剩下的就等待时间慢慢发酵。像朱棣这样大张旗鼓地进军，阿鲁台就是再蠢也不会被他抓住呀，所以当大军来到答兰纳木儿河时，只见地上有许多车马行进的印记，但早已荒无人烟。

英国公张辅等人分兵四处搜寻，几天之后纷纷回报："臣等在这方圆三百里搜寻多时，未见敌军人马，想必是畏惧我天兵到此，早已逃之夭夭。"张辅说完这话之后觉得不太保险，于是又补了一句："请陛下给臣一个月的口粮，臣愿意带领本部骑兵继续深入搜索，肯定把阿鲁台那个反贼给您抓回来！"

朱棣想了一下，还是决定暂时放弃，并于六月二十一日宣布撤军，大军顺原路返回，路过朵颜三卫的辖区时，出兵把当地扫荡了一遍，然后又在当地做了一出"勒石燕然"的政治秀。

朱棣认为此次出兵的目的已经基本达到，阿鲁台在鞑靼的形象和地位肯定已经丑恶到了极点，等明年和后年再来上几次北伐，阿鲁台的人头估计就会被鞑靼的大佬们砍下来献给自己，届时自己只要借助也先土干在鞑靼的影响力，加强对鞑靼的分化拉拢，至少可以保证北平在数十年内再无边患。

朱棣的想法不错，可人算不如天算，七月十六日，当北伐大军来到苍崖戍时，朱棣忽然病倒；七月十七日，北伐大军抵达榆木川（今多伦西北部地区），朱棣垂危；七月十八日，朱棣病逝，享年六十四岁。

当初朱元璋病逝时，病情可是经过了数月的反复发作，最终治无可治才撒手人寰，事实上大多数皇帝病逝的经历都是如此，可朱棣却是第一天发病，第二天就陷入弥留，第三天直接病逝，病得突如其来，走得干脆利落，这里面是不是有什么说道呢?

要知道，朱棣是名副其实的实权皇帝，也是大权在握的强势君主，更是年过六旬的年迈帝王，同时还是大病初愈的老病号。正因为有这四重身份，所以无论朱棣去哪里，肯定会有一支庞大且专业的医疗团队随行，而且还会有人二十四小时无间断地看护，在这么多人的看护下，居然还会发生这种事情，所以后世很多人怀疑朱棣可能是被人毒杀的。我赞同这种观点，朱棣应该是被人毒杀的，但下毒的不是别人，正是朱棣本人。

据我推测，事情的经过大概是这样：在六月底到七月初这段时间朱棣就有了些许不适，但他并未惊动太医，只是服用了一些"仙丹"，然后就继续行军，期间先是打朵颜三卫，又是勒石留念，身体劳累是一方面，精神肯定也处于一种极度亢奋的状态，到了七月十六，身体获得了休息、精神状态获得了缓解之后，朱棣突然病倒了，长期服食"仙丹"所积压的毒素在体内瞬间爆发，太医们也束手无策，所以他很快就去世了。

这种身体和情绪大起大落之下导致病重，最终病逝的情况是有先例的，比如战国时期的秦国国君秦孝公。公元前341年，魏国于马陵之战中被齐国击败，主将庞涓被杀，秦孝公趁机夺取了魏国河西之地；公元前338年，秦军在岸门一带击溃魏军，俘虏了对方的主将魏错，并包围了魏国重镇郃阳，一举扭转了秦、魏双方的战略形势。秦孝公在魏强秦弱的环境中上位，现在他眼见完成了自己的历史使命，一身的重担终于能够卸下，可长期勤政也令他的健康状况日益恶化，最终一病不起，并于数日后病逝。

不管朱棣身上到底还有多少谜团，在他去世之后，这些似乎都变得不再重要了，我们最需要做的，就是抛开那些细枝末节，来看看朱棣到底给大明留下了什么。

虽然都叫明朝，但朱元璋的明朝和朱棣的明朝除了都是朱家人的天下之外，在其他方面显然是截然不同的两个政体。在朱元璋时代，内阁还不存在，宦官更是登不上台面，而在朱棣时代，这两大集团都已经堂而皇之地屹立在了朝堂之上；在朱元璋时代，打天下的功臣集团已经凋零得差不多了，而在朱棣时代，他通过靖难之役又捧出了一个全新的靖难功臣集团；在朱元璋时代，官僚们稍一露头就会被打压，哪怕是在朱元璋打击力度最小的"南北榜案"之中，也没发出什么噪声，而在朱棣时代，官僚集团变得愈发强大，太子朱高炽成了他们的代言人，朱棣迫于现状，也只得积极支持他们；在朱元璋时代，北元只能苟延残喘，内部矛盾林立，眼看就有灭亡之虞，而在朱棣时代，他虽然亲自册封了瓦剌三王，转头又把阿鲁台打得抱头鼠窜，可草原势力经过一轮轮的整合之后，已经开始走上了统一的道路；在朱元璋时代，朱元璋根本没有太多心思与外国打交道，你愿意来进贡就来，不来我也不管，而在朱棣时代，朱棣将整个大明的版图扩张到了极致。

既然有不同，就会有比较，朱元璋和朱棣谁更英明呢？答案似乎没有悬念，肯定是朱元璋呀。从严格意义上来讲，朱元璋才是明朝唯一一位庙号为"祖"的皇帝，朱棣去世之后获得的庙号为太宗，一直到明朝第十一位皇帝朱厚熜在位期间，才将朱棣的庙号改为成祖。

应该说，朱棣在许多方面都比不上他爹，当然这并不丢人。在我看来，如果说朱元璋能够与秦皇汉武相提并论，那么朱棣就是成功版本的隋炀帝，因为这两个人都有好大喜功的毛病。从字面意义来看，好大喜功与雄才大略的区别极小，刚好适度叫雄才大略，不慎过度则被称为好大喜功。

隋炀帝好大喜功，致使强盛的隋王朝二世而亡，但如果我们转过头来看看隋炀帝做的事，修大运河，征讨高句丽、吐谷浑，这不都是唐朝后世诸位皇帝在做的事吗？后世子孙不也因此受益了吗？

朱棣同样好大喜功，他安排下西洋，编纂《永乐大典》，攻略安南，设立奴儿干都司，迁都北平，在贵州建省，五次亲征蒙古，他干的事一点也不比隋炀帝差，而强盛的明王朝并没有被他折腾灭亡，所以他可以被称为成功版的隋炀帝。可代价是什么呢？那就是朱棣时期埋下的隐患，在后续的数十年里接连被引爆，朱棣之后的几位皇帝几乎都要为他们亲爱的太宗文皇帝买单。

后世很多人说起后面的几位皇帝时，总会恨铁不成钢地说："可惜可叹啊，朱棣当初打下的大好江山，就被你们这帮败家子给霍霍了！"这种说法自然有一定道理，朱棣之后的几位皇帝都有施政不当之处，可根本原因还在于朱棣当初挖的坑太深，后面几位皇帝填不上啊。朱棣一缺钱就印宝钞掠夺民财，这种透支未来的执政模式怎么可能长久呢？后面几位皇帝拿不出钱来，可不就只能战略性收缩吗？

朱棣干了那么多耗费巨资的大事，是不是也应该受到批判呢？在当时或许应该，但在后世就不一定了。如果我们能够跳出封建王朝的框架，从一个更为开阔的视野来看待朱棣，自然又会为他的为政举措加分，因为朱棣做过的许多事，在当时看来或许只是为了撒钱、制造声势，这些行为却在后世营造出了一种穿越时空的影响力。

有一位哲人曾说："国家颁布的某项政策好或不好，通常要等到二十年以后才能给出一个初步评价。"如果把这句话用在朱棣身上，那么这个数字就应该改为两百年、三百年、六百年甚至更为长远。

33 短命天子

在临终前，朱棣分别召见了英国公张辅和内阁首辅杨荣，宦官马云和海涛随侍左右。此时的朱棣已经有些糊涂了，很多话说得都不清不楚，而且没说几句就昏睡过去，太医经过一阵努力之后，向随行的朝臣们宣告了皇帝的死讯。

朱棣去世后，左右近臣都感到悲伤，但此时最重要的是如何保证权力平稳过渡。要知道，朝堂上还有部分靖难功臣与汉王朱高煦勾勾搭搭，如果不能尽快拥立太子朱高炽上位，谁敢保证这些人当中不会出现几个利欲熏心之辈，为朱高煦做下那火中取栗的事呢？

张辅是靖难功臣一员，平日里恐怕也更倾向于朱高煦，但朱棣临终前的嘱托显然起到了作用，张辅意识到朱高炽继位之事已经无法更改，所以开始积极表现，打算尽快与其他拥护朱高煦的靖难功臣划清界限，同时争取在新皇帝面前树立一个良好的形象。

基于这一想法，张辅在众人惶惶不可终日时找到杨荣，希望能与他商量出一个妥当的对策。杨荣本来对张辅有着极深的提防，担心他会站在部分靖难功臣一方，为朱高煦摇旗呐喊，现在大军的控制权虽然在杨荣手中，但张辅毕竟是名将张玉之子，如果他要捣乱，自己还不好处置，现在张辅主动找到自己，这个举动令杨荣大喜过望。

经过一番商议后，两人制订了一个计划：秘不发丧，伪装出朱棣仍然在世的样子，北伐大军由张辅接管，宦官马云和内阁大学士金幼孜从旁辅助，杨荣与宦官海涛则带着朱棣的遗诏疾驰回北京，拥立太子朱高炽登基。

很多人都说杨荣是秘密回京，张辅对此并不知情，这个说法是不对的。朱棣去世之后，掌管军中事务的杨荣才是北伐大军的掌控者，他怎么可能一言不发就偷偷离去呢？如果杨荣真的做了这种不着调的事，北伐将官第二天就会知晓，因为他们每天都要汇报工作，如果领导都不在了，他们怎么可能毫无察觉呢？这显然是杨荣与张辅达成协议，双方合力瞒天过海。

永乐二十二年（1424年）八月初二，当杨荣气喘吁吁地来到朱高炽面前，向他传达了朱棣病逝的消息后，他立刻将吏部尚书蹇义和大学士杨士奇召进宫中，商讨下一步的动向，同时下令北京全城戒严，并派宦官王贵通前往南京稳定南方局势。谈话结束后，朱高炽下令将已被囚禁两年多的原户部尚书夏原吉释放出狱，然后官复原职。

在此后的一段时间内，大明上下都在准备着登基大典，八月十五日，朱高炽于北京紫禁城正式登基，史称明仁宗，由于此时还是永乐二十二年，所以他将次年定为洪熙元年。请大家注意，朱棣是首位迁都北京的皇帝，但他本人是在南京登基的，朱高炽才是第一位在北京紫禁城登基，并登上天安门城楼巡视的皇帝。

就在登基当天，朱高炽采纳了夏原吉和蹇义的建议，暂停了朱棣执政期间的所有对外交流活动，同时叫停了下西洋。随后朱高炽开始大兴翻案风，许多被流放至边疆的建文旧臣及其后裔均被赦免，并允许他们返回原处或原籍，被朱棣宣布为奸臣的大多数建文旧臣也都得到了平反，甚至还有部分人获得了新的官职。

时间来到洪熙元年（1425年）四月，当朱高炽觉得诸多事宜已经全部办妥之后，他又召集朝臣商议，准备将国都迁回南京，在朱高炽看来，朱棣迁都北京这事办得糟透了。

首先，南京是太祖高皇帝朱元璋选定的国都，擅自迁都本就是大不孝之举；其次，迁都北京之后必须直面东蒙古鞑靼所部的威胁，连续三年出师北伐，却连阿鲁台的人影都没见到，第一年把朵颜三卫给打了，还算有点收获，可后面两年就是纯粹的武装游行，这说明大明根本灭不掉鞑靼，迁都北京早晚要出大事；再次，南京才是第一国都，贸然迁都北京得罪了南京的既得利益集团，也得罪了"一门双国公"的徐家，长此以往是取祸之道；最后，北方贫瘠，根本负担不起国都北京的开销，相关费用还需要南方，尤其是江南地区出大头，这会令江南地区的大好发展势头受挫。

当朱高炽把迁都南京的事说出来之后，一些朝臣表示赞同，但大多数朝臣表示反对，认为此时草原形势微妙，最好不要在这个紧要关头迁都，否则瓦剌和鞑靼或许会把这事当成大明示弱的信号。现在既然已经迁都北京，不管是对是错，都只能坚持下去，哪怕要迁回南京，也必须在打垮这两个草原大敌之后才能进行。

客观地说，这个建议还是很有道理的，但朱高炽对此充耳不闻，他在宣布决定迁回南京的消息之后，立刻派太子朱瞻基前往南京拜谒朱元璋的皇陵，并将其留在当地筹办迁都事宜。

看到这些内容时，我总有一种说不出来的感觉。朱高炽去世之后获得的谥号是"仁宗"，这是一个非常高的评价，纵观大明之前的所有大一统王朝，只有宋朝出了个宋仁宗赵祯，元朝出了个元仁宗爱育黎拔力八达，可见要获得"仁"这个评语并不容易。但大家看看朱高炽继位之后做的事情，几乎就是和他爹朱棣反着来，然后获得了一个"仁宗"的评价，这似乎就是在明明白白地告诉后世读者，朱棣不是个好皇帝，朱高炽每件事都和他反着来，这才是真正的好皇帝。

我在前文中分析过，朱棣办了太多事，也耗费了大量的人力物力，这些方面的确应该做出改变，但改变速度不能太快。有些人今天还靠着边境买卖混饭吃，明天就全面停止，哪有这样办事的？任何政策的推出或废除都需要有一个适应期，朱高炽这样仓促行事，给人的感觉就是故意为之，某些人因此得利，他要打击这些人，所以才会使用如此急躁的方式。为了党争而擅改政策，大家有没有觉得这个操作很熟悉？没错，这是官僚们的拿手绝活，朱棣尸骨未寒，他们又借助新皇帝朱高炽的威势，把当初的老本行捡了起来。

再说翻案，建文旧臣的案能翻吗？显然是不行的，至少不能由朱高炽来翻，因为这会打击朱棣继位的合法性，别人说起来就是："想当初朱棣还说方孝孺等人是奸臣呢，结果他亲生儿子都不赞同这个观点，朱棣一死，他儿子立刻就为那些蒙冤受屈的臣子们平反，看来朱棣才是真正的乱臣贼子。"

这样做会带来什么后果，难道朱高炽想不到吗？他当然能想到，但他依然这么做了，有人说这证明朱高炽很勇敢，这显然是在用戏谑的眼光看待政治。对于普通人而言，勇敢是一种可贵的品质，但对于政治家而言，勇敢从来都不是什么褒义词，政治家最应该做的是调和矛盾、掌控局势和打压异己，而不是专注于讨好某一个团体。

朱高炽大搞翻案风，是否是被逼无奈呢？不是，这是他自愿的。因为在朱高炽刚登基的那段时间里，根本就没人替建文旧臣们发声。当初朱元璋刚去世，立刻就有人撺掇朱允炆大搞翻案风，结果逼得朱允炆冒险削藩，最终削出一个靖难之役；现在朱棣刚去世，如果谁敢像当初那样撺掇朱高炽大搞翻案风，那他显然是不想在朝堂上混了，官僚集团吃过一次亏后，肯定不会再犯同样的错误。

在这些事情办得差不多了之后，朱高炽居然打算把国都迁回南京，这才是真正的"开历史倒车"，定都南京弊端重重，这一点我在前文中已经分析过了，就算朱高炽看不到我的分析，但他亲身参与了靖难之役，对此应该有更为深刻的认识才对。在朱高炽所说的诸多理由中，我认为只有最后一个才是重中之重：迁都北京意味着耗费更多钱粮，最为富裕的江南地区又要大出血，朝堂上的贤臣们又要不高兴了。

朱高炽登基后的种种行为有点像抬杠，但凡是朱棣认为对的，朱高炽的第一反应就是全盘废除，如果实在不好废除，那就想办法改动一下，他为什么会这样急不可待地做事呢？只是单纯地想讨好官僚集团吗？容我卖个关子，咱们接着往下看。

洪熙元年（1425年）四月底，翰林侍读李时勉给朱高炽上了一封奏折，朱高炽看过之后非常愤怒，他命令殿前的金瓜武士直接打断了李时勉三根肋骨，李时勉痛晕了过去朱高炽还不解气，依然指着晕厥的李时勉破口大骂。过了好一会儿，朱高炽骂累了，于是命人将李时勉抬出去，不要放在殿上，有碍观瞻，这时李时勉已经是出气多进气少，眼看就要不行了，太医费了好大功夫才算勉强把他给救了回来。

第二天朱高炽的怒气还没有消散，他下令将李时勉贬为交趾道御史，同时命令他："你每天都要审案，然后每天提交一份结案陈词，同时还要提交一份议政报告，要是做不到，朕绝饶不了你！"工作量如此巨大，而且还要每天完成，朱高炽摆明了是要整死李时勉。

李时勉到了交趾之后，最初几天还能勉强完成任务，但后来他发现这项任务是越来越难完成，因为工作量实在是太大了。几天后朱高炽发现李时勉交上来的报告数量不对，于是根本没给他申辩的机会，直接命令锦衣卫抓人，将李时勉投入诏狱，锦衣卫的诏狱不就是阎罗殿的别称吗？

也是李时勉运气好，他曾有恩于某位锦衣卫千户，这位千户同情李时勉的遭遇，同时也为了报恩，所以暗中吩咐锦衣卫不要虐待他，同时偷偷请来大夫为他治伤，李时勉这才勉强保住了一条性命。你以为这就完了？不，朱高炽始终记恨着李时勉，直到临终时朱高炽还在对身边的朝臣们说："李时勉这个人太可恨了，居然敢在朝堂上侮辱我！"

按照固有印象，朱高炽既然被称为仁宗，那自然就应该是一个仁善之人，李时勉到底在奏折上说了什么，惹得朱高炽勃然大怒，到死都念念不忘呢？朱高炽的接班人朱瞻基对此也非常好奇，于是就把李时勉抓来审问，李时勉说："当时太宗文皇帝（朱棣）新故，臣只是告诉先帝（朱高炽）一个客观事实，咱们正处于国丧期间，这个时候有禁令，其中最重要的一条就是禁止性生活，可先帝却在国丧期间与某位嫔妃发生过关系，臣希望他能够懂得节制，不要再做这种令天下臣民蒙羞的丑事，太子朱瞻基英明仁孝，您应该多花时间陪伴他，教导他。"朱瞻基听了之后非常开心。

李时勉所说的"太子英明仁孝"等言辞，很可能是现场编造出来奉承讨好朱瞻基的，这一点没必要深究，但他说的另一件事就很劲爆了，朱高炽在国丧期间与嫔妃发生关系，这到底是真是假？从朱高炽的反应来看，应该是假的。

可问题是，李时勉只不过是个小官，如果朱高炽没干过这件事，他又怎么敢凭空污蔑当今圣上呢？李时勉是不想活了吗？故此，我认为朱高炽在国丧期间与嫔妃发生关系应该确有其事。这种事情显然打击了朱高炽的对外形象，所以他才会勃然大怒，并在临终前念念不忘，反复强调李时勉是在侮辱他。

一个人的品行如何，我认为要从细微处辨析。如果一个人喜欢随地吐痰，那么即使他一再表示自己非常有公德心，大家恐怕也会对这种说法持保留态度；如果一个人有事没事就乱发脾气，在做自我介绍时却说自己非常和善，只是偶尔会心急，我相信大多数人哪怕明面上点头称是，心里也会有自己的判断。

如果单看朱高炽的为政举措，我或许还只是有些难以名状的情绪，但当我看到李时勉的遭遇之后，我脑海中蹦出来的第一个词就是"伪善"。大家都说朱高炽是个仁慈的好皇帝，因为他始终小心翼翼地讨好官僚集团，甚至不惜拆他爹的台，把建文旧臣尽数平反，读书人对这样的皇帝自然是好评如潮。这位皇帝看上去像是一个宽厚仁慈的老好人，可在背地里却不遵礼法、丑事做尽，被揭穿之后恼羞成怒，居然用如此野蛮的方式对待朝臣，要知道，公认的强势君王朱棣都没干过这种恶事。

就在将李时勉关入锦衣卫诏狱之后，朱高炽感到身体不适，并于五月十一下诏命朱瞻基即刻返程赶回北京，第二天就病逝了，此时距离他正式登基称帝仅过了九个月。

朱高炽去世之后，按照惯例会挑选一些地位较低且没有生育的嫔妃殉葬，可在为朱高炽殉葬的嫔妃名单中有一位郭贵妃，这位贵妃为朱高炽生下了三个儿子，分别是老八滕怀王朱瞻垲、老九梁庄王朱瞻垍和老十卫恭王朱瞻埏。

按说这样的嫔妃不应该被殉葬，可她为什么会进入殉葬名单呢？有人说是因为郭贵妃出身显赫，有人担心她会借助家世，唆使自己的儿子与朱瞻基争夺皇位。我认为这种可能性几乎为零，郭贵妃是开国名将郭英的孙女，出身的确非常显赫，但在靖难的过程中，郭英站在了建文帝朱允炆一边，朱棣登基之后就把他的官位罢免了，郭家再也没出过大人物。到郭贵妃这一代，只有三个人能从史料中查到，分别是郭贵妃、郭珍和郭玹，郭珍曾担任过锦衣卫指挥佥事，郭玹的官职尚无记载，只知道他承袭了从郭英那里传下来的武定侯，就这样的家世，拿什么来争夺皇位呢？

关于郭贵妃殉葬一事，我认为可以从三位皇子的出生日期来分析，这三位皇子分别出生于永乐七年、永乐九年和永乐十五年，这似乎可以证明一点，那就是郭贵妃至少在永乐七年到永乐十五年的八年时间里比较受宠，这或许招致了朱高炽正室张氏的嫉恨。

朱高炽登基之后，张氏被封为皇后，朱高炽去世之后，张皇后的嫡长子朱瞻基继位，张皇后完全有可能借殉葬之事报复郭贵妃，故意下旨强令她殉葬。当然，这只是我的猜测，但我认为这种猜测是非常有可能的，一个看似宽仁实则伪善的皇帝，大概也只有阴狠善妒的枕边人才配得上吧？看看朱高炽登基后的表现，再对比一下宋仁宗、元仁宗，我觉得朱高炽的仁宗之称多少有些名不副实。

㉞ 汉王叛乱

洪熙元年（1425年）五月十二，明仁宗朱高炽病逝，大明在两年之内连死两位皇帝，整个国家上至朝臣下至百姓，几乎所有人都在担忧：我大明难道被老天爷诅咒了吗？为何如此不顺？

当时的情况是这样的：朱高炽在北京病逝，太子朱瞻基在南京筹办迁都事宜，北京朝廷的权力暂时性地出现真空。杨荣等人纷纷出面安定局势，同时不断派信使催促朱瞻基，希望他赶快回北京继位，但就在此时，汉王朱高煦自以为时机成熟，也开始行动了。

据正史记载，当朱高煦得知朱高炽驾崩的消息后，立刻率领一支骑兵部队从封地乐安出发，前往南京至北京的必经之路埋伏，只等朱瞻基过来送死。朱高煦信心满满，因为从乐安到北京的距离远比从南京到北京的距离更近，所以他肯定比朱瞻基的动作更快。可朱高煦左等右等，却始终没能等到朱瞻基，正当他决定分出一部分人马扩大伏击圈时，却突然得到了从北京传来的消息：太子朱瞻基已经正式登基！

朱高煦百思不得其解，朱瞻基明明远在南京，为什么会比自己更快一步抵达北京呢？这就牵涉到了大明历史上的一桩公案，那就是朱高炽到底是因何而亡。乐安离北京更近，朱高煦理应比朱瞻基抢先一步来到伏击点才对，可为什么朱瞻基的动作更快呢？必然是他提前获得了消息，他为什么能提前得到消息呢？因为他亲手谋杀了自己的父皇。

这种说法传得有模有样，但我认为可信度并不高。朱高炽身体不好，这是尽人皆知的事实，再加上他身患残疾不便运动，导致体形肥胖，并且整日沉迷女色，"三高"这种富贵病他肯定一样不缺。对于这样的人，他什么时候去世都不会令人感到意外。

对于朱高炽的身体状况，他身边的太医、宦官和侍女们肯定都非常清楚，甚至比朱高炽自己都要清楚，因为朱高炽是当事人，身边的人难免会用各种方法让他宽心，避免朱高炽因心情抑郁而导致病情加剧恶化。朱高炽的身边人清楚，就相当于朱瞻基清楚，因为这些人早就看出朱高炽命不久矣，于是纷纷向朱瞻基投诚。比如，朱瞻基此次前往南京，随行的宦官就是当初与杨荣一同疾驰回京的海涛，朱高炽登基之后一直非常信任并看重海涛，可他早就是朱瞻基的人。

"一叶可知秋"，位高权重的海涛尚且如此，朱高炽身边的其他人是什么情况，相信大家心里都有数。故此，我认为朱高炽就是正常死亡，死因可能是心脏病，朱高炽没必要下此毒手。

这里面其实还有问题，心脏病如果得不到妥当的治疗，从发病到去世的时间会非常短暂，就算朱高炽身边的人都心向朱瞻基，他们也不可能未卜先知，提前告诉朱瞻基，朱高炽会在多少天之后心脏病发作，你要记得提前回来接班。

既然朱瞻基不太可能是提前往北京赶，那么朱高煦又为什么没能在路上堵住朱瞻基呢？答案是朱高煦受到了误导。根据史书记载，朱高炽于五月十一感到身体不适，立刻传令召回朱瞻基，但他没能见到儿子的最后一面，第二天就去世了。朱瞻基是什么时候接到父皇病逝的消息的呢？史书无记载，但他于六月初三回到北京并接受遗诏，开始准备置办丧礼和登基大典。六月十二，也就是在接受遗诏后的第九天朱瞻基正式登基。

我们现在的问题是：朱高煦是什么时候接到朱高炽病亡的消息，并从乐安带兵南下的呢？正史并未记载具体时间，但种种迹象表明，朱高煦接到朱高炽病亡的消息时朱瞻基应该已经回到北京了，朱高煦后知后觉，乐安就是距离北京再近又有什么用呢？这种说法似乎可以解释上述的一切问题，但一个新的问题随之而来：皇帝驾崩这种大事可以瞒住外人，但绝对瞒不住皇族和高官们，朱高煦的儿子朱瞻圻就在北京，他肯定会在第一时间得知详情，为什么他会任由父亲被假情报蒙骗呢？正史对此无记载，但根据《袁氏家训》和《吾学编》等一些民间资料和读书笔记汇总的消息来判断，向朱高煦传递假情报，导致他伏击失败的，很可能就是朱瞻圻。

据史书记载，朱高煦有十一个儿子，朱瞻圻是老二。朱高煦和朱瞻圻这对父子的感情怎么样呢？恐怕不怎么样，据说是朱高煦亲手杀死了朱瞻圻的母亲，这使得父子二人的关系十分紧张，朱瞻圻多次在皇爷爷朱棣面前哭诉，希望他能帮自己惩戒朱高煦。朱棣当时正处于准备迁都的紧要关头，他急需朱高煦站在前台制衡朱高炽，为自己迁都增加砝码，所以只是好言安抚朱瞻圻："天下无不是的父母，你父亲做出这种事自有苦衷，你要体谅他，父子两人不要反目成仇。"

从后来的结果来看，朱棣的这番话根本没起到作用，因为朱瞻圻非但没有原谅父亲，反而变本加厉地要害他。朱棣去世之后，朱瞻圻正在北京，于是他立刻写信告诉朱高煦，现在京城空虚，军队都在朝着乐安方向集结，你赶快造反吧，你哥哥正准备对你下毒手呢！朱瞻圻还担心信使在路上有闪失，所以一连写了六七封信，同时派出六七位信使，每人拿着一封信，从不同方向前往乐安。看看朱高炽的班底，文有杨荣等人支持，武有英国公张辅站台，朱高煦如果在此时叛变，那必然是没有好果子吃的，此事最终也不了了之。

朱瞻圻眼看自己的计谋没能成功，于是立刻摆出一副大义灭亲的姿态，向朱高炽说了许多朱高煦准备谋反的事，各种细节都讲得像模像样的，朱高炽一时分不清这到底是确有其事，还是朱瞻圻在瞎编，夏元吉和蹇义建议将朱高煦召至京师，让他和朱瞻圻当面对质，朱高炽采纳了这一建议，朱高煦也在数日之后进京。

朱高煦进京之后，得知朱瞻圻在皇帝面前构陷自己，顿时火冒三丈，见到朱高炽之后，朱高煦把朱瞻圻写给自己的几封信全部拿了出来，同时向朱高炽诉冤："臣弟做事向来不够稳重，也容易受到欺骗，这您是知道的。这次主要是朱瞻圻这个小崽子骗我，说朝廷即将派大军征讨乐安，让我做好准备，我以为是您要置我于死地，这才打算只身入京说清原委，并没有操演兵马，更没有意图谋反啊！"

朱高炽看了一下这些信件，果然与朱高煦所说的内容相吻合，于是就对朱瞻圻说："你和你父亲关系不好，却想着离间我们兄弟之间的感情，这种做法真是太可恶了。你是我的侄子，年龄又太小，我不打算将你处死，等祭祀活动结束之后，你就前往凤阳守卫皇陵吧！"朱瞻圻被朱高炽的宽仁大度感动得无以复加，立刻跪在地上，声泪俱下地向两位长辈认错，朱高炽和朱高煦也纷纷流下眼泪，一家人重归于好，这事儿就算圆满解决了。

转年来到洪熙元年（1425年），朱高炽大封宗室，朱高煦的长子朱瞻壑被加封为汉王世子，此时他的三子朱瞻坦已经去世，另外九个儿子中有八个被加封了王爵，唯独朱瞻圻没能获得加封。朱高炽所说的祭祀活动就是朱元璋和朱棣的忌日，他要求朱瞻圻在祭祀完毕之后就动身前往凤阳守陵，可还没等到祭祀开始，朱高炽就病逝了，朱瞻圻也顺势赖在了北京。

此时，朱瞻圻打算故技重施，再度诱骗朱高煦谋反。有了上一次的失败，他觉得朱高煦很有可能不会相信自己了，于是决定换一种方法。他告诉朱高煦皇帝已经病危，随时可能去世，要不要把握这个机会，你自己看着办。

朱高煦接到来信之后，第一反应必然是嗤之以鼻："这个小兔崽子又想骗我？"可当朱高煦静下心来肯定又细细思索这件事："毕竟是父子连心，上次我们已经达成了和解，这回他应该不会再骗我了吧？"可不管怎么说，朱高煦心里还是没底，再加上北京城固若金汤，自己想带着一支队伍杀进去夺位，难度太大。于是他做了一个折中的决定，只要得到朱高炽病逝的消息，就立刻率军在南京到北京的交通要道上埋伏，直接干掉朱瞻基。

后来，朱瞻圻果然来信告诉他朱高炽已经病亡，朱高煦立刻带兵离开乐安准备伏击朱瞻基，最终却迟了一步，只等来了朱瞻基正式登基的消息。朱瞻圻的消息为什么会迟滞呢？这个说法就比较多了，有人说因为朱瞻圻是戴罪之身，所以大家都对他有所防范，这导致他收到朱高炽的死讯时已经迟了；也有人说朱瞻圻获得的消息并未迟滞，他及时向朱高煦报信，可送信的那位老兄非常忠义，他不愿意看到朱高煦父子起兵造反，所以过了一段时间之后才拖拖拉拉地将信送到朱高煦处。

我认为这两种说法的可信度都不太高，朱瞻圻虽是戴罪之身，但他毕竟是宗室，他父亲曾被朱棣推到前台，看起来很有可能成功，这也为他拉拢到了一批靖难功臣，就算朱瞻圻本人消息不灵，必然也会有其他人向他传话："陛下去世了，赶快给你爹报信！"

至于说信使因为忠义而选择拖延时间，这种说法更像是信使的后人自吹自擂。结合朱瞻圻第一次送信的表现来看，他每次都会送出多封信，这些人当中或许会有一个或几个忠义之人，难道所有替朱瞻圻送信的全是忠义之人？那朱瞻圻看人的眼光未免也太差了，这显然不合乎逻辑。

除了上述两种说法，还有一种说法是朱瞻圻早已暗中投靠了朱瞻基，这是朱瞻基的计谋，朱瞻圻是在朱瞻基的授意下误导朱高煦。我认为这种说法的可能性最大，朱瞻圻上次诱骗朱高煦未果，虽然两人在表面上达成和解，可朱瞻圻始终没能放下杀母之仇，同时也担心朱高煦会翻旧账，所以他只能把宝押在朱瞻基身上，希望他能够帮助自己除掉朱高煦，朱瞻基同样清楚自己的叔叔朱高煦有野心，于是顺势接纳了朱瞻圻，希望能对自己有所帮助。

在朱高煦伏击失败之后，朝臣们怒不可遏，表示朱高煦反心已露，陛下应该将他收监审问。朱瞻基否决了这个建议，他说："皇爷爷（朱棣）曾对先帝（朱高炽）说，你二弟（朱高煦）心存二意，你要多加防备，可先帝不但没有多加防备，反而十分厚待他，朕应该向先帝学习，家人之间应该用爱沟通，而不是刀兵相向。"

听听，这话说得多么深情，多么感人啊，但这显然就是场面话。朱瞻基认为，朱高煦在仓促间率军伏击自己，其势力并未完全展露，朝堂上说不定还有一些与他过从甚密的官员，如果不能把这些潜伏者一并挖出，朱高煦暂时就不能动。

朱瞻基的想法获得了内阁几位大学士的认同，但他们认为应该更为积极主动，绝不能等着朱高煦从容经营，否则将来即使能获得胜利，估计也是惨胜。怎么积极主动呢？很简单，打击朱高煦的潜在支持者就行。

宣德元年（1426年）正月，朱瞻基命吏部侍郎黄宗载等人清查军户，意在解决吃空饷的问题，随后又制定《清军例二十四条》，未经任何商讨便立刻下发全国。这一举动的用意非常明显，朱瞻基就是针对部分靖难功臣，逼他们自乱阵脚，狗急跳墙。

据记载，从正月到五月，秘密送往乐安的信件就没断过，寄信方是被分散在全国各地的部分靖难功臣，收信方则是朱高煦。眼见自己行情看涨，朱高煦非常得意，他就像历史上的司马懿那样，笑着对自己的儿子们说："看着吧，北京城的小皇帝很快就会把自己给玩死。"于是他一边与众多支持者联系，一边筹谋造反事宜。

朱高煦手下有一位名叫王斌的部将，此人文武全才，是最受朱高煦信任的智囊，在前文"指挥孟贤谋反"中出过场，他认为现在的局势非常好，如果运作得当，朱高煦完全可以复制朱棣当年的成功，但从目前的形势来看，朱高煦依然不具备起兵的条件，他在北京并没有特别可靠的内援，以至于他们对朱瞻基的施政措施只能从表面来分析。因此王斌建议朱高煦先不要急着动手，朱瞻基目前虽然在自毁长城，但我们的军队数量还不足，必须继续积攒力量，等待一个更为恰当的时机。

王斌出面制止，这令朱高煦感到十分不快，但王斌足智多谋，若论动脑子使阴招，他才是真正的大师，所以朱高煦也只得按下心中不爽，耐心等待着王斌所说的恰当时机，可是从五月等到七月，把朱高煦等得烦躁不堪，他不断地询问王斌："我们已经有了不少兵马，你说的时机什么时候来？难道咱们就这样一直傻等吗？"王斌很无奈，他知道朱高煦就是这个脾气，于是也只得耐心地向他解释："北京那边实力更强，我们这边就算抢到先手，实际意义也不大，我们现在要做的事情关系重大，必须谨慎谨慎再谨慎，稍有半点差池就会万劫不复，殿下还请稍作忍耐。"

朱高煦再也忍不住了，便大声斥责王斌，认为他这是贪生怕死。王斌这人虽然很有本事，但与同僚之间的关系却很一般，当他被朱高煦责骂时，韦达、盛坚和朱烜等几位同僚都在一旁嘻嘻哈哈地看热闹。等朱高煦骂够了，他们才站出来说话："殿下，咱们虽然不像某些人那样'足智多谋'，但咱们都是绝对忠于您的人，如果您决意起事，请让我们当先锋。"

面对此情此景，王斌也只能暗叹一声"良言难劝该死鬼"，然后立刻向朱高煦表示，自己绝不是贪生怕死，而是希望能够提高夺位的胜算，既然已经决意起事，臣愿效犬马之劳！朱高煦看着众人，觉得自己简直就是天选之人，几句话就能把所有人团结起来，按照这种水平，夺取大下又有何难？当初我能帮我爹打赢靖难之役，现在我又有一群良将辅佐，收拾朱瞻基还不是手到擒来？

在读到朱高煦谋反的相关细节时，我总喜欢拿它和朱棣靖难的相关记载作对比。史书在谈及朱棣靖难时，会很清晰地把他如何选择、如何应对、如何思索乃至当时的对话都全数复原，可在朱高煦谋反时，相关细节全部缺失，只有部分野史和读书笔记提到了只言片语，而且极尽夸张之能事，把朱高煦说成了一个有勇无谋、目空一切的莽夫，他手下众人则是一群热衷于内讧的乌合之众。

人都有弱点，朱高煦手下热衷于内讧也不是什么大问题，当初朱棣靖难时手下同样有小心思，可如果我们只是居高临下地说："朱高煦为什么会造反？因为他没有脑子。"这样不仅没意思，也小瞧了朱高煦的政治智慧。

朱棣做燕王时，他获得的评价和朱高煦差不多：为人性格豪爽、军事才能突出、胸无城府、脾气暴躁。朱允炆当初之所以会选择以朱棣为突破口，也有他认为朱棣不够精明、可以随意拿捏的因素在内，可靖难之役爆发后，我们看到了一个精明、冷静、喜怒不形于色的朱棣。朱棣认为朱高煦像自己，这里面其实有两层含义，一是说他的外在表现很像自己，二是说他同样善于伪装。

当初朱棣打算起兵时，大家都说他被迫挑选了一个最不恰当的时机，只能被动迎击；现在朱高煦打算起兵，大家却说他主动挑选了一个最不恰当的时机，最终一败涂地。可事实上朱高煦选择的时机非常恰当。朱瞻基此时正在放手打击靖难功臣，如果朱高煦此时起兵，朱瞻基会如何应对呢？

第一种选择是从武将中选择一位统帅，这样一来朱高煦完全有信心击败他。因为这与当初耿炳文率军进攻朱棣的情况差不多，耿炳文之所以会战败，自然有他不擅进攻的原因，但更重要的原因是当时南方两大利益集团离心离德，朱允炆又一意孤行想要集权，耿炳文刚出征就被撤换了，这样的军队怎么可能有战斗力呢？朱瞻基时期有点名望的武将几乎都是靖难功臣，用这种人当统帅，朱瞻基真能放心吗？

第二种选择是从文臣中选择一位统帅，这样一来朱高煦更有信心击败他了。当初李景隆为什么会一败再败？就是因为他长期练兵，并没有在战火中得到淬炼，所以每一次的选择似乎都差了点意思。看看朱瞻基手下的那帮文臣，即使是号称"军事能力最强"的杨荣，也只是跟着朱棣在草原上逛了几次，并没有太多机会接触实战，这样的统帅遇到朱高煦真能有好结果吗？恐怕没人敢对此抱有乐观态度。再者，由文臣率军平叛，焉知下面的将官们不会心怀怨怼呢？

朱高煦为什么急切地想要起兵？因为此时的朱瞻基还在大刀阔斧搞改革，如果再等一段时间，朱瞻基的改革初见成效，他必然会想办法拉拢和安抚靖难功臣，到那时，自己所能获得的潜在支持势必会小很多。现在起兵不同于当年靖难，乐安距离北京太近了，安心谋发展这种事情想都别想，朱高煦必须以快打慢，朱瞻基一旦做出上述两种选择，朱高煦就有把握速胜，然后趁势袭击北京，在朝廷还没反应过来之前就搞定一切。王斌虽然聪明，但他显然只是从双方的硬实力方面进行对比，却没有考虑到"斩首行动"。

就这样，经过一番准备之后，朱高煦于宣德元年（1426年）八月正式起兵，理由是皇帝身边有奸臣，自己要前往北京"靖难"！在朱棣去世两年后，"靖难"一词又一次出现，如果他泉下有知，会不会有一种欲哭无泪的感觉？

当朱瞻基得知这一消息后，并没有立刻要求群臣思考对策，而是好言安抚夏原吉、蹇义、金幼孜等人，他们都被朱高煦称为奸臣，此次起兵就是来捉拿这几位的，朱瞻基认为他们于国有大功，于己有大用，不必在意他人的看法。在安抚过几人之后，朱瞻基正式与朝臣们商议对策，大家普遍认为朱高煦没有太大的威胁，他的三护卫被削掉了两个，从北京到乐安又不像从南京到北京那样还得过长江，朱高煦既然挑起反旗，咱们出兵把他围起来就是了。

朱瞻基最初本打算派阳武侯薛禄出马，但朝臣们纷纷反对，杨荣提醒朱瞻基不要忘记当初李景隆的教训，夏原吉则建议朱瞻基亲征，这才能在最大程度上鼓舞士气。从表面上看，这只是朝臣们在正常讨论问题，可实际上，杨荣和夏原吉等人从此时起就已经开始思考如何善后了。

薛禄是跟随朱棣起兵靖难的老将，此时已经五十八岁了，要说他像当初的耿炳文还有点道理，怎么能说他像未经历战阵的李景隆呢？这显然是杨荣的敷衍之词。夏原吉所言则是在隐晦地提醒朱瞻基：朱高煦胆敢起兵造反，靖难功臣有一个算一个，全都不可信，陛下只有御驾亲征，才能在最大限度上整合文武双方，否则必然是靖难之役重演。

大家千万不要以为御驾亲征是个一拍脑袋就能想到的问题，我不止一次地说过，在战场上，最危险的就是主帅，李景隆当初险死还生，后世的明英宗朱祁镇则在御驾亲征的过程中被俘，朱瞻基下不了决心也是很正常的。可朱高煦想到的问题夏原吉也想到了，所以他极力鼓动朱瞻基御驾亲征，朱瞻基最初并不打算这样做，但当夏原吉把道理掰开揉碎给朱瞻基讲清楚之后，他犹豫良久，最终还是决定采纳这个建议。

当朱高煦得知朱瞻基御驾亲征的消息后，整个人都傻了，在他决定造反时，分别考虑过文臣、武将做统帅的可能性，觉得这两种做法的威胁都不大，自己肯定能赢，但他并未考虑过朱瞻基御驾亲征的可能性。第二次北伐瓦剌时，朱瞻基随军前往，在前线差点被俘，这给了他极大的心理阴影，朱高煦认为朱瞻基绝不会亲临险地，只要他不来，事情就好解决。可现在朱瞻基亲自来了，朱高煦再想速胜就不容易了，因为皇帝就在军中，将士们肯定会拼命护卫他。一旦无法速胜，凭借乐安这点资本，拿什么跟朝廷拼消耗呢？当乐安守军得知朱瞻基御驾亲征的消息后，有不少人选择了出城投降，看到这种局面，朱高煦终于绝望了。

在众人簇拥之下，朱高煦来到朱瞻基的面前下跪认罪，不少人都建议当场处死他，可朱瞻基认为朱高煦毕竟是自己的皇叔，要给他留个面子，所以只是将王斌等人尽数处死，却将朱高煦带回了北京。数月之后，据说朱高煦本性难改，所以朱瞻基将他困在一口铜缸中活活烧死。

关于朱高煦的死因，大家就不必深究了，他是一个失败者，到底会怎么死，也就是朱瞻基一句话，但我并不认为这是朱瞻基嗜杀的表现，同样是皇叔，赵王朱高燧就活得好好的。说到底，还是朱高煦自视甚高，非要复制朱棣当年的奇迹，他不知道的是，奇迹之所以被称为奇迹，就是因为难以复制。

㉟ 促织天子的悲喜人生

从1424年到1426年，不过短短的两年时间，大明却先后经历了三位皇帝的统治，他们分别是永乐帝朱棣、洪熙帝朱高炽和宣德帝朱瞻基。

皇位更迭频繁，朝堂上的形势也随之变得极为复杂，办事机构也在短期内变得极为臃肿，永乐朝的臣子们还在积极处理朱棣遗留的工作，洪熙朝的臣子们也在不久之后加入了这个行列，宣德朝的臣子们面对适逢剧变的朝堂，只觉得千头万绪，无从理起。形势虽然复杂，但朱瞻基并未有太多陌生感，早在他还是皇长孙时，朱棣就曾培养过他，后来更是带着他上战场，亲自教他应该如何打仗，在这个过程中，朱瞻基不但打下了文武兼备的底子，更是与文武群臣结下了深厚的友谊，这使得他可以借助群臣的帮助，很快理清头绪，其中夏原吉、杨荣、金幼孜、蹇义、杨士奇、杨溥是典型代表，因为他们是朱瞻基最为倚重的六位重臣。

从理论上来讲，他们都是官僚集团的一员，但在具体的工作划分中，他们又被分成了三派。第一派曾频繁跟随朱棣北伐，可称为北进派，代表人物是杨荣和金幼孜；第二派在朱高炽当太子时随同留守南京，可称为南京留守派，代表人物是蹇义和杨士奇，杨溥被朱高炽从牢里放出来之后，也一直跟随这一派行动；第三派在朱瞻基当皇太孙时随同留守北京，可称为北京留守派，代表人物是夏原吉。

朱瞻基继位之后，对这六人虽然都信任有加，但也有亲疏之别，他最看重夏原吉，其次是杨荣和蹇义，而对金幼孜、杨士奇、杨溥则有所保留。通过朱瞻基的这个举动，我们可以很清晰地看到他为平衡朝堂所做出的努力：夏原吉、杨荣和蹇义分属三派，夏原吉一派虽然势单力孤，但他作为朱瞻基的老师，自然可以获得更多恩宠，杨荣、蹇义作为另外两派的代表，成为仅次于夏原吉的臣子，金幼孜、杨士奇、杨溥则是上述三人的补充。

派系划分有了结果，接下来自然就是划分地盘，户部归夏原吉，工部归杨荣，吏部归蹇义，礼部归金幼孜，兵部归杨士奇，杨溥则负责太常寺事宜。夏原吉于宣德五年（1430年）去世，户部先后由郭资、郭敦接任，后由胡濙兼任，除胡濙外都是北京留守派；金幼孜于宣德六年（1431年）去世后礼部由胡濙接管；蹇义卸任之后，接替者是同出于南京留守派的郭琎。看看这个安排，朱瞻基完全是"一个萝卜一个坑"，某个官职就是专属于某一派。

后世许多人认为朱瞻基根本算不上明君，因为他这种按派系划分地盘的做法堵死了许多后进官员上位的途径，这个说法当然有道理，但结合当时的客观环境来看，我认为朱瞻基的做法应该是最优解。三个时代的臣子集于一堂，动任何一个人都有可能牵连一大片，哪怕是最精通人际关系的人，也不敢说自己能把宣德朝的官员脉络全部理顺，面对这种客观情况，你让朱瞻基怎么办？

朱瞻基凭借自己当太孙和太子时积攒的人脉关系，推选出六位德高望重的元老重臣，由他们牵头安抚众人，避免有人浑水摸鱼，同时继续压制靖难功臣，能做到这一步，我觉得朱瞻基已经非常厉害了。至于后进官员的上位途径，我认为朱瞻基是有想法的，他希望等六位元老重臣及其骨干全部退下去之后再慢慢换血也不迟，毕竟朱瞻基继位时只有二十七岁，他认为自己还很年轻，先用三大派系为自己稳定朝局也挺好。

朱瞻基能在最短时间内解决朝堂上的大多数问题，这也充分展现了他少年老成的权谋手段，但凡事有利必有弊，朱瞻基弄了一帮老官油子和他共商国是，制订的相关政策必然也会以保守为主，在这种政策的影响下，朱瞻基完全摒弃了朱棣的那一套，转而采用一种更为内缩的姿态。在这种背景下，安南和草原局势迅速糜烂，这一点朱瞻基必须负主要责任。

宦官势力也在朱瞻基执政期间获得了极大的发展。大明自朱元璋立国以来，对官僚集团的态度就是防范为主，拉拢为辅，朱允炆借官僚集团上位，后来不惜以发动战争的形势和他们争权夺利，朱棣更是弄出了内阁和东厂，朱高炽在位时间太短就不用多说了，而朱瞻基在这方面同样延续了之前几位皇帝的做法，他虽然表面上和各位官僚打成一片，背地里却大肆抬高宦官集团的地位，朱棣执政时期遮遮掩掩的内书堂，到了朱瞻基执政时期已经成为一种规章制度，宦官都要接受教育，然后再从中选拔出合适的人才，分派到各个工作岗位上。

对内有老臣辅佐，宦官开始有条不紊地培养，对外几乎全盘放弃，大明进入内缩阶段，朱瞻基这个皇帝其实也没多少事可做，所以我们看到了一个与前面几位皇帝截然不同的大明天子，他开始将自己的注意力放在了享乐和游玩等方面，同时不断增加皇宫开支，过上了大众想象中的奢华宫廷生活。

朱瞻基有个外号叫"促织天子"，促织就是蟋蟀，他喜欢看蟋蟀搏斗，为此从全国各地收集好斗的蟋蟀，并给蟋蟀们起了许多威武的名字，例如"青壳将军""黑甲元帅"等，民间也是上行下效，一时间蟋蟀身价大增。明人吕毖在其著作《明朝小史》中记载：朱瞻基大爱蟋蟀，致使民间蟋蟀价格居高不下，枫桥有一位粮长，用一匹骏马换了一只名种蟋蟀，他的妻妾感到惊奇，于是偷偷打开了放蟋蟀的盒子，结果这只名种蟋蟀跳出盒子消失在草丛里。粮长的妾觉得自己犯了大错，于是自尽身亡，粮长回来以后发现蟋蟀丢了，于是砍伤了妻子，后来觉得人生没有了指望，也选择了自尽。这个故事非常有名，后来还被清代文学家蒲松龄引用，改编为《促织》，并收入其著作《聊斋志异》中。

除了促织，朱瞻基还喜欢听戏曲，朝鲜使臣尹凤在朝贡时见识过相关场景，后来他回忆说："当今大明天子和他爹洪熙皇帝比之前的永乐皇帝差远了，那是一个勤政的皇帝，这爷俩儿是政务能拖则拖，有时候为了听戏曲，连母亲都懒得去拜见。他们后宫的女人太多，整天争风吃醋，甚至还闹出过人命案，皇太子（朱瞻基长子朱祁镇）在这种环境下长大，估计也好不了。我非常仰慕永乐皇帝，但是对后面这两位天子，实在是仰慕不起来。"

朱高炽和朱瞻基在位期间，外交政策收缩得比较厉害，但对属国的要求可一点没减少，据说朱瞻基很喜欢"童女"，就是年龄幼小的处女，他曾多次要求朝鲜进贡，尹凤作为进贡使者，对朱瞻基必然有主观恶意，所以他的这番话肯定也不够客观，一些夸大言辞肯定少不了，但绝不可能完全胡编乱造，后来朱祁镇继位后的种种表现似乎也印证了尹凤的某些说法。

朱瞻基不光是喜欢童女，他连妓女都不放过。当时有一位监察御史名叫金庠，此人去外地办公时带了一个非常漂亮的妓女回来，朱瞻基知道后悄悄把妓女召进宫过夜。金庠得知此事后，非但没有主动把妓女献上，反而觉得和皇帝共同占有一个女人是无上的荣耀，所以愈发喜欢那个妓女。朱瞻基得知此事后勃然大怒，金庠因此被罢官。

就朱瞻基这么个玩法，他的身体肯定也吃不消，所以他曾向太医索取壮阳药。那位太医大概也看不上皇帝的这些荒淫举动，于是说自己是治病救人的医生，不是卖假药的游方郎中，陛下的需求满足不了。朱瞻基一看这人居然敢在自己面前摆谱，立刻命人把他秘密关进大牢，太医的家人不知道这件事，好几天找不到人，后来才知道他被关进了监狱。过了几个月之后，这位太医被放了出来，家人不敢问他为什么被关押，他本人也不敢说。

类似的荒唐事实在是太多，我认为其中必然有一些编造的成分，但总的来说，朱瞻基就是这么一个喜好玩乐，又有特殊癖好的皇帝，只不过行为有些过火，当他去世后，他的母亲张太后将不少玩乐之物全部扔出宫外，避免孙子朱祁镇被带坏。

我说这些可不是为了批判朱瞻基，事实上在国泰民安时，皇帝干一些出格的事情也算不上多大的事，在朱高炽和朱瞻基之前的三位大明皇帝，无论他们的身后评价如何，却都是励精图治、奋发图强的人物，到了后面这两位皇帝，大明进入平稳期，各种荒诞不经的传言开始发酵，也是很正常的一件事。

宣德十年（1435年）正月初三，朱瞻基因意外去世，享年三十八岁，在遗诏中，朱瞻基先是简短地回顾了自己执政十一年的得失，同时任命杨荣、杨士奇、杨溥、张辅、胡淡为辅政大臣，希望他们能够照顾好小皇帝朱祁镇，让大明能够永享和平与安宁。

从朱元璋建立明朝到朱瞻基去世的近七十年时间里，大明从无到有，从弱到强，却也逐渐开始显现出了盛极而衰的预兆。